U0574551

BLUE BOOK

智 库 成 果 出 版 与 传 播 平 台

中国促进国际法治蓝皮书

BLUE BOOK OF CHINA'S PRACTICE IN PROMOTING
THE INTERNATIONAL RULE OF LAW

中国促进国际法治报告
（2024）

**ANNUAL REPORT ON CHINA'S PRACTICE IN
PROMOTING THE INTERNATIONAL RULE OF LAW (2024)**

主　编／肖永平　冯洁菡

社会科学文献出版社
SOCIAL SCIENCES ACADEMIC PRESS（CHINA）

图书在版编目（CIP）数据

中国促进国际法治报告 . 2024 ／ 肖永平，冯洁菡主
编 . --北京：社会科学文献出版社，2025. 5. -- （中
国促进国际法治蓝皮书）. --ISBN 978-7-5228-5044-3

Ⅰ. D992

中国国家版本馆 CIP 数据核字第 2025PY0767 号

中国促进国际法治蓝皮书
中国促进国际法治报告（2024）

主　　编／肖永平　冯洁菡

出 版 人／冀祥德
责任编辑／许玉燕　宋琬莹
责任印制／岳　阳

出　　　版／社会科学文献出版社·区域国别学分社（010）59367078
　　　　　　地址：北京市北三环中路甲 29 号院华龙大厦　邮编：100029
　　　　　　网址：www. ssap. com. cn
发　　　行／社会科学文献出版社（010）59367028
印　　　装／天津千鹤文化传播有限公司

规　　　格／开　本：787mm×1092mm　1/16
　　　　　　印　张：18. 75　字　数：278 千字
版　　　次／2025 年 5 月第 1 版　2025 年 5 月第 1 次印刷
书　　　号／ISBN 978-7-5228-5044-3
定　　　价／168. 00 元

读者服务电话：4008918866

中国促进国际法治蓝皮书
编 委 会
（按音序排列）

主编和主要作者简介

主编简介

肖永平　博士，长江学者特聘教授，（国家高端智库）武汉大学国际法治研究院院长，教育部重点研究基地武汉大学国际法研究所所长。兼任中国国际私法学会常务副会长、中国法学会常务理事、外交部国际法咨询委员会委员、最高人民检察院咨询委员会委员、《武大国际法评论》和《中国国际私法与比较法年刊》主编。主要研究领域为国际私法、国际商事仲裁法、体育法。主要代表作有《法理学视野下的冲突法》（专著）、《国际私法原理》（编著）、《体育争端解决模式》（主编）、*Conflict of Laws in the People's Republic of China*（合著）、《肖永平论冲突法》（专著）、《中国仲裁法教程》（编著）等。

冯洁菡　（国家高端智库）武汉大学国际法治研究院副院长，教授，博士生导师。主要研究领域为国际法、国际知识产权法、海洋法、国际人道法和国际刑法。主要代表作有《公共健康与知识产权国际保护问题研究》（专著）、《国际法》（上下卷）（译著）等。

主要作者简介

张　辉　教育部重点研究基地武汉大学国际法研究所副所长、教授，

《武大国际法评论》副主编。主要研究领域为国际法、国际经济法、海商法、海洋法。主要著作有《国际法效力等级问题研究》（专著）、《船舶优先权法律制度研究》（专著）等。

邹国勇　法学博士，教育部重点研究基地武汉大学国际法研究所副教授，硕士生导师。《中国国际私法与比较法年刊》执行编委。主要研究领域为国际私法、域外国际私法翻译与研究、国际民商事争议解决机制。主要代表作有《德国国际私法的欧盟化》（专著）、《冲突法的危机》（译著）、《外国单行国际私法立法选译》（译著）、《国际私法中的利益法学》（译著）、《论欧洲联盟国际私法的统一化》（论文）、《论商事调解保密例外的价值、规则及边界》（论文）等。

聂建强　法学博士，武汉大学法学院教授，博士生导师，教育部重点研究基地武汉大学国际法研究所副所长。主要研究方向为国际经济法学、知识产权法学。主要代表作有 The Enforcement of Intellectual Property Rights in China（英文专著）。

杨泽伟　法学博士，二级教授，国家重大人才计划特聘教授，武汉大学珞珈杰出学者，教育部重点研究基地武汉大学国际法研究所博士生导师。主要研究领域为国际法基本理论、海洋法和国际能源法。主要代表作有《国际法析论》（第五版）、《国际法史论》（第二版）、《主权论》、《国际法》（第四版）和《中国能源安全法律保障研究》等，在《法学研究》、《中国法学》、Journal of East Asia & International Law、Hong Kong Law Journal 等核心期刊发表中英文学术论文数十篇。

乔雄兵　法学博士，武汉大学法学院副教授，硕士生导师。主要研究领域为国际私法、国际民事诉讼法、国际商事仲裁法。主要代表作有《域外取证的国际合作研究——以〈海牙取证公约为视角〉》（专著）、《论转基因食品标识的国际法规制——以〈卡塔赫纳生物安全议定书〉为视角》（论文）、《外国法院判决承认与执行中的正当程序考量》（论文）等。

漆　彤　教育部重点研究基地武汉大学国际法研究所教授、博士生导师，（国家高端智库）武汉大学国际法治研究院副院长。主要研究领域为国际投资法、国际贸易法、国际金融法。主要代表作有《"一带一路"国际经贸法律问题研究》（专著）、《跨国并购的法律规制》（专著）、《中国海外投资法律指南》（主编）、《国际经济法》（主编）、《国际贸易法新编》（主编）等。

陈海嵩　武汉大学环境法研究所教授、博士生导师，武汉大学法学院副院长。主要研究领域为环境法基础理论、比较环境法。主要代表作有《中国环境法治转型的规范阐释》（专著）、《解释论视角下的环境法研究》（专著）、《中国环境法典编纂的基本理论问题》（主编）、《环境治理视阈下的"环境国家"——比较法视角的分析》（论文）等。

摘　要

　　《中国促进国际法治报告（2024）》是教育部重点研究基地武汉大学国际法研究所和（国家高端智库）武汉大学国际法治研究院策划编撰的中国国际法年度实践专题研究报告。本书由总报告、国家实践篇和理论贡献篇三部分共 10 篇报告组成，最后附有《2023 年中国促进国际法治大事记》，综合分析和评价中国 2023 年在国际法治各个重要领域所表明的理念、坚持的原则和立场，以及采取的具体行动，系统展示了中国对促进国际法治发展作出的重要贡献，有助于增强中国践行国际法治的透明度，有助于世界各国和社会各界客观认识和评价中国促进国际法治发展的事实。

　　总报告指出，2023 年，乌克兰危机叠加巴以冲突，地缘安全格局震荡加剧。国际法的总体发展态势呈现相关领域国际规则发展有序推进，巴以冲突的爆发与持续冲击现行国际法原则、规则与联合国集体安全机制，国际政治外交问题司法化日益加剧等特点。作为负责任的发展中大国，中国始终旗帜鲜明地坚持多边主义与正确义利观，坚持统筹推进国内法治和涉外法治，维护以国际法为基础的国际秩序，倡导平等有序的世界多极化和普惠包容的经济全球化，在发展国际法理念与原则、完善涉外立法与司法实践、通过外交促进国际法发展、推动国际治理体系变革以及发展中国国际法学理论方面成绩斐然。展望 2024 年，中国国际法学界将以捍卫国家主权、安全、发展利益为导向，以涉外法治体系和能力建设为着力点推进涉外法治工作，不断提高涉外工作法治化水平，为推动构建人类命运共同体贡献力量。

　　分报告由国家实践篇和理论贡献篇共 9 篇报告组成。在丰富与发展国际

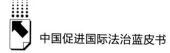

法理念与原则方面，中国相继提出全球发展倡议、全球安全倡议和全球文明倡议，聚焦人类社会发展的三个关键维度，集中反映了新时代中国全球治理理念，提出了应对当前世界严重治理赤字、信任赤字、安全赤字和发展赤字的体系化主张，是中国为国际社会提供的公共产品。在涉外立法与司法实践的新发展方面，中国持续增强立法系统性、整体性和协同性，持续优化营商环境，在多维度维护国家安全、丰富外交斗争法律工具箱、加强涉外司法审判工作、提升涉外审判能力、推进审判体系现代化、加强涉外知识产权的司法保护等领域取得丰硕成果。在促进国际制度发展、推动国际治理变革领域，中国以实际行动践行人类命运共同体理念和三大全球倡议，坚定维护以国际法为基础的国际秩序，坚定支持以联合国为核心的国际体系，主动参与国际法治建设和实践活动。在推动中国国际法话语体系发展方面，中国学者更加重视新时代国际法的理论研究与创新，推动构建中国自主国际法知识体系，进一步增强中国国际法学者在国际法发展中的话语权。

关键词： 国际法治　涉外法治　国内法治　国际治理　中国国际法理论

目 录 ⟨⟩

Ⅰ 总报告

Ⅱ 国家实践篇

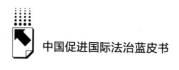
Ⅲ　理论贡献篇

附　录

皮书数据库阅读使用指南

总 报 告

B.1

2023年中国促进国际法治：回顾与展望

肖永平　冯洁菡*

摘　要： 2023年，乌克兰危机叠加巴以冲突，传统安全风险多点爆发，地缘安全格局震荡加剧。国际法的总体发展态势呈现相关领域国际规则发展有序推进，巴以冲突的爆发与持续冲击现行国际法原则、规则与联合国集体安全机制，国际政治外交问题的司法化日益加剧等特点。作为负责任的发展中大国，中国始终旗帜鲜明地坚持多边主义与正确义利观，坚持统筹推进国内法治和涉外法治，维护以国际法为基础的国际秩序，倡导平等有序的世界多极化和普惠包容的经济全球化，在发展国际法理念与原则、完善涉外立法与司法实践、通过外交促进国际法发展、推动国际治理体系变革以及发展中国国际法学理论方面成绩斐然。展望2024年，中国国际法学界将以捍卫国家主权、安全、发展利益为导向，以涉外法治体系和能力建设为着力点推进涉外法治工作，不断提高涉外

* 肖永平，教育部重点研究基地武汉大学国际法研究所所长、教授，（国家高端智库）武汉大学国际法治研究院院长，主要研究领域为国际私法、国际商事仲裁法和体育法；冯洁菡，（国家高端智库）武汉大学国际法治研究院副院长，教育部重点研究基地武汉大学国际法研究所教授，主要研究领域为国际法。

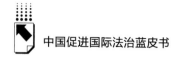

工作法治化水平，为推动构建人类命运共同体贡献力量。

关键词： 国际法治 人类命运共同体 国际治理 "一带一路" 涉外
法治体系

2023年，传统安全风险多点爆发，地缘安全格局震荡不已。乌克兰危机延宕叠加核威慑阴影，巴以冲突骤然爆发的影响持续外溢，美国"双标"行为导致安理会涉巴以问题决议草案几度流产，中东地区人道主义危机持续恶化，反犹主义在欧美多国升温。非洲数国接连出现政治动荡，亚欧、拉美等区域国家间对抗冲突频发。中美地缘战略博弈加剧，域外国家纠集盟友干预朝鲜半岛，挑动南海紧张局势，全球和平与安全赤字继续扩大。世界卫生组织宣布新冠疫情不再构成"国际关注的突发公共卫生事件"，但全球经济复苏缓慢，南北发展鸿沟加深。世界经济"再全球化"持续，大国在全球贸易、科技领域激烈竞争和博弈，发达国家引领产业政策回潮，同时构筑"小院高墙"强化对华竞争，泛化国家安全概念。非传统安全风险交织叠加，能源安全、日本核污水排海引发世界关注，全球气候变化负面影响显著，极端气候事件频发，粮食与供应链安全成为焦点。人工智能技术高速迭代，引发武器化、虚假信息传播与道德伦理问题，推动人工智能、气候变化等领域国际合作取得进展。金砖国家、上合组织扩员，"全球南方"快速崛起，更加关注发展议题，参与全球治理战略自主性不断增强，成为塑造全球格局的重要建设性力量。

回顾2023年，国际法的总体发展态势呈现以下特点。

第一，相关领域国际规则发展有序推进。在海洋领域，国家管辖范围外海域生物多样性养护和可持续利用问题国际协定获得通过，联合国国际法委员会"海平面上升对国际和平与安全的影响"议题受到高度关注，国际海底开发规章谈判进入关键阶段。在极地领域，涉及南极海洋保护区、南极旅游、《预防中北冰洋不管制公海渔业协定》等规则制定进程在持续推进。① 在外空领域，空间资源开发、探月全球治理、外空武装冲突相关国际法适用、空间交通管理、临近空间法律地位等议题的国际法发展动向值得关注。② 在生态环境领域，防治塑料污染国际法律文书谈判加速进行；《联合国气候变化框架公约》第二十八次缔约方大会（COP28）达成"阿联酋共识"，完成《巴黎协定》生效以来首次全球盘点，各缔约方首次就"转型脱离"化石燃料达成一致，发展中国家高度关注的"损失与损害基金"开始运行，并首次通过全球适应目标框架、公正转型路径工作方案等决定。③ 在全球公共卫生治理领域，《国际卫生条例》的修订与《大流行病协定》的谈判正同时进行。在人工智能治理领域，中国提出《全球人工智能治理倡议》，欧盟于 2023 年 12 月通过全球首个《人工智能法案》，成为全球首部人工智能领域的全面监管立法，联大决议、联合国专门机构和其他政府间国际组织的软法文件不断增多。④ 此外，联合国《打击网络犯罪公约》、跨国公司与人权法律文书、私营军事和安保公司法律文书等国际立法进程均在有序推进。

第二，巴以冲突的爆发与持续冲击现行国际法原则、规则与联合国集体安全机制。2023 年 10 月以来，巴以冲突爆发并持续恶化，冲突已导

---

① 参见《当前国际法形势与我国外交条法工作的新发展——外交部条法司司长马新民在中国国际法学会 2024 年学术年会上的主旨报告》，"中国国际法前沿"微信公众号，2024 年 5 月 12 日，https：//mp. weixin. qq. com/s？__biz＝MzIzNTQ2NzE1OA＝＝&mid＝2247489906&idx＝1&sn＝dc18702ee26494b0d7a9d30096266408&chksm＝e984c64c66b47e566604e90c51b982e13b5f19c099c9c61c3e0fb027a4c99e5dff55e1080048&scene＝27，最后访问时间：2024 年 6 月 24 日。

② 《当前国际法形势与我国外交条法工作的新发展——外交部条法司司长马新民在中国国际法学会 2024 年学术年会上的主旨报告》，"中国国际法前沿"微信公众号，2024 年 5 月 12 日，https：//mp. weixin. qq. com/s？__biz＝MzIzNTQ2NzE1OA＝＝&mid＝2247489906&idx＝1&sn＝dc18702ee26494b0d7a9d30096266408&chksm＝e984c64c66b47e566604e90c51b982e13b5f19c099c9c61c3e0fb027a4c99e5dff55e1080048&scene＝27，最后访问时间：2024 年 6 月 24 日。

③ 《"复盘"2023：世界在动荡变革中寻找希望》，《中国青年报》2023 年 12 月 28 日。

④ 参见《当前国际法形势与我国外交条法工作的新发展——外交部条法司司长马新民在中国国际法学会 2024 年学术年会上的主旨报告》，"中国国际法前沿"微信公众号，2024 年 5 月 12 日，https：//mp. weixin. qq. com/s？__biz＝MzIzNTQ2NzE1OA＝＝&mid＝2247489906&idx＝1&sn＝dc18702ee26494b0d7a9d30096266408&chksm＝e984c64c66b47e566604e90c51b982e13b5f19c099c9c61c3e0fb027a4c99e5dff55e1080048&scene＝27，最后访问时间：2024 年 6 月 24 日。

致数万平民死亡，联合国巴勒斯坦难民救济和工程处 100 多名工作人员丧生。因美国频频行使否决权，联合国安理会迟迟无法通过停火决议，以《联合国宪章》为核心、基于安理会否决权构建的集体安全机制自乌克兰危机以来再度遭遇严峻挑战，安理会无法履行其法律责任遭到普遍诟病。在此僵局下，联大第十届特别紧急会议先后通过"保护平民及履行法律和人道主义义务"的两份决议①，呼吁并要求人道主义停火，联大基于"联合一致共策和平"决议②在维护国际和平与安全方面的补充作用和局限性再度引发关注。此外，本次巴以冲突还涉及以色列在巴勒斯坦被占领土以自卫为由使用武力的合法性、民族自决权、以色列长期占领及事实兼并的法律性质与后果，长期封锁加沙地带并实施种族隔离等政策与措施所违反的国际法义务与国家责任、灭绝种族罪、战争罪与危害人类罪等国际罪行与个人国际刑事责任，国际刑事法院对非缔约国国民的管辖权，《防止及惩治灭绝种族罪公约》（以下简称《灭绝种族罪公约》）非争端缔约方基于"对一切义务"的诉权等诸多国际法原则与规则的解释与适用。

第三，国际政治外交问题的司法化日益加剧。将政治外交问题司法化，利用司法机构讲述国际法故事，日益成为占据法治正义高点、维护自身利益、赢得世界舆论支持的有力工具。在乌克兰危机方面，除国际法院正在受理的乌克兰诉俄罗斯关于《灭绝种族罪公约》的诉讼之外，国际刑事法院于 2023 年 3 月对俄罗斯总统及儿童权利专员签发逮捕令，认为二人对发生

---

① "保护平民及履行法律和人道主义义务"的决议（A/ES-10/L.25），联大第十届特别紧急会议 2023 年 10 月 27 日通过，120 票赞成、14 票反对、45 票弃权。参见 https：//documents. un. org/doc/undoc/ltd/n23/319/19/pdf/n2331919. pdf？ token = qO41Wl8WLlby7fQGsG&fe = true，最后访问时间：2024 年 6 月 24 日。"保护平民及履行法律和人道主义义务"的决议（A/ES-10/L.27），联大第十届特别紧急会议 2023 年 12 月 12 日通过，153 票赞成、10 票反对。参见 https：//documents. un. org/doc/undoc/ltd/n23/397/08/pdf/n2339708. pdf？ token =tG0yuFdYPGQyb6n2KR&fe=true，最后访问时间：2024 年 6 月 24 日。
② 参见联大 1950 年第 377（Ⅴ）号决议，https：//documents. un. org/doc/resolution/gen/nr0/059/75/pdf/nr005975. pdf？ token=C98JtzyWADQzjrArJK&fe=true，最后访问时间：2024 年 6 月 24 日。

在乌克兰被占领土上的战争罪行负有个人刑事责任。① 在巴以冲突方面，除2022年底联合国大会通过决议将巴以问题提交国际法院发表咨询意见②之外，南非于2023年底在国际法院对以色列也提起了关于《灭绝种族罪公约》的诉讼，要求国际法院认定以色列违反《灭绝种族罪公约》义务，应立即停止不法行为、确保惩处相关人员、履行赔偿义务、确保不再犯等，并请求国际法院发布临时措施。③ 在气候变化方面，33个国家与欧盟以及联合国、国际海事组织、非盟等9个国际组织就小岛屿国家提请联合国海洋法法庭就气候变化问题发表咨询意见案提交了书面意见，海洋法法庭于9月中旬举行了听证程序。④ 国际司法机构咨询意见程序成为关注气候变化、海洋环境保护、人权保护等国际社会共同利益保护与相关国家维护自身权益的重要手段。

2023年，中国作为负责任的发展中大国，坚决维护以联合国为核心的国际体系、以国际法为基础的国际秩序、以《联合国宪章》宗旨和原则为基础的国际关系基本准则。中国始终旗帜鲜明地坚持正确义利观，倡导平等有序的世界多极化和普惠包容的经济全球化，坚持统筹推进国内法治和涉外法治，加强涉外领域立法，维护以国际法为基础的国际秩序，践行国际法治和多边主义，提出全球文明倡议，践行全球安全倡议和全球发展倡议，推动构建人类命运共同体。

---

① 参见《国际刑事法院向俄罗斯总统普京发出逮捕令》，联合国网站，2023年3月17日，https：//news. un. org/feed/view/zh/story/2023/03/1116272，最后访问时间：2024年6月24日。

② 参见联大第77/247号决议"以色列在包括东耶路撒冷在内巴勒斯坦被占领土侵害巴勒斯坦人民人权的行为"，2022年12月30日。

③ "Application of the Convention on the Prevention and Punishment of the Crime of Genocide in the Gaza Strip (South Africa v. Israel)", International Court of Justice, https：//www. icj-cij. org/case/192, accessed：2024-06-24.

④ "Request for an Advisory Opinion Submitted by the Commission of Small Island States on Climate Change and International Law (Request for Advisory Opinion Submitted to the Tribunal)", International Tribunal for the Law of the Sea, https：//itlos. org/en/main/cases/list-of-cases/request-for-an-advisory-opinion-submitted-by-the-commission-of-small-island-states-on-climate-change-and-international-law-request-for-advisory-opinion-submitted-to-the-tribunal/, accessed：2024-06-24.

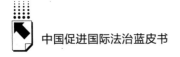

一 不断丰富与发展国际法理念与原则

2021年、2022年和2023年，中国相继提出全球发展倡议、全球安全倡议和全球文明倡议，聚焦人类社会发展的三个关键维度，集中反映了新时代中国全球治理理念，提出了应对当前世界严重治理赤字、信任赤字、安全赤字和发展赤字的体系化主张，是中国为国际社会提供的公共产品。

（一）全球发展倡议

2021年9月21日，习近平主席在出席第76届联大一般性辩论时向世界提出全球发展倡议（Global Development Initiative，GDI），倡导构建"全球发展共同体"。10月22日，外交部发布《中国联合国合作立场文件》，进一步阐述了全球发展倡议的核心理念、出发点和落脚点、目标、行动指南等核心概念。① 2023年9月，外交部发布《关于全球治理变革和建设的中国方案》，其中"完善全球发展治理"部分将发展倡议置于首位。②

全球发展倡议秉持以人民为中心的核心理念，遵循务实合作的行动指南，倡导开放包容的伙伴精神，将同共建"一带一路"、非盟《2063年议程》、非洲发展新伙伴计划等协同增效，通过联合国、二十国集团、金砖国家等多边合作机制、各种区域和次区域平台凝聚共识，形成强大合力。③ 全球发展倡议在不断的实践中得到国际社会积极响应和广泛参与。截至2023年6月，中国为推动全球发展出台的32项务实举措已有一半实施完成或取

---

① 参见《中国联合国合作立场文件》，中华人民共和国外交部网站，2021年10月22日，https：//www.mfa.gov.cn/web/wjb_673085/zfxxgk_674865/gknrlb/tywj/zcwj/202110/t20211027_10283542.shtml，最后访问时间：2024年6月24日。

② 参见《关于全球治理变革和建设的中国方案》，中华人民共和国外交部网站，2023年9月13日，https：//www.mfa.gov.cn/wjbxw_new/202309/t20230913_11142009.shtml，最后访问时间：2024年6月24日。

③ 参见《王毅谈"全球发展倡议"的重大意义》，新华网，2021年9月26日，http：//www.news.cn/world/2021-09/26/c_1127903628.htm，最后访问时间：2024年6月24日。

得早期成果，100 多个国家和国际组织支持全球发展倡议，70 多个国家加入"全球发展倡议之友小组"，20 多个国家和国际机构就此同中方签署合作谅解备忘录，200 多个发展合作项目开花结果。①

（二）全球安全倡议

2022 年 4 月 21 日，习近平主席在博鳌亚洲论坛年会开幕式上以视频方式发表题为《携手迎接挑战 合作开创未来》的主旨演讲，首次提出全球安全倡议（Global Security Initiative，GSI）。② 2023 年 2 月 21 日，外交部发布《全球安全倡议概念文件》，系统辩证地阐述了全球安全倡议的核心理念与原则，即坚持共同、综合、合作、可持续的安全观，坚持尊重各国主权、领土完整，坚持遵守《联合国宪章》宗旨和原则，坚持重视各国合理安全关切，坚持通过对话协商以和平方式解决国家间的分歧和争端，坚持统筹维护传统领域和非传统领域安全。③

追溯全球安全倡议的思想渊源，一般认为其形成于马克思主义基本原理与中华优秀传统文化的有机融合，发展于新中国成立以来中国共产党推动大国外交的实践和探索，集中体现于总体国家安全观统筹自身安全与共同安全的思想内涵，④ 与中国以往提出的安全理念一脉相承。⑤ 相应地，安全倡议具有四个理论逻辑，即以合作安全应对竞争安全、以开放安全对抗封闭安全、以共同安全替代分割安全、以多边安全超越单边安全。

全球安全倡议所反映的中国理念、原则、立场引发了国际社会的深入思

---

① 参见《全球发展倡议落实进展报告 2023》，中国国际发展知识中心网站，2023 年 6 月 21 日，https：//www.cikd.org/detail？docId=1671664751751634945，最后访问时间：2024 年 6 月 24 日。

② 参见习近平《携手迎接挑战 合作开创未来》，《人民日报》2022 年 4 月 22 日，第 2 版。

③ 参见《全球安全倡议概念文件》，中华人民共和国外交部网站，2023 年 2 月 21 日，https：//www.mfa.gov.cn/wjbxw_new/202302/t20230221_11028322.shtml，最后访问时间：2024 年 6 月 24 日。

④ 吴凡：《全球安全倡议的思想渊源、内在逻辑与价值内涵》，《国际展望》2023 年第 2 期，第 158 页。

⑤ 凌胜利、王秋怡：《全球安全倡议与全球安全治理的中国角色》，《外交评论》2023 年第 2 期，第 165 页。

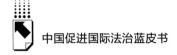

考和广泛关注。《外交学人》（*The Diplomat*）杂志指出，安全倡议"是中国国际话语的最新表达，旨在挑战西方主导的全球治理体系"，是基于和平共处五项原则所提出的代表现代中国外交政策的基本准则，致力于解决的主要问题是"和平、发展、安全和治理方面的缺陷"。①《外交学者》（*The Diplomatist*）杂志特别关注安全倡议所坚持的集体安全原则，认为在俄乌冲突的背景下，中国安全倡议有助于在东西方之间达成平衡。②

（三）全球文明倡议

2023 年 3 月 16 日，中共中央总书记、国家主席习近平在中国共产党与世界政党高层对话会上首次提出全球文明倡议（Global Civilization Initiative，GCI），将全球文明倡议的基本内涵概括为"四个倡导"：一是共同倡导尊重世界文明多样性，以文明交流超越文明隔阂、文明互鉴超越文明冲突、文明包容超越文明优越；二是共同倡导弘扬全人类共同价值，以宽广胸怀理解不同文明对价值内涵的认识，不将自己的价值观和模式强加于人，不搞意识形态对抗；三是共同倡导重视文明传承和创新，推动各国优秀传统文化在现代化进程中实现创造性转化、创新性发展；四是共同倡导加强国际人文交流合作，探讨构建全球文明对话合作网络，促进各国人民相知相亲，共同推动人类文明发展进步。③

全球文明倡议的提出有着深刻的现实背景与思想渊源。就其现实背景而言，全球文明倡议精准定位了当前部分国家政治分歧、意识形态对抗无限外溢的严峻形势，是对资本主义文明中零和博弈思维、文明优越论、西方文明

---

① "The Global Security Initiative：China's New Security Architecture for the Gulf"，*The Diplomat*，May 12，2023，https：//thediplomat.com/tag/gsi-in-the-middle-east/，accessed：2024-06-24.
② "China's Global Security Initiative and Indivisible Security Principle"，*The Diplomatist*，October 28，2022，https：//diplomatist.com/2022/10/28/chinas-global-security-initiative-and-indivisible-security-principle/，accessed：2024-06-24.
③ 参见习近平《携手同行现代化之路——在中国共产党与世界政党高层对话会上的主旨讲话》，《人民日报》2023 年 3 月 16 日，第 2 版。

中心论等傲慢与偏见的有力回击。① 就其思想渊源而言，全球文明倡议本质上是马克思主义文明观与中华民族文明理念相结合的产物。② 一方面，全球文明倡议传承了中华民族自古以来所遵循的开放包容、和合共生、天下一家、互利共赢等传统观念，深刻植根于中华民族与不同文明长期和平共处、交流互鉴的丰富实践之中。另一方面，从理论生成来看，马克思主义文明观、共同体思想、普遍交往理论以及世界历史思想等，共同构成了全球文明倡议的理论依据。这种耦合具有鲜明的中国特色，可以说，全球文明倡议也是马克思主义中国化的最新成果之一。

（四）"三大全球倡议"的内在逻辑

"三大全球倡议"并非孤立、割裂的个体，而是互相配合的整体，向上统一于人类命运共同体这一整体性构想，融贯于中国式现代化的实践。"三大全球倡议"不仅是中国为国际社会提供的新公共产品，也是中国立足于自身现代化历程，对全球治理和人类文明发展的最新思考和方案，具有重大的历史意义。

以外部视角来看，全球发展倡议、全球安全倡议和全球文明倡议，都是中国提供的国际公共产品，也是人类命运共同体理念的重要发展和实践拓展。2023 年 9 月 26 日，国务院新闻办公室发布的《携手构建人类命运共同体：中国的倡议与行动》白皮书指出："和平稳定、物质丰富、精神富有是人类社会发展的基本追求。发展是安全和文明的物质基础，安全是发展和文明的根本前提，文明是发展和安全的精神支撑。中国提出全球发展倡议、全球安全倡议、全球文明倡议，从发展、安全、文明三个维度指明人类社会前进方向，彼此呼应、相得益彰，成为推动构建人类命运共同体的重要依托，是解答事关人类和平与发展重大问题的中国方案。"③

---

① 蒯正明：《"现代化之问"的中国方案和全球文明倡议：政党的责任与担当》，《理论探讨》2023 年第 3 期，第 31 页。

② 王枫桥：《习近平关于全球文明倡议的深刻内涵及意义》，《理论视野》2023 年第 7 期，第 29 页。

③ 《携手构建人类命运共同体：中国的倡议与行动》，国务院新闻办公室网站，https://www.gov.cn/zhengce/202309/content_6906335.htm，最后访问时间：2024 年 6 月 24 日。

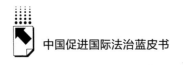

二　中国涉外立法与司法实践的新发展

（一）涉外立法的新发展

党的二十大报告对全面依法治国作了战略部署，要求在重点领域、新兴领域、涉外领域加强立法，不断提高涉外工作法治化水平，为促进国际法治作出更大贡献。2023 年 12 月 27 日，习近平总书记在中央政治局第十次集体学习总结讲话中指出："加强顶层设计，一体推进涉外立法、执法、司法、守法和法律服务，形成涉外法治工作大协同格局。"中国继续坚持统筹国内法治与涉外法治、统筹发展与安全，不断提高涉外法治的系统性、协同性和科学性，为维护以联合国为核心的国际体系、以国际法为基础的国际秩序、以《联合国宪章》宗旨和原则为基础的国际关系基本准则，提供中国方案、中国主张和中国经验。

1. 增强立法系统性、整体性和协同性

如在生态环保领域，颁布实施《中华人民共和国青藏高原生态保护法》，与《中华人民共和国长江保护法》、《中华人民共和国黑土地保护法》和《中华人民共和国黄河保护法》等生态环保相关法律法规共同构成我国"1+N+4"区域生态保护制度体系。《中华人民共和国青藏高原生态保护法》还与修订后的《中华人民共和国海洋环境保护法》和《消耗臭氧层物质管理条例》共同实现海陆空多维联动，进一步完善了我国生态环保法律制度体系，为完善国际环境保护法和生态法治提供中国经验。

2. 持续优化营商环境

以颁布实施《私募投资基金监督管理条例》为标志，我国私募基金监管进入新的法治化轨道。以《关于加快内外贸一体化发展的若干措施》为标志，助力企业在国内国际两个市场顺畅切换，实现"两条腿"走路。以《中华人民共和国刑法修正案（十二）》为标志，彰显立法机构对民营企业发展的重视，坚持"两个毫不动摇""三个没有变""两个健康"，依法保护民营企业

产权和企业家权益，构建公平的营商环境。以《中国（新疆）自由贸易试验区总体方案》为标志，打造浦东新区、海南自由贸易港、中国（新疆）自由贸易试验区等对外开放样板，为世界经济自由区的建设提交中国答卷。

3. 多维度维护国家安全，丰富外交斗争法律工具箱

以修订《中华人民共和国反间谍法》，发布《中华人民共和国粮食安全保障法》为标志，牢筑反间谍防线，保障粮食安全。以颁布实施《中华人民共和国外国国家豁免法》（以下简称《外国国家豁免法》）《中华人民共和国对外关系法》（以下简称《对外关系法》）为标志，为新时代中国特色大国外交提供坚强法治保障。《对外关系法》是我国涉外领域的基础性、综合性法律；[①]《外国国家豁免法》是我国历史上第一部全面规定外国国家豁免制度的法律，既立足国内法治，又涉及国际法和外交实践，明确我国的外国国家豁免政策由绝对豁免转向限制豁免，为我国法院管辖、审判以外国国家为被告的民事案件提供了法律依据。[②] 以颁布《领事保护与协助条例》为标志，更加重视保障海外中国公民和机构的安全和合法权益，不断强化海外利益法治保障。以颁布《中华人民共和国爱国主义教育法》为标志，提高全民爱国意识和国防意识。

4. 以提升我国涉外司法国际公信力为目标，明确外国法的查明和国际条约与国际惯例的适用规则

修订《中华人民共和国民事诉讼法》，着重对涉外民事诉讼程序制度进行完善，进一步提升涉外民事案件审判质效，更好地保障当事人的诉讼权利和合法权益，更好维护我国主权、安全和发展利益。[③] 最高人民法院发布的

---

① 《全国人大常委会法工委负责人就对外关系法答记者问》，中国共产党新闻网，2023 年 6 月 30 日，http://cpc.people.com.cn/n1/2023/0630/c64387-40024614.html，最后访问时间：2024 年 6 月 24 日。

② 《全国人大常委会法工委负责人就外国国家豁免法答记者问》，中国人大网，2023 年 9 月 4 日，http://www.npc.gov.cn/npc/c2/c30834/202309/t20230904_431522.html，最后访问时间：2024 年 6 月 24 日。

③ 《我国民事诉讼法完成修改，将更好保障当事人的诉讼权利和合法权益》，中国人大网，2023 年 10 月 24 日，http://www.npc.gov.cn/npc/c2/c30834/202310/t20231024_432465.html，最后访问时间：2024 年 6 月 24 日。

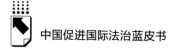
一系列司法解释，是对我国法院在审理涉外民商事案件时长期适用的国际条约和国际惯例的系统总结，是积极查明与适用外国法的成功经验的理论结晶，也是最高人民法院积极践行国际法治、贡献中国智慧的制度成果。

（二）涉外司法实践的新发展

2023 年，全国各级人民法院积极加强涉外司法审判工作，以审判工作现代化服务保障中国式现代化，坚持依法平等保护原则，恪守国际条约、尊重国际惯例，积极营造市场化、法治化、国际化的营商环境，服务更高水平的对外开放。审结涉外民商事案件 2.4 万件、海事案件 1.6 万件；审结商事仲裁司法审查案件 1.6 万件，加强仲裁监督，裁定撤销仲裁裁决 552 件，裁定承认（认可）和执行境外仲裁裁决 69 件，仲裁友好型司法环境深受认可；审结涉港澳台案件 2.5 万件，办理涉港澳台司法协助互助案件 9265 件，审结涉侨案件 7279 件。[①]

2023 年，全国各级人民法院实施审判精品战略，积极打造国际民商事纠纷解决优先基地，服务共建"一带一路"高质量发展。为进一步提升国际商事纠纷解决机制效能，推动加强国际司法交流合作，吸收更多专家参与国际商事争端解决机制建设，为高质量共建"一带一路"提供更高水平司法服务，最高人民法院 3 月聘任丁丁、王瀚、赵宏、贾兵兵、高之国、高燕平、黄惠康、黄解放等 14 位专家为国际商事专家委员会第三批专家委员。[②] 2023 年 1 月，大连海事法院主动适应航运及相关领域的司法需求，成立中国（辽宁）自由贸易试验区大连片区海事法庭；[③] 横琴法院 3 月 29 日揭牌成立"涉外涉

---

① 参见《最高人民法院工作报告（摘要）》，中国人大网，2024 年 3 月 9 日，http：//www.npc. gov. cn/npc/c2/c30834/202403/t20240309_435677. html，最后访问时间：2024 年 6 月 24 日。

② 《最高人民法院关于聘任国际商事专家委员会第三批专家委员的决定》，最高人民法院网，2023 年 4 月 10 日，https：//cicc. court. gov. cn/html/1/218/149/192/2332. html，最后访问时间：2024 年 6 月 24 日。

③ 《东北首个自贸区海事法庭在大连揭牌》，辽宁省高级人民法院网，2023 年 1 月 29 日，http：//ln. lncourt. gov. cn/article/detail/2023/01/id/7119001. shtml，最后访问时间：2024 年 6 月 24 日。

港澳台法律实践与研究基地"，促进涉外涉港澳台法律研究与司法实践的融合发展，树立横琴粤澳深度合作区涉外涉港澳台民商事审判的品牌优势；① 山东省各级人民法院打造涉外商事海事纠纷解决优选地，依法平等保护中外当事人合法权益，服务畅通国内国际双循环；② 2023 年 8 月，浙江省高级人民法院、浙江省贸促会联合发布《关于进一步完善涉外商事纠纷诉调对接工作机制的意见》；③ 9 月，上海第一中级人民法院与浦东新区人民法院联合发布《中国（上海）自由贸易试验区司法服务保障白皮书（2013 年—2023年）》，着力提高涉自贸区案件审判质量和效果；④ 10 月，上海浦东新区人民法院通报 2013—2023 年涉外涉港澳台、涉外商投资企业商事审判工作情况和典型案例，进一步深化自贸试验区法治经验。⑤

2023 年，为全面贯彻落实党的二十大精神，统筹推进国内法治和涉外法治，切实提升涉外审判能力，推进审判体系现代化，最高人民法院相继批准成立南京⑥、杭州、宁波⑦国际商事法庭，为中外当事人提供普惠均等、

---

① 《"涉外涉港澳台法律实践与研究基地"揭牌成立》，横琴粤澳深度合作区人民法院网，2023 年 3 月 29 日，http：//www. hqcourt. gov. cn/list/info/7427. html，最后访问时间：2024年 6 月 24 日。

② 《山东法院打造涉外商事海事纠纷解决优选地》，最高人民法院网，2023 年 7 月 31 日，https：//www. court. gov. cn/zixun/xiangqing/407602. html，最后访问时间：2024 年 6 月 24 日。

③ 《省高院、省贸促会联合发布浙江涉外商事纠纷诉调对接新举措》，浙江法院网，2023 年 8月 7 日，https：//www. zjsfgkw. gov. cn/art/2023/8/7/art_56_28309. html，最后访问时间：2024 年 6 月 24 日。

④ 《上海一中院与浦东新区人民法院联合发布〈中国（上海）自由贸易试验区司法服务保障白皮书〉》，上海市高级人民法院网，2023 年 9 月 22 日，https：//www. hshfy. sh. cn/shfy/web/xxnr. jsp? pa = aaWQ9MTAyMDMyNzAzNCZ4aD0xJmxtZG09bG0xNzEPdcssz，最后访问时间：2024 年 6 月 24 日。

⑤ 《浦东新区人民法院发布 2013—2023 年涉外涉港澳台、涉外商投资企业商事审判工作白皮书》，上海市高级人民法院网，2023 年 10 月 26 日，https：//www. hshfy. sh. cn/shfy/web/xxnr. jsp? pa = aaWQ9MTAyMDMzMjk2NCZ4aD0xJmxtZG09bG0xNzEPdcssz，最后访问时间：2024 年 6 月 24 日。

⑥ 《为开放型经济注入法治活水——南京法院涉外商事审判工作纪实》，最高人民法院网，2023 年 4 月 3 日，https：//www. court. gov. cn/zixun/xiangqing/395222. html，最后访问时间：2024 年 6 月 24 日。

⑦ 《杭州、宁波国际商事法庭正式揭牌成立》，浙江法院网，2023 年 3 月 20 日，https：//www. zjsfgkw. gov. cn/art/2023/3/20/art_24_27898. html，最后访问时间：2024 年 6 月 24 日。

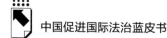

便捷高效、智能精准的司法服务，还先后发布了《关于适用〈中华人民共和国涉外民事关系法律适用法〉若干问题的解释（二）》①（以下简称《解释（二）》）、《关于修改〈最高人民法院关于设立国际商事法庭若干问题的规定〉的决定》②（以下简称《决定》）、《最高人民法院关于审理涉外民商事案件适用国际条约和国际惯例若干问题的解释》③（以下简称《适用国际条约和国际惯例解释》）以及《"一站式"国际商事纠纷多元化解决平台工作指引（试行）》（以下简称《工作指引》）等司法解释文件。《解释（二）》的发布，为进一步完善外国法律查明制度、规范外国法律查明司法实践提供了具体依据。④《决定》将为扩大当事人协议选择国际商事法庭管辖的案件范围、拓展外国法律的查明途径提供法律依据。⑤《适用国际条约和国际惯例解释》对我国法院适用国际条约和国际惯例的成功经验进行概括总结，将对我国涉外民商事审判和我国涉外民商事活动产生深远影响。⑥《工作指引》对优化诉讼与调解、仲裁有机衔接的国际商事纠纷多元化解决机制，发挥"一站式"国际商事纠纷多元化解决平台功能，打造国际商事纠纷解决优选地具有重要现实意义。⑦

---

① 《最高人民法院关于适用〈中华人民共和国涉外民事关系法律适用法〉若干问题的解释（二）》（法释〔2023〕12号），自2024年1月1日起施行。

② 《关于修改〈最高人民法院关于设立国际商事法庭若干问题的规定〉的决定》（法释〔2023〕14号），自2024年1月1日起施行。

③ 《最高人民法院关于审理涉外民商事案件适用国际条约和国际惯例若干问题的解释》（法释〔2023〕15号），自2024年1月1日起施行。

④ 《最高人民法院发布涉外民事关系法律适用法司法解释（二）》，最高人民法院网，2023年12月1日，https://www.court.gov.cn/fabu/xiangqing/419042.html，最后访问时间：2024年6月24日。

⑤ 《最高人民法院发布修改最高人民法院国际商事法庭司法解释的决定》，最高人民法院网，2023年12月18日，https://cicc.court.gov.cn/html/1/218/149/192/2453.html，最后访问时间：2024年6月24日。

⑥ 《最高人民法院关于审理涉外民商事案件适用国际条约和国际惯例若干问题的解释》，最高人民法院网，2023年12月28日，https://www.court.gov.cn/fabu/xiangqing/421922.html，最后访问时间：2024年6月24日。

⑦ 《最高人民法院发布〈"一站式"国际商事纠纷多元化解决平台工作指引（试行）〉》，最高人民法院网，2023年12月29日，https://cicc.court.gov.cn/html/1/218/149/192/2436.html，最后访问时间：2024年6月24日。

2023 年，为加强涉外知识产权的司法保护，中国进一步深化与世界知识产权组织的交流合作，健全涉外知识产权多元化纠纷解决机制。3 月 16 日，厦门市涉外知识产权诉调对接办公室揭牌成立，成为厦门市中级人民法院（以下简称"厦门中院"）、世界知识产权组织仲裁与调解上海中心（以下简称"WIPO 仲调上海中心"）建立诉调对接工作常态化机制的重要平台。① 12 月 9 日，以"新时代知识产权司法保护的机遇与挑战"为主题的知识产权司法保护国际研讨会在广州召开；② 广东省高级人民法院和世界知识产权组织仲裁与调解中心签署《加强知识产权领域替代性争议解决交流与合作协议》，将进一步加强双方在知识产权纠纷处理方面的交流与合作。③

三　中国外交对国际制度的促进与发展

（一）持续推动构建人类命运共同体

2023 年 9 月，国务院新闻办公室发布《携手构建人类命运共同体：中国的倡议与行动》白皮书，④ 构建人类命运共同体从中国倡议扩大为国际共识，从美好愿景转化为丰富实践，从理念主张发展为科学体系。2023 年，中国继续扩大构建人类命运共同体国际共识的朋友圈。中国与老挝、沙特阿拉伯、菲律宾、土库曼斯坦、柬埔寨、白俄罗斯、俄罗斯、加蓬、哈萨克斯坦等 32 个国家共同发布的联合声明中都包含共同构建人类命运共同体的条

---

① 《厦门揭牌涉外知识产权诉调对接办公室》，国家知识产权战略网，2023 年 3 月 20 日，http：//www.nipso.cn/onewsn.asp？id=54283，最后访问时间：2024 年 6 月 24 日。

② 《知识产权司法保护国际研讨会在穗召开》，澎湃网，2023 年 12 月 10 日，https：//www.thepaper.cn/newsDetail_forward_25605401，最后访问时间：2024 年 6 月 24 日。

③ 《广东高院和世界知识产权组织仲裁与调解中心签署交流合作协议》，广东法院网，2023 年 12 月 10 日，https：//www.gdcourts.gov.cn/xwzx/gdxwfb/content/post_1655338.html，最后访问时间：2024 年 6 月 24 日。

④ 《国务院新闻办公室发布〈携手构建人类命运共同体：中国的倡议与行动〉白皮书》，2023 年 9 月 26 日，新华网，http：//www.news.cn/world/2023-09-26/c_1129885548.htm，最后访问时间：2024 年 6 月 24 日。

款和内容。《首届中阿峰会利雅得宣言》、《中国-中亚峰会西安宣言》、"77
国集团和中国"峰会《哈瓦那宣言》、《金砖国家领导人第十五次会晤约翰
内斯堡宣言》、《上海合作组织成员国元首理事会新德里宣言》和《中非领
导人对话会联合声明》等区域性宣言和声明中都确认人类命运共同体的理
念价值，承诺推动构建人类命运共同体。

（二）积极践行"全球安全倡议"

中国于 2023 年 2 月 21 日发布《全球安全倡议概念文件》，阐释倡议的
核心理念和原则，明确二十个重点合作方向和平台机制。中国积极践行全球
安全倡议。面对乌克兰危机，中国外交部于 2023 年 2 月 24 日发布《关于政
治解决乌克兰危机的中国立场》。面对巴以冲突，中国外交部于 2023 年 11
月 30 日发布《中国关于解决巴以冲突的立场文件》，强调全面停火止战、
切实保护平民、确保人道主义救援、加大外交斡旋和寻求政治解决。[①] 中国
深度参与传统安全和非传统安全领域的国际治理，呼吁《禁止化学武器公
约》缔约国推动禁化武组织回归正确轨道，呼吁充分发挥《不扩散核武器
条约》服务世界安全与发展的时代作用，呼吁国际社会大力支持建立中东
无核及其他大规模杀伤性武器区，推动《禁止生物武器公约》第九次审议
大会达成最后文件。2023 年，中国先后批准《关于制止非法劫持航空器的
公约的补充议定书》和《联合国打击跨国有组织犯罪公约关于打击非法制
造和贩运枪支及其零部件和弹药的补充议定书》。

（三）继续扎实推动共建"一带一路"高质量发展

2023 年是"一带一路"倡议提出十周年。2023 年 10 月 18 日，第三届
"一带一路"国际合作高峰论坛在北京举行。中国国家主席习近平出席开幕
式并发表题为《建设开放包容、互联互通、共同发展的世界》的主旨演讲，

---

① 《外交部发布〈中国关于解决巴以冲突的立场文件〉》，新华网，2023 年 11 月 30 日，
   http://www.news.cn/world/2023-11/30/c_1130000402.htm，最后访问时间：2024 年 6 月
   24 日。

宣布中国支持高质量共建"一带一路"的八项行动，强调中方愿同各方深化"一带一路"合作伙伴关系，推动共建"一带一路"进入高质量发展的新阶段，为实现世界各国的现代化作出不懈努力。[①] 高峰论坛发布了《主席声明》，高峰论坛期间形成了 458 项成果。[②] 目前已有 170 多个国家、国际组织与中国签署"一带一路"合作文件，实施 3000 多个合作项目。截至 2023 年 10 月 30 日，中国已与 80 多个共建"一带一路"国家签署科技合作协定，共同构建起全方位、多层次、广领域的科技合作格局。

（四）积极参与全球环境与气候治理

中国从共同推进人与自然和谐共生，共建地球生命共同体和共建清洁美丽世界的战略高度积极参与全球环境与气候治理，为应对环境和气候变化作出积极贡献。

中国全力推动《生物多样性公约》第十五次缔约方大会（COP15）成功举办。中国国家主席习近平发表重要讲话，提出推进全球生物多样性保护的中国主张和持续加强生态文明建设的中国举措，提出共建地球生命共同体的四点倡议。在主席国中国的引领下，大会通过了"昆明-蒙特利尔全球生物多样性框架"（以下简称"昆蒙框架"），这是全球生物多样性治理历史上的一座里程碑，是主席国中国勇承重担与各方合力推动全球生态文明建设取得的重要成果。

中国高度重视并全面深入参与《联合国气候变化框架公约》（以下简称《公约》）第二十八次缔约方大会（COP28）。会议期间，中国代表全面深入参与各议题磋商，牵头发起"昆蒙框架"实施倡议，坚定维护发展中国家共同利益，并就谈判关键问题提供解决方案，推动各方聚同化异达成

---

① 习近平：《建设开放包容、互联互通、共同发展的世界——在第三届"一带一路"国际合作高峰论坛开幕式上的主旨演讲》，中国政府网，2023 年 10 月 18 日，https://www.gov.cn/gongbao/2023/issue_10786/202310/content_6912661.html，最后访问时间：2024 年 6 月 24 日。

② 《第三届"一带一路"国际合作高峰论坛主席声明》，第三届"一带一路"国际合作高峰论坛官方网站，2023 年 10 月 18 日，http://www.beltandroadforum.org/n101/2023/1018/c134-1207.html，最后访问时间：2024 年 6 月 24 日。

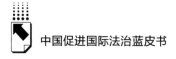

"阿联酋共识"，就《公约》及《京都议定书》《巴黎协定》的落实和治理事项通过了数十项决定，正式成立损失与损害基金，完成《巴黎协定》下首次全球盘点，达成全球适应目标框架、公正转型路径工作方案。

中国分别与巴西和美国发布应对气候变化联合声明，进一步推动共同应对气候变化。中国于 2022 年 12 月 30 日批准《〈关于持久性有机污染物的斯德哥尔摩公约〉列入多氯萘等三种类持久性有机污染物修正案》和《〈关于持久性有机污染物的斯德哥尔摩公约〉列入短链氯化石蜡等三种类持久性有机污染物修正案》，于 2023 年 6 月 27 日接受世贸组织《渔业补贴协定》议定书，于 2023 年 9 月 20 日签署《〈联合国海洋法公约〉下国家管辖范围以外区域海洋生物多样性的养护和可持续利用协定》。

（五）积极谈判、签署及批准各类条约

2023 年 12 月，中国在世贸组织主动设置、积极引领的全球首个多边投资谈判议题《投资便利化协定》实质性结束文本谈判，超过 110 个成员联署并参与该议题谈判。《投资便利化协定》旨在建立国际规则，在全球范围内提升投资政策透明度、简化和加快投资审批程序、促进国际合作。[1] 在谈判过程中，中国引领高标准国际规则构建，发挥了促谈促和促成关键作用。[2]

2023 年，中国先后与厄瓜多尔、尼加拉瓜、塞尔维亚和新加坡等国正式签署自贸协定或自贸协定升级议定书，与洪都拉斯启动了中国-洪都拉斯自贸协定第一轮谈判，与奥地利、塞内加尔和喀麦隆等国分别签署双边税收协定，与瑞士签署了《中瑞双边航空安全协定》。

2022 年底至 2023 年，中国先后批准了与刚果（布）、肯尼亚、乌拉圭、亚美尼亚、厄瓜多尔、毛里求斯和博茨瓦纳等国签订的双边引渡条约，以及

---

[1] 《世界组织成员实质性结束〈投资便利化协定〉文本谈判》，新华网，2023 年 12 月 17 日，http：//www.news.cn/2022-12/17/c_1129215871.htm，最后访问时间：2024 年 6 月 24 日。

[2] 《世界组织总干事：〈投资便利化协定〉文本谈判成功结束是"重大成就"》，新华网，2023 年 7 月 8 日，http：//www.news.cn/2023-07/08/c_1129738782.htm，最后访问时间：2024 年 6 月 24 日。

与哥伦比亚、塞内加尔等国签订的关于刑事司法协助的双边条约。截至2023 年 11 月 23 日，我国已与 86 个国家签署双边司法协助条约，与 17 个国家签署移管被判刑人条约。①

四 国际治理变革与国际法领域的中国贡献

（一）坚定支持以联合国为核心的国际体系

1. 支持联合国各项改革议程

中国始终坚持真正的多边主义，坚定维护以联合国为核心的国际体系、以国际法为基础的国际秩序和以《联合国宪章》宗旨和原则为基础的国际关系基本准则。中国认为，在当前全球性挑战突出的国际局势之下，联合国作为全球治理体系的核心平台，肩负着世界各国人民的期待，负有推动国际社会公正合理发展的重大责任。对于安理会改革议题，中国认为，政府间谈判是各方讨论安理会改革问题的唯一合法平台。鉴于各方对安理会改革的总体方向和基本原则仍存在根本性分歧，应通过深入讨论扩大共识、缩小分歧，以寻求兼顾各方利益和关切的"一揽子"解决方案。中国支持改革优先考虑代表性不足地区的关切，特别是发展中国家发展的诉求应予充分关注，确保安理会决策的民主和公平。

就发展领域改革议题，中国认为，2030 年可持续发展议程和可持续发展目标正面临气候变化、贫困、不平等和冲突等多重危机。中国认为，应当巩固可持续发展目标共识，重新强化发展议题的中心地位，充分发挥联合国在实现和统筹推进联合国可持续发展目标和全球发展倡议方面的关键和引领作用，巩固以南北合作为主渠道、南南合作为有益补充的国际发展合作格局，履行"共同但有区别的责任"，推动构建新型南北关系。在发展资金支持方

---

① 《司法部：我国已与 86 个国家签署双边司法协助条约》，人民网，2023 年 11 月 23 日，http://society. people. com. cn/n1/2023/1123/c1008-40124496. html，最后访问时间：2024 年 6 月 24 日。

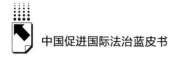

面，中国同 19 个非洲国家签署缓债协议或达成缓债共识，并建设性参与 G20
"共同框架"有关个案处理。中国加大对全球发展合作的资源投入，继续支持
亚洲基础设施投资银行、金砖国家新开发银行的投资，持续推动全球发展和
南南合作基金、中国-联合国和平与发展基金升级，通过双边渠道帮助发展中
国家缓解债务压力。

2. 促进国际法的编纂与逐渐发展

2022 年，中国继续支持联合国国际法委员会和联大六委各项工作，积
极参与一般法律原则、国家官员的外国刑事管辖豁免、与国际法有关的海平
面上升、无法律约束力的国际协定、国际组织作为当事方的争端解决、防止
和打击海盗和海上武装抢劫行为、确定国际法规则的辅助手段、一般国际法
强制性规范（强行法）、《国际卫生条例》修订、大流行病公约、国家管辖
范围以外区域海洋生物多样性国际协定、国际海底资源开发规章、福岛核污
染水处置等议题的讨论、磋商与谈判，积极参与气候变化、巴以问题相关咨
询意见程序，阐述中国观点与主张。

3. 维护国际和平与安全

维护国际和平与安全是联合国的宗旨之一。2023 年是联合国开展维和行动
75 周年。自中国参加维和行动的 30 多年来，中国军队累计参加 25 项联合国维
和行动，派出维和军事人员 5 万余人次。① 目前，中国是联合国安理会常任理事
国中派遣维和军事人员最多的国家，也是联合国第二大维和摊款贡献国。对于
巴以新一轮冲突，中国于 2023 年 10 月推动安理会通过了本轮巴以冲突以来的首
份相关决议，呼吁在整个加沙地带实行紧急人道主义暂停、建立人道主义走廊。
同时，中国高度重视乌克兰危机、伊朗核问题，以及叙利亚、阿富汗、科索沃、
也门、海地、索马里等地区冲突的解决，关切朝鲜半岛的和平稳定。

在传统安全领域，中国积极推动国际常规武器军控进程，在《全球安全
倡议概念文件》中明确将支持国际常规武器军控进程列为重点合作方向之一。

---

① 参见《外交部发言人：中国"蓝盔"成为联合国维护和平的关键力量》，中国政府网，
2023 年 5 月 31 日，https://www.gov.cn/lianbo/bumen/202305/content_6883872.htm，最后
访问时间：2024 年 6 月 24 日。

中国建立并不断完善军品出口管制体系，认真落实《从各个方面防止、打击和消除小武器和轻武器非法贸易的行动纲领》和《使各国能够及时可靠地识别和追查非法小武器和轻武器国际文书》，为达成《常规弹药全寿期管理全球框架》发挥了积极作用。中国积极维护全球核安全，坚定维护以《不扩散核武器条约》为基石的国际核裁军与核不扩散体系，支持在五核国领导人关于防止核战争的联合声明基础上，遵循"维护全球战略稳定"和"各国安全不受减损"原则，循序渐进推进核裁军，继续有效执行《新削减战略武器条约》。在禁止生化武器方面，中国致力于维护《禁止化学武器公约》的权威性和有效性，提交了《关于日本遗弃在华化学武器问题的立场文件》，再次敦促日方落实新销毁计划，早日彻底销毁日遗化学武器。中国高度重视生物安全，支持缔约国共同落实《禁止生物武器公约》第九次审议大会成果，推动重启公约核查议定书多边谈判，鼓励所有利益攸关方自愿采纳《科学家生物安全行为准则天津指南》。在非传统安全领域，中国积极参与打击恐怖主义行动，推进全球反腐败治理，开展打击跨国有组织犯罪的国际合作。

4. 推动全球人权治理

2023年是《世界人权宣言》通过75周年和《维也纳宣言和行动纲领》通过30周年。中国始终坚持以人民为中心的发展思想，在推进中国式现代化的进程中不断提升人权保障水平。中国持续推进全球人权治理，积极参与磋商粮食权问题、发展权利问题、老年妇女权益问题，并就巴勒斯坦人权问题、土著权利等重大议题阐述了中国立场与主张。中国谴责单边制裁措施损害人权，反对借人权问题干涉中国内政和司法主权，反对借人权问题对别国施压。

（二）积极推动"海空天网"领域全球治理

1. 海洋领域

中国维护联合国在全球海洋治理中的核心地位，维护以国际法为基础的国际海洋秩序，主张加强团结合作，推动构建海洋命运共同体。中国积极支持国际海洋法法庭、国际海底管理局和大陆架界限委员会三大机构运作，积极参与"国家管辖范围以外区域海洋生物多样性（BBNJ）国际协定"谈判

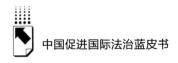

和"国际海底资源开发规章"制定等重要议题磋商,为相关协定达成发挥建设性作用。中国积极参加联合国海洋法法庭涉气候变化咨询意见案,提交书面意见并参加口头程序,就法庭咨询管辖权、国际气候变化法与《联合国海洋法公约》在保护保全海洋环境免受气候变化不利影响方面的作用和各自地位、各国在《联合国海洋法公约》框架下应承担的相关义务以及中国作为负责任发展中大国为全球气候治理所作重要贡献作出了系统阐述。中国积极促进全球渔业可持续发展,积极参与联合国框架下的多边渔业治理,为最终达成《渔业补贴协定》作出重要贡献,并已完成该协定的批约程序。中国秉持互利共赢的合作观,在共商共建共享原则基础上,打造蓝色经济伙伴关系。中国尊重各国依据国际法在南海享有的航行自由,但坚决反对任何国家以此为名,损害中国主权和安全利益。中国和东盟国家积极推进"南海行为准则"磋商,当前已成功完成二读,进入三读新阶段。

2. 空天领域

在航空领域,中国积极推进国际合作,与 125 个签署航空运输协定国家均已恢复疫情前双边航权安排适用,推动中美民航合作项目(ACP)、中欧民航合作项目(APP)转型升级,完成中瑞航空安全协定及适航实施程序签署。在航天领域,人类命运共同体理念连续七年写入联大外空军控决议,中俄共提的"不首先在外空部署武器"决议草案获第 78 届联合国大会高票通过。中国积极参与和平利用外空国际规则制定,支持外空委法律小组委框架下空间资源活动法律问题工作组的工作,呼吁支持外空委发挥在促进和平利用外空全球治理和国际合作方面的主平台作用。中国加强月球科研探测国际合作,先后与亚太空间合作组织、欧洲空间局、法国国家空间研究中心、南非国家航天局、泰国国家天文研究所、阿塞拜疆航天局、巴基斯坦空间和外大气层研究委员会、白俄罗斯国家科学院、埃及航天局等就月球科研合作签署联合声明、合作协定或谅解备忘录。截至 2023 年底,中国已与 50 多个国家、国际组织签订了 150 多份空间合作文件。

3. 网络领域

中国坚持网络主权,支持联合国在网络空间全球治理中发挥核心作用,积极参与网络空间国际规则制定，开展网络法治领域国际交流合作，与世界各国共同致力于建立多边、民主、透明的全球互联网治理体系。2023年世界互联网大会乌镇峰会发布了《中国互联网发展报告2023》和《世界互联网发展报告2023》蓝皮书，其中数字法律与治理论坛以"数字治理的制度化、法治化与国际化"为主题，聚焦数字法治前沿理论和实践热点问题，深化数字网络法治领域国际合作，助力共同构建更加公平合理、开放包容、安全稳定、富有生机活力的网络空间与数字社会。中国积极参与人工智能国际治理，提出《全球人工智能治理倡议》，围绕人工智能发展、安全、治理三个方面系统清晰地阐述了中国路径和中国方案。

（三）大力维护国际经贸格局

2023年，中国全面推动区域经济伙伴关系发展，持续推进"一带一路"倡议，与中亚五国、东盟国家、海湾阿拉伯国家合作委员会等就共同维护多边贸易体制、促进双向投资、深化产业链供应链合作、提升互联互通水平等议题达成广泛共识并签署谅解备忘录、合作文件或成果文件。中国积极推动双边经贸合作，与厄瓜多尔、尼加拉瓜、新加坡等5国分别签署双边自由贸易协定或升级议定书。中国继续加强与世界知识产权组织（WIPO）等国际组织以及各国各地区知识产权机构的交流合作。

五　中国国际法理论的探索与发展

（一）国际公法学

2023年，中国国际公法学的理论探索与发展主要体现在以下四个方面。一是对国际法治、涉外法治与对外关系法进行了深入的理论探索。主要研究成果聚焦于国内法治、涉外法治与国际法治的辩证关系，涉外法治体系的构建，以及《对外关系法》的意义、内容及其实施等问题。二是空间法的研究成为新亮点。主要研究成果涉及临近空间、卫星遥感数据、国际航空安保公

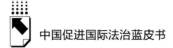

约体系、外空自然资源优先权、空间碎片等前沿议题。三是气候变化相关的国际法问题和国际能源法成为研究的热点。中国国际法学界主要聚焦于全球气候治理中的安理会介入、国家责任、气候变化诉讼以及国际能源法中的《能源宪章条约》、能源发展伙伴关系的法治路径等领域。四是国际法基本理论问题的研究仍然是中国国际公法学界感兴趣的领域和关注的重点。主要研究成果涉及国际法的性质与发展、国际法史论、国际法的渊源等议题。

（二）国际私法学

2023 年，在中国国际私法学会等学术团体的组织和推动下，中国学者聚焦国际私法前沿理论和司法实践中的热点问题，在冲突法基本理论、法的域外适用、制裁与反制裁及阻断法、《对外关系法》的实施、外国法院判决承认与执行及国际商事仲裁热点问题等方面提出了有较强理论和现实意义的观点，这些理论成果都对推动我国涉外法治体系的完善起到了重要作用。未来需要强化研究的领域主要包括我国法域外适用体系的构建、《外国国家豁免法》及《对外关系法》的实施问题、国际私法实践创新及自主知识体系构建等。

（三）国际经济法学

2023 年，中国国际经济法学界围绕法治"一带一路"建设、单边制裁与阻断立法、WTO 改革、数字贸易治理、国际经贸协定、国际投资争端解决机制、人民币国际化等热点问题进行了较为集中的研究，对相关法律制度完善与创新作出了积极探索，且在内容上具有回应性与发展性。在数字经济方兴未艾的背景下，人工智能、元宇宙等新兴科技领域的法律治理也蓬勃发展。《外国国家豁免法》的生效、数字经济迎来新的高潮、WTO 改革、国际投资争端解决、人民币国际化等问题，有望继续成为国际经济法学研究的主要热点。不过，新近谈判的 WTO《投资便利化协定》等最新成果相关的理论研究较少，需要得到进一步重视和加强。此外，经贸协定、投资协定、供应链规制等国际规则研究及相关国内配套改革，也有待更加深入地研究。

（四）国际环境法学

中国始终坚持人与自然和谐共生观，秉持人类命运共同体理念，积极承担应尽的国际义务，同世界各国深入开展生态文明领域的交流合作，推动成果共享，携手共建生态良好的地球美好家园，展现出新时代大国风采与责任担当。通过对2023年中国学者在国际环境法领域研究成果的梳理，可以发现其研究视野聚焦于生物多样性、海洋环境治理、应对气候变化、国际核安全等领域，学者们丰硕的研究成果推动了国际环境法的新发展，但一些问题还存在深入研究的空间。当前国际形势正在加速演变，全球环境治理困境既是挑战，也带来了发展机遇。中国从全球生态文明建设的重要参与者、贡献者发展到引领者，但仍需不断提升全球环境治理的话语权，加强治理体系和能力建设，在全球环境治理中持续发挥引领作用。

六　2024年展望

2023年11月底，习近平总书记在主持中共中央政治局第十次集体学习时强调：“要从更好统筹国内国际两个大局、更好统筹发展和安全的高度，深刻认识做好涉外法治工作的重要性和紧迫性，建设同高质量发展、高水平开放要求相适应的涉外法治体系和能力，为中国式现代化行稳致远营造有利法治条件和外部环境。”① 12月底，中共中央外事工作会议指出，针对当今世界面临的一系列重大问题重大挑战，中国倡导平等有序的世界多极化和普惠包容的经济全球化。平等有序的世界多极化，就是坚持大小国家一律平等，反对霸权主义和强权政治，切实推进国际关系民主化。要确保多极化进程总体稳定和具有建设性，就必须共同恪守《联合国宪章》宗旨和原则，共同坚持普遍认同的国际关系基本准则，践行真正的多边主义。普惠包容的

---

① 《习近平在中共中央政治局第十次集体学习时强调：加强涉外法制建设 营造有利法治条件和外部环境》，中国政府网，2023年11月28日，https://www.gov.cn/yaowen/liebiao/202311/content_6917473.htm，最后访问时间：2024年6月24日。

经济全球化，就是顺应各国尤其是发展中国家的普遍要求，解决好资源全球配置造成的国家间和各国内部发展失衡问题。要坚决反对逆全球化、泛安全化，反对各种形式的单边主义、保护主义，坚定促进贸易和投资自由化便利化，破解阻碍世界经济健康发展的结构性难题，推动经济全球化朝着更加开放、包容、普惠、均衡的方向发展。① 2024 年，中国国际法学研究要坚持以习近平新时代中国特色社会主义思想为指导，深入学习贯彻习近平法治思想和外交思想，紧跟时代要求和人民意愿，遵循法治规律、坚持系统观念，以涉外法治体系和能力建设为着力点推进涉外法治工作，不断提高涉外工作法治化水平。②

（一）以捍卫国家主权、安全、发展利益为导向

回顾人类法治文明发展进程不难发现，涉外法治与国际政治是密切相关的。在国际交往和涉外法治发展实践中，各国都将维护本国利益放在首位。加强涉外法治建设，应当遵循法治规律，反映我国对国际秩序和法律规则的认识和要求，把坚决捍卫国家主权、安全、发展利益的导向体现到涉外法治体系和能力建设的全过程各方面。

以捍卫国家主权、安全、发展利益为导向，首先，要求涉外法治体系和能力建设必须与维护主权独立、主权平等的需要相契合，遵循国际法上的主权原则，既捍卫自身主权、反对外来干涉，把中国发展进步的命运牢牢掌握在自己手中，又坚持权利与义务相统一，在涉外法律事务中尊重他国主权、不干涉他国内政，秉持共商共建共享原则，推动实现各国权利平等、机会平等、规则平等。其次，涉外法治体系和能力建设必须贯彻落实总体国家安全观，坚持统筹外部安全和内部安全、国土安全和国民安全、传统安全和非传统安全、自身安全和共同安全，全面提升依法维护开放安全能力，增强维护

---

① 《中央外事工作会议在北京举行 习近平发表重要讲话》，中国政府网，2023 年 12 月 28 日，https://www.gov.cn/yaowen/liebiao/202312/content_6922977.htm，最后访问时间：2024 年 6 月 24 日。

② 肖永平：《加快推进涉外法治体系和能力建设》，《人民日报》2024 年 3 月 29 日，第 9 版。

国家安全的法治保障。最后，维护发展利益要求涉外法治体系和能力建设必须完整、准确、全面贯彻新发展理念，推动高质量发展和高水平安全良性互动，对一些国家妄图剥夺我国发展权利的行为采取有效法律反制措施，坚决维护自身发展权利。

新时代，我国进入新发展阶段，高水平对外开放持续推进，我国市场更加紧密、更加广泛地与世界市场联系起来。同时，随着中国企业纷纷出海投资，我国在海外拥有越来越多的资产，海外利益遍布全球，在国家利益中的地位也越来越重要。随之而来的是，我国主权、安全、发展利益面临的风险挑战也越来越多、越来越大。比如，一些国家违反国际法和国际关系基本准则，以各种借口对我国进行遏制、打压，对我国公民、组织采取歧视性限制措施，破坏全球产业链、供应链、价值链的安全稳定。实践证明，维护我国海外利益，除了要运用好政治和外交手段，还要根据实际需要强化法治支撑。当前，与国内法治建设取得重要成就相比，涉外法治建设还存在一些相对薄弱的环节：有些涉外法律法规为原则性规定，比较笼统，可操作性不强，涉外法律制度还不够完备；涉外执法协调机制运行不畅、效能不高，涉外司法国际公信力同我国综合国力和国际地位还不相称；高端涉外法治人才培养储备不足；等等。从实际情况看，我国涉外法治建设还不能充分满足捍卫国家主权、安全、发展利益的需要。在强国建设、民族复兴新征程上，必须坚持正确政治方向，以更加积极的历史担当和创造精神，加快推进涉外法治体系和能力建设。

（二）坚持系统观念，实现整体性推进

习近平总书记在党的二十大报告中强调，"必须坚持系统观念"，"只有用普遍联系的、全面系统的、发展变化的观点观察事物，才能把握事物发展规律"。涉外法治工作是一项涉及面广、联动性强的系统工程。加快推进涉外法治体系和能力建设，要坚持系统观念，统筹国内和国际，统筹发展和安全，坚持前瞻性思考、全局性谋划、战略性布局、整体性推进，加强顶层设计，一体推进涉外立法、执法、司法、守法和法律服务，形成涉外法治工作

大协同格局。

1. 统筹急用先行与长远谋划，加快形成系统完备的涉外法律法规体系

现有涉外立法涵盖民商法、经济法、行政法、诉讼法等多个法律部门，涉及外交、经贸、司法等多方面内容，构成了我国涉外法律法规体系的骨干。其中，既有"大块头"的基础性法律，如对外关系法、外商投资法等；也有"小切口"的法律，如反外国制裁法。面向未来，要进一步提升涉外立法的体系性、协调性。既要坚持急用先行，又要着眼长远谋划，兼顾立法的应急性和系统性，提高立法的针对性和实效性，为涉外执法司法提供充分法律依据。

2. 统筹国际执法合作与国内执法协同，加强联动，提升涉外执法效能

法律的生命在于实施，法律的权威也在于实施。提升涉外执法效能、确保涉外立法有效实施，是加强涉外法治体系和能力建设的关键环节。这离不开高水平的国际执法合作与高效率的国内执法协同。我国已经在多个领域与一些国家签署了执法合作方面的条约、协定。面向未来，要坚持把拓展国际执法合作纳入双边多边关系建设的重要议题，既拓展已有国际执法合作的广度和深度，完善合作机制；又要在新领域发力，积极参与或主导建立新的多边合作机制，为国际法规则制定、建立新的国际争端解决机制贡献中国智慧、中国方案。此外，还要加强国内各部门涉外执法的统筹协调，建立相互促进、相互支撑的工作机制，实现常态化运转。要明确执法依据、执法流程、执法标准，细化调查取证、告知、听证、执法争议协调等方面的规则，确保涉外执法公平正义。

3. 统筹审判程序标准化与国际司法合作，全面提升涉外司法国际公信力

新时代，涉外司法要满足稳步扩大制度型开放与国际法治竞争的新要求，坚持平等保护原则，正确适用国际条约、国际惯例，以程序公正保障实体裁判公正，进一步增强涉外司法的国际公信力。为此，需要加强审判流程标准化建设，明确涉外案件从立案到结案归档各节点的工作要点、时限要求、流程标准和文书样式等，通过信息化、智能化手段实现对已完成事项的全程留痕、待完成事项的提示催办、将到期事项的定时提醒、有瑕疵事项的实时预警、违规事项的及时冻结等自动化辅助功能。同时，要进一步提高国际司法合作水平，升级我国与其他国家签订的双边司法协助协定，加大海外追赃追逃、遣返引渡力度；完善我国司法协助体制机制，推进引渡、遣返犯罪嫌疑人和被判刑人移管等司法协助领域的国际合作。

4.统筹律师行业发展与仲裁制度完善，整体提高涉外法律服务水平

涉外法律服务涉及律师、仲裁、公证、调解、司法鉴定、法律查明、法律援助等多个领域。有效维护我国当事人合法权益，需要以共建"一带一路"国家等海外利益密集、涉外法律问题较多的地区为重点，采取切实措施支持国内律师事务所以设立境外分支机构、海外并购联营等方式开拓国际法律服务市场。扎实推进已经启动的仲裁法修订工作，推动我国仲裁机构与其他国家仲裁机构合作建立联合仲裁机制，进一步完善具有中国特色、能够提高涉外仲裁制度开放性的仲裁制度，为提高我国涉外法律服务水平提供制度支撑。

5.统筹涉外法治研究与传播，积极阐释中国特色涉外法治理念、主张和成功实践

要进一步加强涉外法治理论和实践前沿课题研究，构建中国特色、融通中外的涉外法治理论体系和话语体系，提出更多体现全人类共同价值的涉外法治理论。同时，要做好国际传播，不断扩大我国涉外法治理论和实践的国际影响力。比如，中国与有关国家共同发起建立国际调解院，致力于以和平方式处理分歧，以对话协商解决争端，以互利互惠摒弃零和博弈，回应了国际社会对和平安全、公平正义、合作共赢的强烈诉求。我们要讲好这样的新时代中国法治故事，使我国涉外法治建设赢得国际社会更广泛的理解和认同。

国家实践篇

B.2
2023年中国促进国际法治：
理念与原则的创新和发展

张　辉　胡云焘*

摘　要： 2023年，继全球发展倡议、全球安全倡议后，习近平主席提出了全球文明倡议，使得"三大全球倡议"构成了一个密切联系、互相配合的整体。"三大全球倡议"聚焦人类社会发展的三个关键维度，是中国为国际社会提供的又一公共产品。"三大全球倡议"并非简单的原则性呼吁，而是中国针对全球治理提出的一套系统性主张。其向下深刻植根于中国式现代化实践，向上对构建人类命运共同体起到支柱性作用，反映了中国对人类文明未来走向的整体性思考。

关键词： 全球发展倡议　全球安全倡议　全球文明倡议　人类命运共同体　中国式现代化

---

* 张辉，教育部重点研究基地武汉大学国际法研究所教授、副所长，主要研究领域为国际经济法、国际法基本理论；胡云焘，教育部重点研究基地武汉大学国际法研究所硕士研究生，主要研究领域为国际法。

2021 年、2022 年和 2023 年，中国相继提出全球发展倡议、全球安全倡议和全球文明倡议，集中反映了新时代中国全球治理理念，提出了应对当前世界严重治理赤字、信任赤字、安全赤字和发展赤字的体系化主张。倡议经由后续概念文件等进行阐明，中国已身体力行付诸实施。三大倡议既是中国对自身多年来参与全球治理的实践总结和反思，也是中国对未来全球治理的愿景、立场和政策，引起世界各国有识之士与广大民众的深思与回应。

一　全球发展倡议

2021 年 9 月 21 日，习近平主席在出席第 76 届联大一般性辩论时向世界提出全球发展倡议（Global Development Initiative，GDI），倡导构建"全球发展共同体"，系统阐释了为什么要发展、发展为了谁、发展依靠谁、如何发展等一系列事关全球发展的基本理论问题。10 月 22 日，外交部发布的《中国联合国合作立场文件》中，进一步阐述了全球发展倡议的核心理念、出发点和落脚点、目标、行动指南等核心概念，全球发展倡议理念框架基本形成。[①]

全球发展倡议的核心内容在于"六个坚持"：一是坚持发展优先，构建更加平等均衡的全球发展伙伴关系，加快落实联合国 2030 年可持续发展议程；二是坚持以人民为中心，不断增强民众的幸福感、获得感、安全感，实现人的全面发展；三是坚持普惠包容，关注发展中国家特殊需求，着力解决国家间和各国内部发展不平衡、不充分问题；四是坚持创新驱动，打造开放、公平、公正、非歧视的科技发展环境，挖掘疫后经济增长新动能，携手实现跨越发展；五是坚持人与自然和谐共生，完善全球环境治理，积极应对气候变化，构建人与自然生命共同体，加快绿色低碳转型，实现绿色复苏发

---

① 参见《中国联合国合作立场文件》，中华人民共和国外交部网站，2021 年 10 月 22 日，https://www.mfa.gov.cn/web/wjb_673085/zfxxgk_674865/gknrlb/tywj/zcwj/202110/t20211027_10283542.shtml，最后访问时间：2024 年 6 月 24 日。

展；六是坚持行动导向，加大发展资源投入，重点推进减贫、粮食安全、抗疫和疫苗、发展筹资、气候变化和绿色发展、工业化、数字经济、互联互通等领域合作，构建全球发展命运共同体。①

全球发展倡议包含三个要点：一是倡议秉持以人民为中心的核心理念，将增进人民福祉、实现人的全面发展作为出发点和落脚点，把各国人民对美好生活的向往作为努力目标；二是倡议遵循务实合作的行动指南，把握全球发展脉搏和迫切需求，通过8个重点合作领域，提出合作设想和方案，将发展共识转化为务实行动，为落实2030年议程注入新动力；三是倡议倡导开放包容的伙伴精神，是中国为国际社会提供的重要公共产品和合作平台，面向全球开放，将和共建"一带一路"、非盟《2063年议程》、非洲发展新伙伴计划等协同增效，通过联合国、二十国集团、金砖国家等多边合作机制、各种区域和次区域平台凝聚共识，形成强大合力。②

2023年9月，外交部发布了《关于全球治理变革和建设的中国方案》，其中"完善全球发展治理"部分将发展倡议置于首位，指出："中国将以落实全球发展倡议为引领，推动国际社会巩固扩大发展共识，将发展始终置于国际议程中心位置。加强全球、区域、次区域、国别层面发展战略对接，包括积极推动倡议同联合国发展领域进程形成合力，实现优势互补、联动发展……促进全球发展资源合理配置，深化倡议重点领域务实合作，同各方一道充实倡议开放式项目库。中国呼吁发达国家兑现在官方发展援助、气候融资等方面承诺，改进全球发展资源不平衡的局面，注重发展知识分享，为广大发展中国家提供能力建设支持。"③

中国通过全球发展倡议提出关于发展的新理念新倡议，推动共建"一

---

① 参见习近平《坚定信心 共克时艰 共建更加美好的世界》，《人民日报》2021年9月21日，第2版。

② 参见《王毅谈"全球发展倡议"的重大意义》，新华网，2021年9月26日，http：//www.news.cn/world/2021-09-26/c_1127903628.htm，最后访问时间：2024年6月24日。

③ 参见《关于全球治理变革和建设的中国方案》，中华人民共和国外交部网站，2023年9月13日，https：//www.mfa.gov.cn/wjbxw_new/202309/t20230913_11142009.shtml，最后访问时间：2024年6月24日。

带一路"高质量发展，加强国际技术合作和知识分享，推动全球治理的重大议题取得积极进展，为推动全球发展注入中国动力。全球发展倡议已经在不断的实践中得到国际社会积极响应和广泛参与。截至 2023 年底，中国为推动全球发展出台的 32 项务实举措已有一半实施完成或取得早期成果，100多个国家和国际组织支持全球发展倡议，70 多个国家加入"全球发展倡议之友小组"，20 多个国家和国际机构就此同中方签署合作谅解备忘录，200多个发展合作项目开花结果。联合国秘书长古特雷斯也指出，全球发展倡议是一个"宝贵贡献"，有利于推动世界向更可持续、更具包容性的未来加速迈进。① 发展倡议落实进展主要体现在四个方面：凝聚共促发展的国际共识、推动加大国际发展的资源投入、打造八大重点领域的合作平台、促进发展知识分享和能力建设。

"全球发展倡议之友小组"举办高级别视频会议、部长级会议等活动，就深化倡议务实合作、加快落实 2030 年可持续发展议程、推进小组机制建设、加强同联合国发展系统合作对接等问题深入交流，达成广泛共识。小组倡议成立由联合国发展机构负责人和相关领域专家组成的倡议推进工作组，将成为加强联合国发展机构同"全球发展倡议之友小组"政策对话和战略对接，推进倡议合作的又一机制平台。2022 年 6 月中国举办全球发展高层对话会并发布《全球发展高层对话会成果清单》。2022 年 9 月，中国设立全球发展倡议项目库并公布首批项目清单。2022 年 11 月，全球发展促进中心揭牌。2023 年 1 月，全球发展促进中心网络成立，30 多个国家和区域组织对口部门正式加入，为发展合作理念交流、规划对接、资源统筹等提供平台和支持。全球发展知识网络构建迈出重要步伐，中国－东盟发展知识网络开展了多项联合研究和交流活动，中方还将与更多伙伴一道，以区域网络和专题网络为支撑，推进治国理政经验交流，促进互学互鉴。②

---

① 陈文兵：《以中国倡议应对世界变局——2023 年践行三大全球倡议述评》，习近平外交思想和新时代中国外交网站，2024 年 1 月 2 日，http：//cn. chinadiplomacy. org. cn/2024-01/02/content_116914846. shtml，最后访问时间：2024 年 12 月 17 日。
② 参见《全球发展倡议落实进展报告 2023》，中国国际发展知识中心，2023 年 6 月，第 2 页。

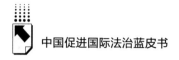

二　全球安全倡议

2022年4月21日，习近平主席在博鳌亚洲论坛年会开幕式上以视频方式发表题为《携手迎接挑战 合作开创未来》的主旨演讲，首次提出全球安全倡议（Global Security Initiative，GSI）。[①] 同年11月15日，习近平在二十国集团领导人第十七次峰会上发表重要讲话，再次提出全球安全倡议。习近平系统阐述了中方促进世界安危与共、维护世界和平安宁的立场主张，强调人类是不可分割的安全共同体。中方倡导以共同、综合、合作、可持续的安全观为理念指引，以相互尊重为基本遵循，以安全不可分割为重要原则，以构建安全共同体为长远目标，走出一条对话而不对抗、结伴而不结盟、共赢而非零和的新型安全之路。[②]

2023年2月21日发布的《全球安全倡议概念文件》是自习近平主席提出倡议后，中国政府对倡议的官方解读。根据概念文件，全球安全倡议的核心理念与原则是"六个坚持"。

第一，坚持共同、综合、合作、可持续的安全观。这一新安全观是习近平主席2014年首次提出的，赢得了国际社会的普遍响应和广泛认同。其核心内涵是主张秉持共同安全理念，尊重和保障每一个国家的安全；主张重视综合施策，统筹维护传统领域和非传统领域安全，协调推进安全治理；主张坚持合作之道，通过政治对话、和平谈判来实现安全；主张寻求可持续安全，通过发展化解矛盾，消除不安全的土壤。只有基于道义和正确理念的安全，才是基础牢固、真正持久的安全。

第二，坚持尊重各国主权、领土完整。主权平等和不干涉内政是国际法基本原则和现代国际关系最根本准则。国家不分大小、强弱、贫富，都是国际社会的平等一员，各国内政不容干涉，主权和尊严必须得到尊重，自主选

---

① 参见习近平《携手迎接挑战 合作开创未来》，《人民日报》2022年4月22日，第2版。
② 参见习近平《共迎时代挑战 共建美好未来》，《人民日报》2022年11月16日，第2版。

择发展道路和社会制度的权利必须得到维护。应坚持主权独立平等，推动各国权利平等、规则平等、机会平等。

第三，坚持遵守《联合国宪章》宗旨和原则。《联合国宪章》宗旨和原则承载着世界人民对两次世界大战惨痛教训的深刻反思，凝结了人类实现集体安全、永久和平的制度设计。当今世界发生的各种对抗和不公，不是因为《联合国宪章》宗旨和原则过时了，而是因为其未能得到有效维护和履行。世界各国应共同践行真正的多边主义，坚定维护以联合国为核心的国际体系、以国际法为基础的国际秩序、以《联合国宪章》宗旨和原则为基础的国际关系基本准则，维护联合国权威及其在全球安全治理中的主要平台地位。冷战思维、单边主义、阵营对抗、霸权主义与联合国宪章精神相违背，应当受到抵制和反对。

第四，坚持重视各国合理安全关切。人类是不可分割的安全共同体，一国安全不应以损害他国安全为代价。各国安全利益都是彼此平等的，任何国家的正当合理安全关切都应得到重视和妥善解决，不应被长期忽视和系统性侵犯。任何国家在谋求自身安全时都应兼顾其他国家合理安全关切。各国应秉持安全不可分割原则，倡导自身安全与共同安全不可分割，传统安全与非传统安全不可分割，安全权利与安全义务不可分割，安全与发展不可分割，构建均衡、有效、可持续的安全架构，从而实现普遍安全、共同安全。

第五，坚持通过对话协商以和平方式解决国家间的分歧和争端。战争和制裁不是解决争端的根本之道，对话协商才是化解分歧的有效途径。应加强国家间战略沟通，增进安全互信，化解矛盾，管控分歧，消除危机产生的根源。大国应坚持公道正义，承担应尽责任，支持平等协商，根据当事国需要和愿望劝和促谈、斡旋调停。国际社会应支持一切有利于和平解决危机的努力，鼓励冲突各方以对话建互信、解纷争、促安全。滥用单边制裁和"长臂管辖"不但解决不了问题，反而会制造更多困难和复杂因素。

第六，坚持统筹维护传统领域和非传统领域安全。当前，安全的内涵和

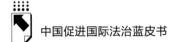

外延更加丰富，呈现更加突出的联动性、跨国性、多样性，传统安全威胁和非传统安全威胁相互交织。各国应践行共商共建共享的全球治理观，共同应对地区争端和恐怖主义、气候变化、网络安全、生物安全等全球性问题，多管齐下、综合施策，完善规则，携手寻求长远解决之道，推进全球安全治理，防范化解安全困境。①

上述"六个坚持"彼此联系、相互呼应，是辩证统一的有机整体。其中，坚持共同、综合、合作、可持续的安全观是理念指引，坚持尊重各国主权、领土完整是基本前提，坚持遵守《联合国宪章》宗旨和原则是根本遵循，坚持重视各国合理安全关切是重要原则，坚持通过对话协商以和平方式解决国家间的分歧和争端是必由之路，坚持统筹维护传统领域和非传统领域安全是应有之义。

全球安全倡议提出了20个重点合作方向，包括：参与联合国预防冲突和维护和平的工作，支持联合国更好发挥作用；促进大国协调和良性互动，推动构建和平共处、总体稳定、均衡发展的大国关系格局；坚决维护"核战争打不赢也打不得"共识；推动全面禁止和彻底销毁大规模杀伤性武器，提升各国防扩散出口管制、生物安全、化武防护等方面能力水平；推动政治解决国际和地区热点问题；支持和推动完善东南亚、中东、非洲、拉美和加勒比、太平洋岛国应对传统和非传统安全的机制、行动；推动在海上、界河、反恐、信息、生物、人工智能、卫生、粮食、能源、跨国犯罪、气候变化、产供链等领域的安全合作；等等。

全球安全倡议所依托的合作平台和机制，包括联合国大会和各相关委员会、安理会、相关机构以及其他有关国际和地区组织等平台，如上海合作组织、金砖国家、亚信、"中国+中亚五国"、东亚合作相关机制，还包括推动设立海湾地区多边对话平台、鼓励创设全球性安全论坛、适时举办全球安全倡议高级别活动等。

---

① 参见《全球安全倡议概念文件》，中华人民共和国外交部网站，2023年2月21日，https：//www.mfa.gov.cn/wjbxw_new/202302/t20230221_11028322.shtml，最后访问时间：2024年6月24日。

从思想渊源上看，全球安全倡议形成于马克思主义基本原理与中华优秀传统文化的有机融合，发展于新中国成立以来中国共产党推动大国外交的实践和探索，集中体现于总体国家安全观统筹自身安全与共同安全的思想内涵，安全倡议与"协和万邦""道法自然""和而不同"等中国传统文化观念具有紧密的关联性，[①] 与中国以往提出的安全理念一脉相承。[②] 相应地，安全倡议具有四个理论逻辑，即以合作安全应对竞争安全、以开放安全对抗封闭安全、以共同安全替代分割安全、以多边安全超越单边安全。

全球安全倡议引起了国际社会的广泛关注。国外媒体特别关注安全倡议与当前热点安全问题的关联，尤其是与中国高度相关的安全问题。《外交学人》（The Diplomat）杂志认为安全倡议是"中国有意宣称在国际政治中发挥更重要作用的声明"，并且特别强调了安全倡议在中美博弈中的意义，指出中国的安全倡议"在原则和实践上与美国有很大不同"。此外，《外交学人》还关注到了安全倡议话语的创新与传承。一方面，其指出安全倡议"是中国国际话语的最新表达，旨在挑战西方主导的全球治理体系"；另一方面，其也注意到安全倡议的"六个坚持"在中国的外交和安全政策中都不是全新创举，而是基于和平共处五项原则所代表的现代中国外交政策的基本准则提出的。《外交学人》倾向于认为其是一个框架（framework），安全倡议的概念文件强调了 20 个优先事项和 5 个主要的合作平台及机制，致力于解决的主要问题是"和平、发展、安全和治理方面的缺陷"。[③] 《外交学者》（The Diplomatist）刊文指出，安全倡议是中国对四方安全对话（QUAD）的回应，安全倡议更多的是一般原则而非具体方案。文章特别关注安全倡议所坚持的集体安全原则，认为在俄乌冲突的背景下，中国安全倡议有助于在东西方之

---

① 吴凡：《全球安全倡议的思想渊源、内在逻辑与价值内涵》，《国际展望》2023 年第 2 期，第 158 页。

② 凌胜利、王秋怡：《全球安全倡议与全球安全治理的中国角色》《外交评论》2023 年第 2 期，第 165 页。

③ "The Global Security Initiative: China's New Security Architecture for the Gulf", *The Diplomat*, https: //thediplomat. com/tag/gsi-in-the-middle-east/, accessed: 2024-06-24.

间达成平衡。此外，文章着重指出当前国家对个别安全的追求已经催生了某种意义上的"安全竞赛"，导致四方安全对话、奥库斯（AUKUS）、北约、集安组织和上合组织等组织产生并将世界割裂为两半，许多国家面临两难局面。[①]

总体而言，全球安全倡议所反映的中国理念、原则、立场引发了国际社会的深入思考，为解决全球安全赤字提供的中国方案引发了广泛的讨论和兴趣，对于中国推动全球安全治理机制变革具有重要意义。

三　全球文明倡议

2023年3月15日，中共中央总书记、国家主席习近平出席中国共产党与世界政党高层对话会，在其发表的主旨讲话中首次提出全球文明倡议（Global Civilization Initiative，GCI）。习近平强调，中国共产党将致力于推动文明交流互鉴，促进人类文明进步。当今世界不同国家、不同地区各具特色的现代化道路，植根于丰富多样、源远流长的文明传承。人类社会创造的各种文明，都闪烁着璀璨光芒，为各国现代化积蓄了厚重底蕴、赋予了鲜明特质，并跨越时空、超越国界，共同为人类社会现代化进程作出了重要贡献。中国式现代化作为人类文明新形态，与全球其他文明相互借鉴，必将极大丰富世界文明百花园。

习近平将全球文明倡议的基本内涵概括为"四个倡导"：一是共同倡导尊重世界文明多样性，坚持文明平等、互鉴、对话、包容，以文明交流超越文明隔阂、文明互鉴超越文明冲突、文明包容超越文明优越；二是共同倡导弘扬全人类共同价值，和平、发展、公平、正义、民主、自由是各国人民的共同追求，要以宽广胸怀理解不同文明对价值内涵的认识，不将自己的价值观和模式强加于人，不搞意识形态对抗；三是共同倡导重视文明传承和创新，充分挖掘各国历史文化的时代价值，推动各国优秀传统文化在现代化进

[①] "China's Global Security Initiative and Indivisible Security Principle", *The Diplomatist*, https：//diplomatist.com/2022/10/28/chinas-global-security-initiative-and-indivisible-security-principle/, accessed：2024-06-24.

程中实现创造性转化、创新性发展；四是共同倡导加强国际人文交流合作，探讨构建全球文明对话合作网络，丰富交流内容，拓展合作渠道，促进各国人民相知相亲，共同推动人类文明发展进步。①

全球文明倡议的提出有着深刻的现实背景与思想渊源。就其现实背景而言，全球文明倡议精准定位了当前部分国家政治分歧、意识形态对抗无限外溢的严峻形势。近年来，部分国家固守冷战思维，将国家间的竞争与分歧上升到文明层面，炮制"文明冲突论"，鼓噪发起系统性的零和对抗。② 同时，冷战后，西方国家长期把持国际话语权，将和平、人权、民主、自由等人类共同价值与资本主义意识形态绑定，使其成为意识形态对抗的工具。全球文明倡议正是对上述错误论调的有力回击，代表了中国坚持文明平等包容、开放交流的基本立场，体现了中国促进不同文明和谐互鉴、人类文明整体进步的大局观，有效克服和超越了资本主义文明中零和博弈思维、文明优越论、西方文明中心论等傲慢与偏见。③ 从根本上来说，全球文明倡议是当今世界和平与发展需求的体现，其提出的现实基础是热爱和平、谋求发展的广大人民群众和民族与国家。④

就其思想渊源而言，全球文明倡议本质上是马克思主义文明观与中华民族文明理念结合的产物。⑤ 一方面，全球文明倡议传承了中华民族自古以来所遵循的开放包容、和合共生、天下一家、互利共赢等传统观念，深刻植根于中华民族与不同文明长期和平共处、交流互鉴的丰富实践之中。全球文明倡议的四项基本内涵，都可以从中华优秀传统文化中找到精神依托和文化渊源。另一方面，从理论生成来看，马克思主义文明观、共同体思想、普遍交

---

① 参见习近平《携手同行现代化之路》，《人民日报》2023年3月15日，第2版。
② 参见《危险的中美"文明冲突说"》，新华网，2019年5月12日，http://www.xinhuanet.com/world/2019-05/12/c_1124482932.htm，最后访问时间：2024年6月24日。
③ 蒯正明：《"现代化之问"的中国方案和全球文明倡议：政党的责任与担当》，《理论探讨》2023年第3期，第31页。
④ 戴圣鹏：《全球文明倡议的价值彰显与现实基础》，《湖北社会科学》2023年第5期，第5页。
⑤ 王枫桥：《习近平关于全球文明倡议的深刻内涵及意义》，《理论视野》2023年第7期，第29页。

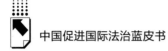

往理论以及世界历史思想等，共同构成了全球文明倡议的理论依据。这种耦合具有鲜明的中国特色，可以说，全球文明倡议也是马克思主义中国化的最新成果之一。

全球文明倡议具有高度建设性和可操作性，已受到国内外广泛关注和世界上多个国家的支持。多国相关人士积极评价这一倡议，认为其将促进人类文明的发展进步，为人类美好未来作出重要贡献。2023 年 5 月，习近平主席在中国-中亚峰会上发表主旨讲话，"我们要共同践行全球文明倡议，赓续传统友谊，密切人员往来，加强治国理政经验交流，深化文明互鉴，增进相互理解，筑牢中国同中亚国家人民世代友好的基石，携手建设一个相知相亲、同心同德的共同体"；① 7 月，习近平主席向第三届文明交流互鉴对话会暨首届世界汉学家大会致贺信，再次呼吁落实全球文明倡议，促进不同文明之间平等交流、互学互鉴，引发与会人士热烈反响；② 11 月，习近平主席在旧金山出席美国友好团体联合欢迎宴会时发表演讲，"我们要为人民之间的交往搭建更多桥梁、铺设更多道路，而不是设置各种障碍、制造'寒蝉效应'"；③ 12 月，习近平主席在致首届"良渚论坛"的贺信中指出，相互尊重、和衷共济、和合共生是人类文明发展的正确道路。希望各方充分利用"良渚论坛"平台，深化同共建"一带一路"国家的文明对话，践行全球文明倡议、加强文明交流互鉴，弘扬平等、互鉴、对话、包容的文明观，推动不同文明和谐共处、相互成就，促进各国人民出入相友、相知相亲。④ 这些重要论述，进一步丰富了全球文明倡议的理论内涵，彰显了文明交流互鉴的时代价值，对推动不同文明和谐共处、相互成就具有十分重要的

① 参见习近平《携手建设守望相助、共同发展、普遍安全、世代友好的中国—中亚命运共同体》，《人民日报》2023 年 5 月 20 日，第 2 版。

② 参见屈佩、车斌、包晗《落实全球文明倡议 携手促进人类文明进步——习近平主席向第三届文明交流互鉴对话会暨首届世界汉学家大会致贺信引发与会人士热烈反响》，《人民日报》2023 年 7 月 4 日，第 3 版。

③ 参见习近平《汇聚两国人民力量 推进中美友好事业》，《人民日报》2023 年 11 月 17 日，第 2 版。

④ 参见《相互尊重、和衷共济、和合共生——习近平主席致首届"良渚论坛"贺信指明人类文明发展的正确道路》，《人民日报》2023 年 12 月 4 日，第 3 版。

意义。

同月，中共中央对外联络部部长刘建超在《求是》杂志撰文指出，落实全球文明倡议应当着重把握四个方面。

一是坚持共商共建，合力营造平等包容的文明交流氛围。坚持共商共建共享的全球治理基本原则，鼓励将他国文明发展复兴视为自身机遇，强调平等包容、相互尊重，共同反对将某个或某些文明视为对手，共同反对文明必然走向冲突的论点，鼓励文明对话，增加情感共鸣，消除误解和隔阂，为和平对话奠定基础。

二是发挥平台机制效应，合力提升人文领域全球治理体系效能。发挥现有各层级、双多边文明对话交流机制平台作用，发挥其他重要多边机制的潜能，共同推动落实联合国《不同文明对话全球议程》，加强各国政策背后价值理念和方法经验的分享，共同探寻全球性挑战和问题的解决之道。

三是激发各主体各领域潜能，合力推动形成人民之间大交往。激发各国公共部门、私营机构、民间社会的责任意识，更加重视政党、议会、研究机构、学校、企业、民间社会组织对文明交流的促进作用，提升青年和妇女等群体在文明对话交流中的参与度，共同构建多层次多领域文明交流格局，为文化、教育、科技、卫生、体育、旅游、媒体、智库等领域人员交流对话创造便利条件。

四是创新对话交流形式，合力探索构建全球文明对话合作网络。积极适应数字化、智能化、低碳化时代的新要求，在继续做好做强文明传播交流传统渠道的同时，利用新媒体新技术创新文明交流对话的路径和形式，共同探索推动文明文化交流融入民众日常生活。在建立和夯实双多边文明对话合作关系的基础上，共同搭建多主体、多机制、多领域、多内容、多形式的全球文明对话合作网络。①

从根本上讲，全球文明倡议是中国影响力提升、国际力量发生显著变化

---

① 刘建超：《积极落实全球文明倡议，合力推动人类文明进步》，求是网，2023 年 4 月 1 日，http://www.qstheory.cn/dukan/qs/2023-04/01/c_1129477739.htm，最后访问时间：2024 年 6 月 24 日。

的必然结果，也是中国式现代化在文明层面的展开，反映了中国对人类文明未来发展动向的整体性思考，对于构建人类命运共同体有着至关重要的意义。

四　三大全球倡议的内在逻辑

"三大全球倡议"并非孤立、割裂的个体，而是互相配合的整体，向上统一于人类命运共同体这一整体性构想，融贯于中国式现代化的实践。"三大全球倡议"不仅是中国为国际社会提供的新公共产品，也是中国立足于自身现代化历程，对全球治理和人类文明发展的最新思考和方案，具有重大的历史意义。

从外部视角来看，全球发展倡议、全球安全倡议和全球文明倡议，都是中国提供的国际公共产品，也是人类命运共同体理念的重要发展和实践拓展。2023 年 9 月 26 日，国务院新闻办公室发布的《携手构建人类命运共同体：中国的倡议与行动》白皮书指出，"和平稳定、物质丰富、精神富有是人类社会发展的基本追求。发展是安全和文明的物质基础，安全是发展和文明的根本前提，文明是发展和安全的精神支撑。中国提出全球发展倡议、全球安全倡议、全球文明倡议，从发展、安全、文明三个维度指明人类社会前进方向，彼此呼应、相得益彰，成为推动构建人类命运共同体的重要依托，是解答事关人类和平与发展重大问题的中国方案"。①

中共中央对外联络部部长刘建超在《人民日报》发表署名文章，详细论述了"三大全球倡议"和人类命运共同体的密切联系。

从历史逻辑来看，"三大全球倡议"紧扣人类社会进步的三大主题，相互促进、彼此支撑，构成人类命运共同体的"三大支柱"。发展是安全和文明的基础，只有各国繁荣发展，和平才能持久，文明才能进步；安全是发展

---

① 《携手构建人类命运共同体：中国的倡议与行动》，国务院新闻办公室网站，2023 年 9 月，https：//www. gov. cn/zhengce/202309/content_6906335. htm，最后访问时间：2024 年 6 月 24 日。

和文明的前提，没有和平稳定的环境，发展和文明就会失去保障；文明是发展和安全的升华，作为深层的精神追求和历史积淀，为发展和安全提供精神支撑。

从实践逻辑来看，"三大全球倡议"聚焦百年大变局中的突出问题，为世界朝着构建人类命运共同体方向前行提供可行路径。"三大全球倡议"围绕构建人类命运共同体这个整体性构想，紧紧抓住当今世界的基本矛盾及其主要症结，给出了指向明确、思路清晰的"三剂良方"，体现出鲜明的问题导向。

从文明逻辑来看，构建人类命运共同体理念和"三大全球倡议"根植于中华文明，共同引领新时代国际关系理论创新。两者所秉持的命运与共、和平共处、和衷共济、合作共赢、包容共享等原则，传承中华文明基因，有力彰显了中华文明突出的连续性、创新性、统一性、包容性、和平性，根本有别于西方从实力地位、地缘政治等出发的排他性战略思维，是中国共产党坚持把马克思主义基本原理同中国具体实际相结合、同中华优秀传统文化相结合，积极探索人类前途命运的重大创举。

从哲学逻辑来看，构建人类命运共同体理念和"三大全球倡议"体现了世界观和方法论的有机统一，彰显鲜明理论品格。两者以辩证唯物主义和历史唯物主义为理论基础，既深刻揭示了人类社会发展的规律和方向，又为人类社会进步提供了科学的方法和路径，具有鲜明的科学性。两者共同体现了新时代中国和中国共产党人的世界观，其所蕴含的政治智慧和路径举措，又为践行新时代中国和中国共产党人的世界观提供了方法论支撑，体现了世界观和方法论的有机统一。①

从内部视角来看，"三大全球倡议"不仅是习近平外交思想的重要内容和习近平新时代中国特色社会主义思想的重要组成部分，更是中国和中国共产党立足本国发展实践探索和构建中国式现代化理论体系的重要成果。"三

---

① 刘建超：《深刻把握构建人类命运共同体理念和"三大全球倡议"的内在关系》，《人民日报》2023年8月8日，第9版。

大全球倡议"是在中国式现代化视域下提出的全球治理新理念，打破了"现代化等于西方化"的迷思，从根本上摒弃了西方式现代化那种以对落后的民族、国家和地区进行武力掠夺和殖民统治实现自身崛起的道路，改变了不断导致"马太效应"所谓"富者更富、穷者更穷"的世界两极分化的发展模式，为克服西方式现代化的历史局限性提出了切实有效的解决路径，为当今动荡变革的国际社会提供了全球治理的行动方案。①

其中，全球发展倡议彰显中国式现代化的发展理念，倡导各国坚持发展优先，坚持以人民为中心，坚持普惠包容，坚持创新驱动，坚持人与自然和谐共生，坚持行动导向，共创共享和平繁荣美好未来。"六个坚持"生动诠释了中国式现代化的中国特色、本质要求和重大原则，充分彰显了中国式现代化的发展理念，破解了西方现代化的迷思、弊端和"陷阱"，为广大发展中国家独立迈向现代化、探索现代化道路的多样性提供了全新选择。

全球安全倡议承继中国式现代化的和平基因。中国式现代化是走和平发展道路的现代化，不走殖民掠夺的老路，不走国强必霸的歪路。坚定不移走和平发展道路的自信和自觉，来源于中华文明的深厚底蕴。中华民族一直追求和传承着和平、和睦、和谐的坚定理念，中华民族的血液中没有侵略他人、称霸世界的基因。全球安全倡议中的"六个坚持"承继了中华文明的和平基因，承载了中国式现代化的和平使命，承托了中国式现代化的和平愿景。中国坚持推动全球安全倡议落地见效，构建均衡、有效、可持续的安全架构，走出一条对话而不对抗、结伴而不结盟、共赢而非零和的新型安全之路。

全球文明倡议展示中国式现代化的文明内涵。中国式现代化深深植根于中华优秀传统文化，体现科学社会主义的先进本质，借鉴吸收人类文明一切优秀成果，代表人类文明进步的发展方向，创造了人类文明新形态。中国式现代化蕴含的独特世界观、价值观、历史观、文明观、民主观、生态观等及

---

① 杨鲁慧：《三大全球倡议：中国式现代化视域下的全球治理观》，《亚太安全与海洋研究》2023年第5期，第18页。

其伟大实践，展现了不同于西方现代化模式的新图景，是对西方式现代化理论和实践的重大超越，是对世界现代化理论和实践的重大创新。全球文明倡议"四个倡导"着眼于推动文明交流互鉴、促进人类文明进步，全面展示了中国式现代化的文明内涵，将为促进人类文明发展进步、推动世界现代化进程提供强大动力。①

"三大全球倡议"立意高远，内涵丰富，共同构成了一份深入完善当前全球治理机制的中国方案。在未来相当长的一段时间内，"三大全球倡议"既是中国发展对外关系的路线图，也是中国促进国际法治的风向标。其精神要旨对于国际法研究与实践具有重要的指导性意义。

---

① 《"三大倡议"是中国式现代化对世界的重要贡献》，中国网，2023年5月10日，http：//cn. chinagate. cn/news/2023-05/10/content_85278344. shtml，最后访问时间：2024年6月24日。

B.3
2023年中国促进国际法治：国内制度

肖永平 李 珏*

摘 要： 2023年，中国继续坚持统筹推进国内法治和涉外法治、统筹发展与安全，在国际经济贸易、国家安全、生态环保、涉外司法等领域不断促进国际法治。为了持续优化营商环境、坚持对外开放基本国策、打通阻碍内外贸一体化的主要堵点，打造浦东新区、海南自由贸易港、中国（新疆）自由贸易试验区等对外开放样板，填补私募基金立法空白，惩治腐败行为，为中外企业经营发展营造公平健康的法制环境。为了维护国家安全，重点牢筑反间谍防线，保障粮食安全，妥善处理对外关系，提高全民爱国意识和国防意识。为了保护生态环境，通过海陆空多维联动，建成"1+N+4"区域生态保护制度体系。为了提升我国涉外司法的国际公信力，通过最高人民法院的司法解释，明确外国法查明和国际条约与国际惯例的适用规则。

关键词： 对外关系法 外国国家豁免法 爱国主义教育法 私募投资基金监督管理条例 青藏高原生态保护法

2023年，全国人大及其常委会统筹推进国内法治和涉外法治建设，加强重点领域、新兴领域、涉外领域立法。在涉外法治领域，中国坚持问题导向，统筹立改废释纂，发挥不同立法形式在完善中国特色社会主义法治体系中的作用，为国际法治贡献中国智慧和中国力量。①

---

* 肖永平，教育部重点研究基地武汉大学国际法研究所所长、教授，主要研究领域为国际私法、国际商事仲裁法和体育法；李珏，教育部重点研究基地武汉大学国际法研究所博士后，主要研究领域为国际私法和国际家庭法。

① 《全国人大常委会2023年度立法工作计划》，中国人大网，2023年5月29日，http://www.npc.gov.cn/npc/c2/c30834/202305/t20230529_429763.html，最后访问时间：2024年6月24日。

一 关注金融监管，促进贸易自由和公平

2023年，中国制定《对外关系法》《非银行支付机构监督管理条例》《私募投资基金监督管理条例》，修订《商用密码管理条例》《立法法》《刑法》《证券公司风险处置条例》《专利法实施细则》，填补相关法律空白，完善相关制度设计，为进一步改善营商环境、促进经济发展奠定了法律基础。

（一）扩大开放水平，完善涉外经济贸易法律体系

1. 坚定对外开放基本国策，推进高水平对外开放

2023年6月28日，第十四届全国人民代表大会常务委员会第三次会议表决通过《中华人民共和国对外关系法》（以下简称《对外关系法》），该法把对外开放作为一项重要原则，在总则第四条中规定"坚持对外开放基本国策，奉行互利共赢开放战略"；在发展对外关系的目标任务中明确"坚持推进高水平对外开放，发展对外贸易，积极促进和依法保护外商投资，鼓励开展对外投资等对外经济合作，推动共建'一带一路'高质量发展，维护多边贸易体制，反对单边主义和保护主义，推动建设开放型世界经济"。①

2. 加快内外贸一体化发展，助力企业在两个市场顺畅切换

2023年12月11日，国务院办公厅印发《关于加快内外贸一体化发展的若干措施》，在5个方面采取18项举措，打通阻碍内外贸一体化的主要堵点，助力企业在国内国际两个市场顺畅切换，实现"两条腿"走路。② 主要内容包括以下几点。（1）着力破除各种形式的地方保护和市场分割，加快建设全国统一大市场，促进内外贸资源要素顺畅流动和内外贸市场渠道顺利

---

① 《全国人大常委会法工委负责人就对外关系法答记者问》，人民网，2023年6月30日，http://politics.people.com.cn/n1/2023/0630/c1001-40024476.html，最后访问时间：2024年6月24日。

② 《18项举措加快内外贸一体化发展，助力企业在两个市场顺畅切换》，中国政府网，2023年12月18日，https://www.gov.cn/zhengce/202312/content_6922107.htm，最后访问时间：2024年6月24日。

对接。（2）优化内外贸一体化发展环境，加强与境外港口跨境运输合作，鼓励航运企业基于市场化原则拓展内外贸货物跨境运输业务范围。（3）加大重点领域改革创新力度，推动高质量实施 RCEP 等自由贸易协定，拓展企业的国际发展空间，更好发挥自由贸易试验区、国家级新区、国家级经济技术开发区、综合保税区等开放平台示范引领作用，鼓励加大内外贸一体化相关改革创新力度。

3. 提高地方立法自由度，明确浦东新区和海南自由贸易港立法权限

原《中华人民共和国立法法》第 74 条仅规定了经济特区所在地的省、市人民代表大会及其常务委员会根据全国人民代表大会的授权决定，制定法规，在经济特区范围内实施。2023 年 3 月 13 日修订的《中华人民共和国立法法》（以下简称《立法法》）第 84 条增设："上海市人民代表大会及其常务委员会根据全国人民代表大会常务委员会的授权决定，制定浦东新区法规，在浦东新区实施。海南省人民代表大会及其常务委员会根据法律规定，制定海南自由贸易港法规，在海南自由贸易港范围内实施。" 2023 年 10 月 2 日，国务院发布《关于同意在海南自由贸易港暂时调整实施有关行政法规规定的批复》，强调简化出口认证手续，由海南省人民政府建立健全相关工作协同机制，对相关认证经营活动的监督管理，具体管理办法由海南省人民政府制定，经国务院认证认可、监督管理部门同意后实施。提高地方立法自由度，体现了我国坚持急用先行，注重 "小快灵" "小切口" 立法，及时解决突出问题的立法方式。①

4. 发挥地方特色，打造中西部高质量对外开放的样板

2023 年 10 月 21 日，国务院发布《中国（新疆）自由贸易试验区总体方案》。方案在战略定位及发展目标中提出，努力打造促进中西部地区高质量发展的示范样板，构建新疆融入国内国际双循环的重要枢纽，服务 "一

---

① 《18 项举措加快内外贸一体化发展，助力企业在两个市场顺畅切换》，中国政府网，2023 年 12 月 24 日，https://www.gov.cn/zhengce/202312/content_6922107.htm，最后访问时间：2024 年 6 月 24 日；《全国人大常委会 2023 年度立法工作计划》，中国人大网，2023 年 5 月 29 日，http://www.npc.gov.cn/npc/c2/c30834/202305/t20230529_429763.html，最后访问时间：2024 年 6 月 24 日。

带一路"核心区建设，助力创建亚欧黄金通道和我国向西开放的桥头堡，为共建中国-中亚命运共同体作出积极贡献。围绕上述战略定位和发展目标，方案提出 25 个方面的具体举措，主要包括以下几点。（1）营造良好发展环境，服务构建新发展格局。促进政府职能转变，促进投资便利化，增强金融服务。（2）打造开放型特色产业体系，着力推动高质量发展。不仅要发展壮大纺织、畜牧业、经济作物产业等传统优势产业，也要推动产业升级，建设国家战略性矿产资源基地和有色金属产业基地，还要推动数字经济创新发展，助力数字丝绸之路建设。（3）建设对外开放大通道，深化向西开放多领域交流合作。① 新疆是我国连接中亚、西亚、欧洲的关键节点，要充分发挥其枢纽通道优势，积极申请创建国家对外文化贸易基地，联合周边国家打造跨境旅游线路，促进国内国际发展。

上述立法从宏观和微观层面完善了我国对外经济贸易法律体系。宏观层面上，以立法形式坚定了对外开放的基本国策；微观层面上，打通阻碍内外贸一体化的主要堵点，助力企业在国内国际两个市场顺畅切换，实现"两条腿"走路；具体实践上，打造浦东新区、海南自由贸易港、中国（新疆）自由贸易试验区等对外开放的样板。

（二）重点关注金融监管，保障金融市场安全

1. 贯彻落实中央金融工作会议精神，防范化解外汇金融风险

2023 年 12 月 27 日，最高人民检察院和国家外汇管理局联合发布《关于印发惩治涉外汇违法犯罪典型案例的通知》（以下简称《通知》）。此次发布的案例主要针对跨境对敲型非法买卖外汇案件，此类犯罪不仅非法操控大量资金账户进行海量交易，手段更是复杂多样，除传统对敲外，还包括虚拟货币交易、违规改造 POS 机并偷运出境刷卡交易等隐蔽性、专业性更强的手段，还常常与上游犯罪紧密勾连，非法买卖外汇成为助推其他关联犯罪

---

① 《打造促进中西部地区高质量发展的示范样板——详解〈中国（新疆）自由贸易试验区总体方案〉》，新华社，2023 年 11 月 1 日，https://www.gov.cn/zhengce/202311/content_6913200.htm，最后访问时间：2024 年 6 月 24 日。

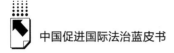

实施的资金通道。为打击上述犯罪，《通知》进一步加大检察机关与外汇管理部门等有关部门的专业协作，正确把握非法买卖外汇刑事案件的证明标准，切实加大非法买卖外汇犯罪全链条惩治力度，强化外汇管理部门和检察机关、公安机关之间的行刑衔接和协同治理，有力维护外汇市场良性发展。

2. 填补私募基金立法空白

2023 年 7 月 9 日，国务院发布《私募投资基金监督管理条例》。该条例的地位和效力仅次于《证券投资基金法》，成为私募基金行业效力最高的规定，填补了相关领域上位法的空缺。《私募投资基金监督管理条例》作为专门的私募基金领域行政法规，确立了私募基金领域的顶层监管框架，为进一步细化和完善行业规范奠定了监管基调。该条例共 7 章 62 条，从适用范围、管理人和托管人职责、基金募集和投资运作、创业投资基金特别规定、监督管理和法律责任等方面确定了私募基金业务活动的监督管理规则。其主要创新是放宽对母基金多层嵌套的限制，设立创业投资基金专章规定，提出差异化监管、分类监管、特殊监管、事后监管政策等。

3. 保护用户合法权益，激发市场活力

2023 年 12 月 17 日，国务院发布《非银行支付机构监督管理条例》，成为中央金融工作会议后出台的首部金融领域行政法规。条例强调保护用户合法权益，规定非银行支付机构要按照公平、诚信原则与用户签订支付服务协议，保障用户资金安全和信息安全，加强用户风险管理。条例还明确了备付金划转要求，要求支付机构将备付金存放在中国人民银行或者符合中国人民银行要求的商业银行。条例明确监管红线，维护公平竞争，强调非银行支付机构不得实施垄断或者不正当竞争行为，妨害市场公平竞争秩序。2023 年 12 月 21 日，国家知识产权局发布修订后的《专利法实施细则》，立足实务问题，提升专利保护水平。该实施细则引入诚实信用原则（第 11 条、第 88 条、第 100 条），确认发明专利申请延迟审查制度（第 56 条第 2 款），完善优先权制度的配套规则，配套规定外观设计国际申请与国内程序的衔接，对开放许可制度设定了更具体的操作性规则。此外，国务院在 2023 年 5 月 24 日发布《商用密码管理条例》修订版，进一步明确了检测认证制度、电子

认证制度、电子政务电子认证制度、商用密码应用安全性评估制度，对规范行业发展、激发市场活力具有重要作用。

（三）惩治腐败行为，构建公平的营商环境

2023年12月29日，第十四届全国人大常委会第七次会议审议通过《中华人民共和国刑法修正案（十二）》，涉及7个条文的修改，其中4条涉及惩治行贿犯罪，3条涉及惩治民营企业内部腐败犯罪。①

1.明确严重行贿情形，加大刑事追责力度

如第390条增设行贿罪从重处罚的七种情形，包括：多次行贿或者向多人行贿的；国家工作人员行贿的；在国家重点工程、重大项目中行贿的；为谋取职务、职级晋升、调整行贿的；对监察、行政执法、司法工作人员行贿的；在生态环境、财政金融、安全生产、食品药品、防灾救灾、社会保障、教育、医疗等领域行贿，实施违法犯罪活动的；将违法所得用于行贿的。

2.加大对单位行贿和受贿的处罚力度

如第387条第1款修改为"国家机关、国有公司、企业、事业单位、人民团体，索取、非法收受他人财物，为他人谋取利益，情节严重的，对单位判处罚金，并对其直接负责的主管人员和其他直接责任人员，处三年以下有期徒刑或者拘役；情节特别严重的，处三年以上十年以下有期徒刑"；第393条修改为"单位为谋取不正当利益而行贿，或者违反国家规定，给予国家工作人员以回扣、手续费，情节严重的，对单位判处罚金，并对其直接负责的主管人员和其他直接责任人员，处三年以下有期徒刑或者拘役，并处罚金；情节特别严重的，处三年以上十年以下有期徒刑，并处罚金。因行贿取得的违法所得归个人所有的，依照本法第三百八十九条、第三百九十条的规定定罪处罚"。

---

① 《全国人大常委会法工委刑法室负责人解读刑法修正案（十二）》，中国法院网，2024年1月3日，https://www.chinacourt.org/article/detail/2024/01/id/7739865.shtml，最后访问时间：2024年6月24日。

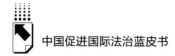

3. 补充规定其他贿赂犯罪的刑罚

如将第 165 条"非法经营同类营业罪"行为主体从"董事、经理"调整为"董事、监事、高级管理人员",并增设第 2 款,"其他公司、企业的董事、监事、高级管理人员违反法律、行政法规规定,实施前款行为,致使公司、企业利益遭受重大损失的,依照前款的规定处罚";第 169 条"徇私舞弊低价折股、出售国有资产罪"增设第二款"其他公司、企业直接负责的主管人员,徇私舞弊,将公司、企业资产低价折股或者低价出售,致使公司、企业利益遭受重大损失的,依照前款的规定处罚"。

《刑法修正案(十二)》的发布,体现了立法机构对民营企业发展的重视,坚持"两个毫不动摇""三个没有变""两个健康",[①] 依法保护民营企业产权和企业家权益,构建公平的营商环境。

二 维护国家安全,丰富外交斗争法律工具箱

2023 年度维护国家安全和国际关系的法律主要涉及三个方面:一是修订《反间谍法》,发布《粮食安全保障法》,筑牢反间谍防线,保障粮食安全;二是制定《对外关系法》《外国国家豁免法》《领事保护与协助条例》,妥善处理对外关系;三是制定《爱国主义教育法》,发布《危害国防和军人利益典型案例》,提高全民的爱国意识和国防意识。

(一)筑牢反间谍防线,保障粮食安全

1. 落实总体国家安全观,加强反间谍斗争

2023 年 4 月 26 日,全国人大常委会通过修订后的《中华人民共和国反间谍法》(以下简称《反间谍法》),是确保国家安全的有力法治保障。新修订的《反间谍法》有六大亮点:一是贯彻落实党的二十大精神,进一步加强党

---

① 《新闻多一点丨总书记讲话中提到的"两个毫不动摇""三个没有变""两个健康"》,新华社,2023 年 3 月 7 日,http://www.news.cn/politics/2023lh/2023-03/07/c_1129417265.htm,最后访问时间:2024 年 6 月 24 日。

中央对反间谍工作的集中统一领导（第2条）；二是完善间谍行为的定义，将"投靠间谍组织及其代理人""针对国家机关、涉密单位或者关键信息基础设施等实施网络攻击"等行为明确为间谍行为（第4条）；三是对"安全防范"设专章规定（第2章）；四是完善反间谍调查处置措施，增加反间谍行政执法职权（第12条）；五是加强对反间谍工作的保障与监督，增加规定鼓励反间谍领域科技创新的相关条款，发挥科技在反间谍工作中的作用（第49条）；六是增加违反反间谍防范义务的处罚种类，完善法律责任（第56条）。

2. 统筹国内国际市场，保障我国粮食安全

2023年12月29日通过的《中华人民共和国粮食安全保障法》（以下简称《粮食安全保障法》），旨在保障粮食有效供给，确保国家粮食安全。该法共11章74条，包括总则、耕地保护、粮食生产、粮食储备、粮食流通、粮食加工、粮食应急、粮食节约、监督管理、法律责任、附则。为保障我国粮食安全，该法强调，国家加强粮食宏观调控，优化粮食品种结构和区域布局，统筹利用国内、国际市场和资源，构建科学合理、安全高效的粮食供给保障体系，提升粮食供给能力和质量安全，对于坚持国家粮食安全战略、健全完善粮食安全保障工作制度具有重大意义。

（二）妥善处理对外关系

2023年颁布的《对外关系法》《外国国家豁免法》《领事保护与协助条例》对我国在更广范围、更深层次、更高水平上运用法治思维和法治方式做好对外工作发挥着基础性作用。

1. 《对外关系法》为新时代中国特色大国外交提供坚强法治保障

2023年6月28日，第十四届全国人民代表大会常务委员会第三次会议表决通过《中华人民共和国对外关系法》。这是新中国成立以来首部集中阐述我国对外工作大政方针、原则立场和制度体系，对我国发展对外关系作出总体规定的基础性涉外法律，它的颁布是我国涉外法治体系建设的重要里程碑。作为向世界充分展示新中国对外关系法治成果，实现中国特色对外关系法治体系系统集成的载体，《对外关系法》为国际社会贡献了一份国家调整

对外关系的"示范法"。① 具体而言，它明确了对外关系的指导思想（第3条），确定了立法的总体原则（第4、5条），明确了我国发展对外关系的目标（第3章），建立了发展对外关系的制度（第4章）。该法首次以法律形式规定条约、协定不得同宪法相抵触，维护了宪法最高的法律地位、法律权威、法律效力，同时强调了我国坚持条约应当信守的主张（第30条）；对于违反国际法和国际关系基本准则，危害我国主权、安全、发展利益的行为，中华人民共和国有权采取相应反制和限制措施（第33条）。此外，该法还对保护中国公民和组织在海外的安全和正当权益（第37条），保护在中国境内的外国人和外国组织的合法权利和利益（第38条），开展执法、司法领域国际合作（第39条）等作了规定。

2.《外国国家豁免法》确立我国的限制豁免制度

2023年9月1日，第十四届全国人民代表大会常务委员会第五次会议通过《中华人民共和国外国国家豁免法》（以下简称《外国国家豁免法》）。该法确立了限制豁免制度，授权我国法院在特定情形下有权管辖以外国国家为被告的民事案件，这是我国统筹推进国内法治和涉外法治的又一里程碑。②《外国国家豁免法》共23条，主要规定了以下4项内容。（1）确立外国国家管辖豁免和财产豁免的原则与例外。就管辖豁免而言，该法确认了外国国家及其财产在中国享有豁免的基本原则，同时规定了例外情形，包括外国明示或默示接受管辖（第4、5条）、商业活动争议（第7条）、劳动和劳务相关合同争议（第8条）、人身和财产损害争议（第9条）、财产性争议（第10条）、知识产权争议（第11条）、仲裁争议等外国国家非主权行为引发的诉讼（第12条）等。就财产豁免而言，该法规定外国国家财产原则上免于司法强制措施（第13条），同时规定了3种例外情形（第14条）。（2）确立《外国国家豁免法》的适用范围。该法对外国国家进行了认

① 银红武：《中国〈对外关系法〉的全球治理观阐释》，《湖南师范大学社会科学学报》2023年第6期，第83页。
② 马新民：《我国出台外国国家豁免法——涉外法治建设的里程碑》，《人民日报》2023年9月4日，第15版。

定，包括外国主权国家、外国国家的国家机关和组成部分以及代表外国国家行使主权权力的组织和个人（第2条），并明确规定特殊机构和官员的豁免不适用该法，而应由我国其他法律及国际条约和习惯国际法予以保障（第20条）。（3）确立适用于外国国家豁免案件的特殊诉讼程序。该法规定，法院审理涉及外国国家的案件原则上适用我国民事诉讼法及相关法律，但对国家豁免案件中的送达、缺席判决等特殊程序作了专门规定（第17、18条）。（4）确立对等原则。该法结合我国相关立法和各国立法，规定外国给予我国国家及财产的豁免待遇低于该法规定的，我国实行对等原则（第21条）。

3.《领事保护与协助条例》进一步提升我国领事保护工作水平

2023年7月13日，国务院发布《中华人民共和国领事保护与协助条例》（以下简称《领事与保护条例》）。这是中国第一部关于领事保护与协助工作的专门立法，回应了新形势对领事保护与协助工作的新要求，具有重要的时代意义。该条例的主要内容包括：（1）明确作为领事保护与协助工作主体的中国驻外外交机构的基本职责；（2）规定各部门和地方政府在参与领事保护与协助工作时的职责分工；（3）具体规定预防性领事保护与协助工作；（4）规定领事保护与协助工作的必要保障。条例吸收了中国领事保护与协助工作多年摸索取得的宝贵经验，为今后提高此项工作的效能奠定了坚实的法律基础，有利于构建中央、地方、驻外使领馆、企业和公民相互联动的领事保护机制。

（三）加大爱国主义教育和传播力度

1. 制定《爱国主义教育法》，以法治方式推动和保障新时代爱国主义教育

2023年10月24日，十四届全国人大常委会第六次会议表决通过了《中华人民共和国爱国主义教育法》（以下简称《爱国主义教育法》）。该法共5章40条，规定了丰富的爱国主义教育内容，突出青少年和学校爱国主义教育，鼓励各级组织充分利用各类资源和各种形式开展爱国主义教育。以法治方式推动和保障新时代爱国主义教育，对振奋民族精神，凝聚人民力量，推进强国建设、民族复兴，具有十分重大而深远的意义。

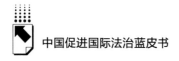

2.发布危害国防和军人利益典型案例，增强全民国防意识

2023年7月28日，最高人民检察院发布9起依法惩治危害国防利益、侵犯军人军属合法权益犯罪典型案例，涵盖破坏军事设施，买卖武装部队证件，非法买卖武装部队专用标志，非法买卖武装部队制式服装，非法获取国家秘密，破坏军婚，侵害英雄烈士名誉、荣誉等多种行为。这些案例从不同方面反映了涉军刑事案件的特点，具有很强的引领性、示范性和预防教育功能。

三 坚持多维联动，构建生态环保法律制度体系

2023年度，为保护生态环境、应对气候变化，我国颁布《青藏高原生态保护法》，修订《海洋环境保护法》和《消耗臭氧层物质管理条例》，实现了海陆空多维联动，完善了我国生态环保法律制度体系。

1.加强青藏高原生态保护，构建我国"1+N+4"区域生态保护制度体系

2023年4月26日颁布的《中华人民共和国青藏高原生态保护法》（以下简称《青藏高原生态保护法》）与2020年《中华人民共和国长江保护法》、《中华人民共和国黑土地保护法》和《中华人民共和国黄河保护法》等，共同构成了我国区域生态保护制度体系。《青藏高原生态保护法》实行最严格的耕地保护制度、雪山冰川冻土保护制度，努力提升湿地固碳能力，积极倡导使用风能、光伏、水电、地热为主体的新型能源体系。该法的制定满足了青藏高原生态保护的需求，对青藏高原生态保护起着固根本、稳预期、利长远的作用，对加强青藏高原生态保护、促进青藏高原经济社会可持续发展、实现人与自然和谐共生具有重要意义。

2.转变海洋生态环境保护理念，加强海洋生态文明建设

2023年10月24日，第十四届全国人大常委会第六次会议通过《中华人民共和国海洋环境保护法》（以下简称《海洋环境保护法》）的修订版。该法将生态保护红线（第13条）和海洋生态补偿制度（第35条）确定为海洋环境保护的基本制度，体现了海洋生态环境保护理念从污染防治转变为生态保护，形成受益者付费、保护者得到合理补偿的运行机制。该法首次以

法律形式明确海洋主体功能区规划的地位和作用，加大了对污染海洋生态环境违法行为的处罚力度；构建了陆海统筹、区域联动的海洋保护模式（第3、12条），加强海洋生物多样性和海洋生态系统保护和修复（第33~36条），对充分发挥海事管理机构在船舶及有关作业活动污染防治中的作用具有重要意义（第7章）。

3. 衔接国际条约，加强消耗臭氧层物质管理

2023年12月18日，国务院第21次常务会议通过《国务院关于修改〈消耗臭氧层物质管理条例〉的决定》。2016年《关于消耗臭氧层物质的蒙特利尔议定书》（以下简称《议定书》）第二十八次缔约方大会通过了《〈关于消耗臭氧层物质的蒙特利尔议定书〉基加利修正案》（以下简称《基加利修正案》）。该修正案将氢氟碳化物纳入《议定书》受控物质范围。氢氟碳化物虽不直接破坏臭氧层，但具有全球升温高潜能值，是《联合国气候变化框架公约》管控的温室气体之一。为适应这一变化，本次修改将《消耗臭氧层物质管理条例》所称的"消耗臭氧层物质"界定为"列入《中国受控消耗臭氧层物质清单》的化学品"，不再保留"对臭氧层有破坏作用"的限定性表述，以便将氢氟碳化物纳入受控清单。由于《基加利修正案》对氢氟碳化物设定的目标是逐步削减而不是淘汰，此次修订将《消耗臭氧层物质管理条例》中的"《中国逐步淘汰消耗臭氧层物质国家方案》"修改为"《中国履行〈关于消耗臭氧层物质的蒙特利尔议定书〉国家方案》"，增强了中国国内立法的包容性。

四　完善涉外司法规则，提高我国司法的国际公信力

2023年，为提高我国涉外司法的国际公信力，最高人民法院发布了《最高人民法院关于适用〈中华人民共和国涉外民事关系法律适用法〉若干问题的解释（二）》《最高人民法院关于修改〈最高人民法院关于设立国际商事法庭若干问题的规定〉的决定》《最高人民法院关于审理涉外民商事案件适用国际条约和国际惯例若干问题的解释》《涉外民商事案件适用国际条

约和国际惯例典型案例》，明确了外国法的查明和国际条约与国际惯例的适用规则。

1. **系统完善外国法律的查明责任、查明途径、查明程序、查明费用负担等**

2023 年 12 月，最高人民法院先后发布《最高人民法院关于适用〈中华人民共和国涉外民事关系法律适用法〉若干问题的解释（二）》（以下简称《解释（二）》）和《最高人民法院关于修改〈最高人民法院关于设立国际商事法庭若干问题的规定〉的决定》（以下简称《决定》）。《解释（二）》针对司法实践中存在的查明责任不清、查明途径不多、查明程序不规范、认定标准不统一等长期制约我国法院查明外国法律的难点问题，明确了以下规则：（1）明晰外国法律的查明责任，形成以法院查明为主、当事人提供为辅的查明规则（第 2 条）；（2）《解释（二）》第 2 条第 1 款和《决定》第 2 条均规定 7 种外国法查明途径，体现了司法解释之间的统一性和协调性；（3）明确查明外国法律的程序和提供形式（第 3 条）；（4）明确审查认定外国法律的程序（第 5 条）；（5）分三种情形明确审查认定外国法律的标准（第 8 条）；（6）明确裁判文书必须记载查明外国法律的过程（第 10 条）；（7）明确港澳法律查明的参照适用规则（第 12 条）。

2. **完善法律衔接，准确适用国际条约和国际惯例**

《民法通则》废止后，《民法典》对国际条约和国际惯例的适用问题未作具体规定，理论界和实务界呼吁尽快明确人民法院在涉外民商事案件中适用国际条约和国际惯例的相关规则。2023 年 12 月 28 日，最高人民法院发布《最高人民法院关于审理涉外民商事案件适用国际条约和国际惯例若干问题的解释》（以下简称《解释》）和《涉外民商事案件适用国际条约和国际惯例典型案例》。《解释》共 9 条，规定：（1）涉外民商事审判中适用国际条约和国际惯例遵循的 3 项原则，即善意履行条约义务原则，尊重国际惯例原则，维护国家主权、安全和社会公共利益原则，包括明确适用国际条约的裁判依据，明确海商法、票据法、民用航空法、海上交通安全法等单行法调整范围以外的涉外民商事案件以"参照单行法规定"的方式适用国际条约（第 1 条第 2 款）；（2）明确涉多项国际条约时的适用原则，即同一争议涉及两个或者两个以上国际条约时，人民法院应当根据国际条约中的适用关系条款确定应当适用的国际条约（第2条）；（3）明确国际条约适用与当事人意思自治之间的关系，即只有在国际条约允许的范围内，当事人才可以通过约定排除或部分排除国际条约的适用（第3条）；（4）明确当事人援引尚未对中国生效的国际条约的，可以作为确定合同权利义务的依据（第4条）；（5）明确国际惯例的明示选择适用和补缺适用规则（第5、6条）；（6）维护国家主权、安全和社会公共利益原则，即适用国际条约和国际惯例损害中华人民共和国主权、安全和社会公共利益的，人民法院不予适用（第7条）。

五　总结与展望

回顾2023年，党的二十大报告对全面依法治国作了战略部署，要求在重点领域、新兴领域、涉外领域加强立法，不断提高涉外工作法治化水平，为促进国际法治作出更大贡献。2023年12月27日，武汉大学特聘教授黄惠康在中央政治局第十次集体学习中作"加强涉外法制建设"专题讲解，习近平总书记在总结讲话时指出，"加强顶层设计，一体推进涉外立法、执法、司法、守法和法律服务，形成涉外法治工作大协同格局"。中国继续坚持统筹国内法治与涉外法治、统筹发展与安全，不断提高涉外法治的系统性、协同性和科学性，为维护以联合国为核心的国际体系、以国际法为基础的国际秩序、以《联合国宪章》宗旨和原则为基础的国际关系基本准则，提供中国方案、中国主张和中国经验。其突出特点如下。

第一，增强立法系统性、整体性和协同性。如在生态环保领域，颁布实施《青藏高原生态保护法》，与《长江保护法》、《黑土地保护法》和《黄河保护法》等，共同构成我国"1+N+4"区域生态保护制度体系。《青藏高原生态保护法》还与修订后的《海洋环境保护法》和《消耗臭氧层物质管理条例》，共同实现海陆空多维联动，进一步完善了我国生态环保法律制度体系，为完善国际环境保护法和生态法治提供中国经验。

第二，持续优化营商环境。以颁布实施《私募投资基金监督管理条例》为标志，我国私募基金监管进入新的法治化轨道。以《关于加快内外贸一体化发展的若干措施》为标志，助力企业在国内国际两个市场顺畅切换，实现"两条腿"走路。以《刑法修正案（十二）》为标志，彰显立法机构对民营企业发展的重视，坚持"两个毫不动摇""三个没有变""两个健康"，依法保护民营企业产权和企业家权益，构建公平的营商环境。以《中国（新疆）自由贸易试验区总体方案》为标志，打造浦东新区、海南自由贸易港、中国（新疆）自由贸易试验区等对外开放样板，为世界自由贸易区的建设提交中国答卷。

第三，多维度维护国家安全，丰富外交斗争法律工具箱。以修订《反间谍法》、发布《粮食安全保障法》为标志，筑牢反间谍防线，保障粮食安全。以颁布实施《外国国家豁免法》《对外关系法》为标志，确立限制豁免制度，为新时代中国特色大国外交提供坚强法治保障。以颁布《领事保护与协助条例》为标志，更加重视保障海外中国公民和机构的安全和合法权益，不断强化海外利益法治保障。以颁布《爱国主义教育法》为标志，提高全民爱国意识和国防意识。

第四，以提升我国涉外司法国际公信力为目标，完善外国法的查明制度，明确国际条约与国际惯例的适用规则。最高人民法院发布的一系列司法解释，是系统总结我国法院在审理涉外民商事案件中长期适用国际条约和国际惯例，积极查明与适用外国法的成功经验的理论结晶，也是最高人民法院积极践行国际法治、贡献中国智慧的制度成果。

展望2024年，中国将在中央国家部委之间建立涉外法治常态化协调工作机制，在涉外立法、执法、司法、守法、法律服务和人才培养之间建立规范化协同工作制度，形成大协同格局，重点解决以下问题。

一是，加强涉外立法的国际法思维。要从应急性立法转向规划性立法，提高其系统性和针对性；从宣示性立法转向实施性立法，注意平衡涉外立法的价值立场宣示作用和实施效果；从专门性立法转向集群性立法，围绕某一涉外关系制定、完善包括法律、行政法规、地方性法规、规章、司法解释、规范性文件在内的规范群集合。如加快制定《国际私法典》《对外援助法》《外国代理人法》等专门涉外法律。同时在国有企业竞争中立、数字贸易、劳工标准等对接国际高水平经贸标准的堵点方面，积极作为，主动深化我国相关制度改革。

二是，尽快形成中国法域外适用体系。针对《反外国制裁法》《阻断外国法律与措施不当域外适用办法》等新制定的法律法规及相关域外适用条款，制定和完善配套执法规则，明确执法主管部门的权责，建立部门间协调机制，保障依法公开和必要的透明度，适用排除和豁免机制破解市场主体面临的"两难困境"；细化向我国法院提起诉讼的程序性规定，对其他国家违反国际法和国际关系基本准则的歧视性限制措施实施精准反制；加快建立海外利益保护和风险预警防范体系，坚持中央国家安全委员会对海外利益保护的顶层设计和统筹领导，充分发挥推进"一带一路"建设工作领导小组、国务院"走出去"工作部际联席会议等机制作用，加强各部门宏观指导、地方政府属地管理、驻外使领馆一线监管，落实企业主体责任，加强国际安全合作，推动我国社会安保力量、执法安全力量和军事力量走出去，构建机制完善、职责明确、措施到位、保障有力的境外企业和对外投资安全保护体系。

三是，深化司法领域国际合作。升级我国与其他国家签订的双边司法协助协定；考虑批准《法院选择协议公约》；参加《外国法院判决承认与执行公约》；加强反腐败国际合作，加大海外追赃追逃、遣返引渡力度；完善我国司法协助体制机制，推进引渡、遣返、犯罪嫌疑人和被判刑人移管等领域的国际合作；推动最高人民法院国际商事法庭实质化运行、提升我国涉外司法的国际公信力和国际影响力；加强国际商事争端预防与解决组织和国际调解院的建设，提高我国主导的国际组织的国际吸引力。

四是，强化涉外法律服务。涉外法律服务涉及律师、公证、仲裁、调解、司法鉴定、法律查明、法律援助等多个领域，与对外交往主体密切相关，是当事人参与度最高的涉外法治活动。要尽快完成《仲裁法》的修订、参加《新加坡调解公约》、推动我国与其他国家仲裁机构建立联合仲裁

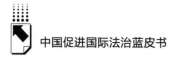

机制。

　　五是，积极参与国际规则制定。要把国内法治作为我国参与和引领国际法治的力量源泉和话语权基础，将涉外法治作为我国参与和引领国际法治的关键抓手和制度性保障；要发挥 G20 作为国际经济合作主要论坛的作用，促进全球主要经济体间宏观政策协调；推动世贸组织谈判机制和争端解决机制的改革，恢复其生机与活力；充分发挥并不断扩大"产业链供应链韧性与稳定国际论坛"的影响与作用，切实维护全球产业链供应链稳定畅通；大力推进"一带一路"法治保障从软法治理走向软法与硬法共治；升级双边投资条约，完善国家与外国投资者争议解决机制；在国际法院、WTO 多边临时仲裁上诉机制以及联合国国际法委员会、国际统一私法协会、海牙国际私法会议等国际法编纂机构发挥更大作用。

B.4

2023年中国促进国际法治：国内实践

邹国勇　白雪*

摘　要： 2023年，全国各级人民法院加强涉外司法审判工作，实施审判精品战略，善意履行国际条约义务，积极打造国际民商事纠纷解决优选基地，服务共建"一带一路"高质量发展。在管辖权方面，适用不方便法院原则必须满足法律所规定的条件；在适用不对称管辖条款时，须经表述清晰、明确、严格的认定。在涉外侵害发明专利权纠纷案件中，侵权行为地的认定具有典型意义。司法文书的涉外送达应当符合法律规定，否则自行承担相应后果。在法律适用方面，法院注重采用分割方法，准确查明和分别适用不同的准据法，并能全面、精确地适用国际条约。在外国法院判决的承认与执行方面，对违反社会公共利益情形的从严认定，已经有依照《取消外国公文书认证要求的公约》的司法实践。对于仲裁协议，认可表见代理下所签署的仲裁协议的效力，并根据仲裁协议独立性原则，明确仲裁条款的效力。对于仲裁裁决的承认与执行，区分仲裁裁决的具体事项，依照《纽约公约》规定审查是否存在拒绝承认和执行的情形。同时，裁判文书中定性不当、说理不周延的问题依然存在。接下来，我国法院应进一步提高熟练运用国际私法、确定准据法的司法能力。

关键词： 管辖权　不方便法院原则　法律适用　外国法院判决的承认与执行　仲裁司法监督

---

* 邹国勇，武汉大学法学院、教育部重点研究基地武汉大学国际法研究所副教授、硕士生导师，主要研究领域为比较国际私法；白雪，江汉大学法学院讲师，教育部重点研究基地武汉大学国际法研究所博士，主要研究领域为国际私法。孙宇帆、蒋飞兰、李一腾、叶子茜、李思佳、赖文燕、车英姿、丁洋同学在本报告写作过程中协助收集资料，特此致谢！

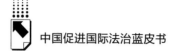

2023 年，全国各级人民法院积极加强涉外司法审判工作，以审判工作现代化服务保障中国式现代化，坚持依法平等保护原则，恪守国际条约、尊重国际惯例，积极营造市场化、法治化、国际化的营商环境，服务更高水平的对外开放。年度内审结涉外民商事案件 2.4 万件、海事案件 1.6 万件；审结商事仲裁司法审查案件 1.6 万件，加强仲裁监督，裁定撤销仲裁裁决 552 件，裁定承认（认可）和执行境外仲裁裁决 69 件，仲裁友好型司法环境深受认可；审结涉港澳台案件 2.5 万件，办理涉港澳台司法协助互助案件 9265 件，审结涉侨案件 7279 件。①

2023 年，全国各级人民法院实施审判精品战略，积极打造国际民商事纠纷解决优先基地，服务共建"一带一路"高质量发展。为进一步提升国际商事纠纷解决机制效能，推动加强国际司法交流合作，吸收更多专家参与国际商事争端解决机制建设，为高质量共建"一带一路"提供更高水平司法服务，最高人民法院 3 月聘任丁丁、王瀚、赵宏、贾兵兵、高之国、高燕平、黄惠康、黄解放等 14 位专家为国际商事专家委员会第三批专家委员。②2023 年 1 月，大连海事法院主动适应航运及其相关领域的司法需求，成立中国（辽宁）自由贸易试验区大连片区海事法庭；③ 横琴法院 3 月 29 日揭牌成立"涉外涉港澳台法律实践与研究基地"，旨在促进涉外涉港澳台法律研究与司法实践的融合发展，树立横琴粤澳深度合作区涉外涉港澳台民商事审判的品牌优势；④ 山东省各级人民法院打造涉外商事海事纠纷解决优选

① 参见《最高人民法院工作报告（摘要）》，中国人大网，2024 年 3 月 9 日，http://www.npc.gov.cn/npc/c2/c30834/202403/t20240309_435677.html，最后访问时间：2024 年 6 月 24 日。

② 《最高人民法院关于聘任国际商事专家委员会第三批专家委员的决定》，最高人民法院网，2023 年 4 月 10 日，https://cicc.court.gov.cn/html/1/218/149/192/2332.html，最后访问时间：2024 年 6 月 24 日。

③ 《东北首个自贸区海事法庭在大连揭牌》，辽宁省高级人民法院网，2023 年 1 月 29 日，http://ln.lncourt.gov.cn/article/detail/2023/01/id/7119001.shtml，最后访问时间：2024 年 6 月 24 日。

④ 《"涉外涉港澳台法律实践与研究基地"揭牌成立》，横琴粤澳深度合作区人民法院网，2023 年 3 月 29 日，http://www.hqcourt.gov.cn/list/info/7427.html，最后访问时间：2024 年 6 月 24 日。

地，依法平等保护中外当事人合法权益，服务畅通国内国际双循环；① 2023年8月，浙江省高级人民法院、浙江省贸促会联合发布《关于进一步完善涉外商事纠纷诉调对接工作机制的意见》；② 9月，上海第一中级人民法院与浦东新区人民法院联合发布《中国（上海）自由贸易试验区司法服务保障白皮书（2013年—2023年）》，着力提高涉自贸区案件审判质量和效果；③ 10月，上海浦东新区人民法院通报2013—2023年涉外涉港澳台、涉外商投资企业商事审判工作情况和典型案例，进一步深化自贸试验区法治经验。④

2023年，我国涉外领域立法取得重大进展，第十四届全国人大常委会先后通过了《中华人民共和国对外关系法》（以下简称《对外关系法》）、《中华人民共和国外国国家豁免法》（以下简称《外国国家豁免法》）和《关于修改〈中华人民共和国民事诉讼法〉的决定》。《对外关系法》是我国涉外领域的基础性、综合性法律；⑤《外国国家豁免法》是我国历史上第一部全面规定外国国家豁免制度的法律，既立足国内法治，又涉及国际法和外交实践，明确我国的外国国家豁免政策由绝对豁免转向限制豁免，为我国法院管辖、审判以外国国家为被告的民事案件提供了法律依据；⑥ 对《民事

① 《山东法院打造涉外商事海事纠纷解决优选地》，最高人民法院网，2023年7月31日，https://www.court.gov.cn/zixun/xiangqing/407602.html，最后访问时间：2024年6月24日。

② 《省高院、省贸促会联合发布浙江涉外商事纠纷诉调对接新举措》，浙江法院网，2023年8月7日，https://www.zjsfgkw.gov.cn/art/2023/8/7/art_56_28309.html，最后访问时间：2024年6月24日。

③ 《上海一中院与浦东新区人民法院联合发布〈中国（上海）自由贸易试验区司法服务保障白皮书〉》，上海市高级人民法院网，2023年9月22日，https://www.hshfy.sh.cn/shfy/web/xxnr.jsp?pa=aaWQ9MTAyMDMyNzAzNCZaD0xJmxtZG09bG0xNzEPdcssz，最后访问时间：2024年6月24日。

④ 《浦东新区人民法院发布2013—2023年涉外涉港澳台、涉外商投资企业商事审判工作白皮书》，上海市高级人民法院网，2023年10月26日，https://www.hshfy.sh.cn/shfy/web/xxnr.jsp?pa=aaWQ9MTAyMDMzMjk2NCZaD0xJmxtZG09bG0xNzEPdcssz，最后访问时间：2024年6月24日。

⑤ 《全国人大常委会法工委负责人就对外关系法答记者问》，中国共产党新闻网，2023年6月30日，http://cpc.people.com.cn/n1/2023/0630/c64387-40024614.html，最后访问时间：2024年6月24日。

⑥ 《全国人大常委会法工委负责人就外国国家豁免法答记者问》，中国人大网，2023年9月4日，http://www.npc.gov.cn/npc/c2/c30834/202309/t20230904_431522.html，最后访问时间：2024年6月24日。

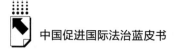

诉讼法》的修改，着重对涉外民事诉讼程序制度进行完善，有利于进一步提升涉外民事案件审判质效，更好地保障当事人的诉讼权利和合法权益，更好维护我国主权、安全和发展利益。①

2023年，为全面贯彻落实党的二十大精神，统筹推进国内法治和涉外法治，切实实现涉外审判能力和审判体系现代化，最高人民法院相继批准成立南京②、杭州、宁波③国际商事法庭，为中外当事人提供普惠均等、便捷高效、智能精准的司法服务，还先后发布了《最高人民法院关于适用〈中华人民共和国涉外民事关系法律适用法〉若干问题的解释（二）》④（以下简称《解释（二）》）、《最高人民法院关于修改〈最高人民法院关于设立国际商事法庭若干问题的规定〉的决定》⑤（以下简称《决定》）、《最高人民法院关于审理涉外民商事案件适用国际条约和国际惯例若干问题的解释》⑥（以下简称《适用国际条约和国际惯例解释》）和《"一站式"国际商事纠纷多元化解决平台工作指引（试行）》（以下简称《工作指引》）等司法解释文件。《解释（二）》的发布，为进一步完善外国法律查明制度，规范外国法律查明司法实践提供了具体依据。⑦《决定》将为扩大当事人协议选择国际商事法庭管辖的案件范围、拓展外国法律的查明途径提供法

① 《我国民事诉讼法完成修改，将更好保障当事人的诉讼权利和合法权益》，中国人大网，2023年10月24日，http://www.npc.gov.cn/npc/c2/c30834/202310/t20231024_432465.html，最后访问时间：2024年6月24日。

② 《为开放型经济注入法治活水——南京法院涉外商事审判工作纪实》，最高人民法院，2023年4月3日，https://www.court.gov.cn/zixun/xiangqing/395222.html，最后访问时间：2024年6月24日。

③ 《杭州、宁波国际商事法庭正式揭牌成立》，浙江法院网，2023年3月20日，https://www.zjsfgkw.gov.cn/art/2023/3/20/art_24_27898.html，最后访问时间：2024年6月24日。

④ 《最高人民法院关于适用〈中华人民共和国涉外民事关系法律适用法〉若干问题的解释（二）》，法释〔2023〕12号，自2024年1月1日起施行。

⑤ 《最高人民法院关于修改〈最高人民法院关于设立国际商事法庭若干问题的规定〉的决定》，法释〔2023〕14号，自2024年1月1日起施行。

⑥ 《最高人民法院关于审理涉外民商事案件适用国际条约和国际惯例若干问题的解释》，法释〔2023〕15号，自2024年1月1日起施行。

⑦ 《最高人民法院发布涉外民事关系法律适用法司法解释（二）》，最高人民法院，2023年12月1日，https://www.court.gov.cn/fabu/xiangqing/419042.html，最后访问时间：2024年6月24日。

律依据。①《适用国际条约和国际惯例解释》对我国法院适用国际条约和国际惯例的成功经验进行概括总结，将对我国涉外民商事审判和涉外民商事活动产生深远影响。②《工作指引》对优化诉讼与调解、仲裁有机衔接的国际商事纠纷多元化解决机制，发挥"一站式"国际商事纠纷多元化解决平台功能，打造国际商事纠纷解决优选地具有重要现实意义。③

2023 年，为加强涉外知识产权的司法保护，中国进一步深化与世界知识产权组织的交流合作，健全涉外知识产权多元化纠纷解决机制。3 月 16 日，厦门市涉外知识产权诉调对接办公室揭牌成立，成为厦门市中级人民法院（以下简称"厦门中院"）、世界知识产权组织仲裁与调解上海中心（以下简称"WIPO 仲调上海中心"）建立诉调对接工作常态化机制的重要平台。④ 12 月 9 日，以"新时代知识产权司法保护的机遇与挑战"为主题的知识产权司法保护国际研讨会在广州召开；⑤ 广东省高级人民法院和世界知识产权组织仲裁与调解中心签署《加强知识产权领域替代性争议解决交流与合作协议》，将进一步加强双方在知识产权纠纷处理方面的交流与合作。⑥

2023 年，中国加强国际司法交流合作，进一步巩固中外司法交流合作机制。4 月 20 日，金砖国家仲裁合作论坛暨粤港澳大湾区仲裁联盟工作会

---

① 《最高人民法院发布修改最高人民法院国际商事法庭司法解释的决定》，最高人民法院，2023 年 12 月 18 日，https：//cicc. court. gov. cn/html/1/218/149/192/2453. html，最后访问时间：2024 年 6 月 24 日。

② 《最高人民法院关于审理涉外民商事案件适用国际条约和国际惯例若干问题的解释》，最高人民法院，2023 年 12 月 28 日，https：//www. court. gov. cn/fabu/xiangqing/421922. html，最后访问时间：2024 年 6 月 24 日。

③ 《最高人民法院发布〈"一站式"国际商事纠纷多元化解决平台工作指引（试行）〉》，最高人民法院，2023 年 12 月 29 日，https：//cicc. court. gov. cn/html/1/218/149/192/2436. html，最后访问时间：2024 年 6 月 24 日。

④ 《厦门揭牌涉外知识产权诉调对接办公室》，国家知识产权战略网，2023 年 3 月 20 日，http：//www. nipso. cn/onewsn. asp？id=54283，最后访问时间：2024 年 6 月 24 日。

⑤ 《知识产权司法保护国际研讨会在穗召开》，澎湃网，2023 年 12 月 10 日，https：//www. thepaper. cn/newsDetail_forward_25605401，最后访问时间：2024 年 6 月 24 日。

⑥ 《广东高院和世界知识产权组织仲裁与调解中心签署交流合作协议》，广东法院网，2023 年 12 月 10 日，https：//www. gdcourts. gov. cn/xwzx/gdxwfb/content/post_1655338. html，最后访问时间：2024 年 6 月 24 日。

议顺利召开,与会代表共同签署并发布《金砖国家仲裁合作南沙共识》,共创仲裁合作新篇章。① 11 月 28 日,第七届中新法律和司法圆桌会议在北京开幕,会议围绕"司法机关在构建跨国商事司法体系中的作用"、"知识产权案件技术事实查明机制的构建与完善"、"外国判决承认和执行机制的最新发展"和"高效快速解决仲裁司法监督案件"等四个议题开展深入研讨。②

本报告选取了 28 例由中国各级人民法院于 2023 年审结的具有代表性的诉讼案件,③ 涵盖涉外民事诉讼、涉外仲裁司法监督等内容,目的在于提供信息,而非臧否是非。

一　涉外民事诉讼

(一)管辖权

1. 不方便管辖原则的适用

在刘某、王某某合同纠纷民事管辖案④中,虽然双方当事人均为中国公民,但王某某起诉所依据的《股东合伙投资协议》的签订地、履行地均在中华人民共和国领域外,即双方之间发生法律关系的法律事实发生在中华人民共和国领域外,故本案为涉外民事案件。本案争议焦点之一为是否适用不方便管辖原则。

一审法院认为,本案当事人均为中国公民,原告起诉案涉合同无效的理

---

① 《凝聚高质量发展共识 共创仲裁合作新篇章——〈金砖国家仲裁合作南沙共识〉全球发布》,广州仲裁委员会,2023 年 4 月 21 日,https://www.gzac.org/gzjj111/6063,最后访问时间:2024 年 6 月 24 日。

② 《巩固创新司法交流合作机制 服务保障中新全方位高质量的前瞻性伙伴关系发展》,最高人民法院,2023 年 11 月 28 日,https://www.court.gov.cn/zixun/xiangqing/418762.html,最后访问时间:2024 年 6 月 24 日。

③ 案件来源:北大法宝,https://www.pkulaw.com;中国裁判文书网,http://www.court.gov.cn/zgcpwsw。以 2023 年 12 月 31 日前的数据为准。

④ (2023)新民辖终 48 号。

由涉及我国境外投资外汇管理秩序，因此本案涉及中华人民共和国国家或公民的利益，不符合司法解释规定的全部法定要件，故刘某以不方便管辖为由提出的管辖权异议，不能成立。

二审法院认为，适用不方便管辖原则的前提是我国法院对案件本身享有管辖权，且《最高人民法院关于适用〈中华人民共和国民事诉讼法〉的解释》（以下简称《民诉法解释》）第530条规定的六个条件必须同时满足。涉案《股东合伙投资协议》已明确约定双方争议可以由中国法院管辖。本案双方当事人均为中国公民，而王某某主张涉案协议无效的理由为该协议违反了《中华人民共和国外汇管理条例》的强制性规定。因此，本案涉及我国国家利益，即我国外汇管理秩序，同时又涉及我国公民的利益，本案不符合不方便管辖原则适用的条件。

在国美零售控股有限公司（以下简称"国美公司"）与尚某某合同纠纷案[1]中，国美公司是一家在香港特别行政区登记注册的公司，故本案属于涉港民商事纠纷。尚某某主张国美公司应履行《市值增量股份奖励授予通知及个人承诺书》，归属其第三批股份。国美公司主张本案尚某某诉请国美公司向其归属股票期权属于公司类纠纷，并非合同纠纷，应由国美公司住所地法院专属管辖。因国美公司住所地在香港，本案应移送香港相关法院审理。关于上诉人国美公司主张本案应由香港法院管辖的理由，其实际主张本案应适用不方便管辖原则，但本案涉及中国公民合法权益，案涉争议主要事实发生在境内，故本案不适用《民诉法解释》第530条之规定，其上诉理由不成立。

2. 不对称管辖权条款的认定

在交通银行信托有限公司（以下简称"交银信托公司"）与中国国储能源化工集团股份公司（以下简称"国储公司"）合同纠纷再审案[2]中，交银信托公司系在香港特别行政区登记设立的公司，故本案系涉港合同纠纷

---

① （2022）京民辖终278号。
② （2021）最高法民再277号。

案件。案涉两份协议分别为中国国储能源化工集团控股股份公司（以下简称"国储控股公司"）、国储公司与交银信托公司三方签署的《信托协议》，国储公司与交银信托公司双方签署的《保证协议》，根据上述协议，国储控股公司为发行人，国储公司为保证人，交银信托公司是债券持有人的受托人。本案争议焦点为案涉协议中的协议管辖条款是否构成不对称管辖条款，香港法院是否对案涉纠纷享有排他性管辖权。

一审法院认为，根据《信托协议》14.2 条约定，香港特别行政区法院对于《信托协议》项下的纠纷具有排他管辖权。交银信托公司与国储公司签订的《保证协议》系《信托协议》的从合同，其中 7.2 条约定，"保证人同意（i）为了受托人和债券持有人的利益对因本保证协议所产生的或与之相关的争议，香港特别行政区法院拥有排他的司法管辖权……"保证人同意的第一项内容是"为了受托人和债券持有人的利益，因《保证协议》所产生的或与之相关的争议，香港特别行政区法院拥有排他的司法管辖权"。故一审法院裁定管辖权异议成立，香港特别行政区法院对本案具有排他管辖权，一审法院对本案无管辖权。①

二审法院认为，《保证协议》7.2 条系不对称管辖条款，即该条仅约束国储公司自身起诉时选择香港特别行政区法院，并不排斥或限制交银信托公司起诉时选择其他有管辖权的法院，进而认定一审法院对本案有管辖权。②

再审法院认为，《保证协议》7.2 条的内容不构成不对称管辖条款，交银信托公司和国储公司共同受该管辖条款约束，香港特别行政区法院对本案享有排他管辖权。经综合考量，案涉两份管辖协议只是在强调发行人和保证人应当遵守香港法院对案涉纠纷具有排他管辖权的约定，但并没有明确赋予作为受托人的交银信托公司可以向香港法院之外的其他法院就案涉纠纷提起诉讼的权利。再综合《信托协议》14.2 条中"就本信托协议或债券下产生的或与之相关的争议，香港特别行政区具有排他的管辖权"的约定，以及

① （2019）京 04 民初 935 号。
② （2020）京民终 321 号。

《保证协议》7.2条中"保证人同意香港特别行政区法院具有排他管辖权的目的是为了受托人和债券持有人的利益"的表述，应当认定《保证协议》7.2条的内容不构成不对称管辖条款，交银信托公司和国储公司共同受该管辖条款约束，香港特别行政区法院对本案享有排他管辖权。

本案经两级法院分别审理并作出裁决，最终经由最高人民法院再审，明确了不对称管辖条款的认定问题。不对称管辖条款作为当事人对诉讼权利自由处分原则下对一方诉讼权利义务的重大例外限制，在适用时须经表述清晰、明确、严格的认定，否则不能推定、解读出构成不公平不平等的权利义务的含义，避免对当事人意思自治造成不当妨碍。本案也反映出部分法院在司法实践中对不对称管辖条款认定不清、适用情形存在误解的问题。

3. 涉外侵害发明专利权纠纷管辖法院的确定

在珠海市魅族科技有限公司（以下简称"魅族公司"）、高清编解码科技有限责任公司（以下简称"高清编解码公司"）等侵害发明专利权纠纷案①中，因高清编解码公司系美国公司，故本案系涉外案件。本案管辖权异议的争议焦点在于一审法院对本案是否具有管辖权。

二审法院最高人民法院认为，根据《中华人民共和国民事诉讼法》（以下简称《民事诉讼法》）第29条、第36条以及《最高人民法院关于审理专利纠纷案件适用法律问题的若干规定》第2条、第3条的规定，因侵害发明专利权行为提起的诉讼，被诉侵权产品的制造、销售、许诺销售、进口等行为的实施地以及实施者的住所地法院均具有管辖权，原告可以择一提起诉讼。本案中，高清编解码公司以魅族公司和旺睿达公司为共同被告提起专利侵权诉讼，主张魅族公司实施了制造、销售和许诺销售被诉侵权产品的行为，旺睿达公司实施了销售和许诺销售被诉侵权产品的行为，并针对其诉讼请求向一审法院提供了其在旺睿达公司位于福建省福州市的销售店铺内购买被诉侵权产品的证据，初步证明福州市为被诉侵权产品销售行为的实施地，且旺睿达公司的经营地亦位于福建省福州市。关于旺睿达公司是否已经注

---

① （2022）最高法知民辖终443号。

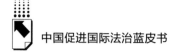

销，并不影响被诉侵权行为地的认定，也不影响一审法院对本案行使管辖权，该公司是否已经注销以及该公司注销后的当事人主体变更可由一审法院在后续实体审理中予以审查处理。因此，一审法院对本案有管辖权。

本案明确，在涉外侵害发明专利纠纷案件中，侵权产品销售者是否已经注销，并不影响侵权行为地的认定，因而不影响法院对案件的管辖权。

4. 涉外海上货物运输合同纠纷管辖法院的确定

在马士基有限公司（以下简称"马士基公司"）与中国人民财产保险股份有限公司上海市分公司（以下简称"人保上海分公司"）海上货物运输合同纠纷管辖权异议案①中，当事人因海运单约定的管辖权条款引发争议。二审法院认为，涉外民商事活动中的管辖权条款系与当事人有重大利害关系的条款，但涉案海运单仅以事先印制无显著特征的文字载明管辖权条款的获取途径，未直接记载管辖权条款的内容，遑论采取足以引起相关方注意的合理方式履行提示义务，故当事方有理由主张该管辖权条款不成为合同内容。本案中，人保上海分公司系代位以海上货物运输合同当事人身份向作为承运人的马士基公司主张货损赔偿责任，故本案系海上货物运输合同纠纷，属海事法院专门管辖案件范围。根据《民事诉讼法》第28条规定，一审法院作为涉案运输起运港即运输始发地海事法院，对本案具有管辖权。

（二）当事人拒不配合导致无法进行涉外送达的后果

在陈某某著作权权属、侵权纠纷再审审查与审判监督案②中，被告丹尼尔·黑尔为美国籍公民，陈某某提供被告丹尼尔·黑尔的住所地位于美利坚合众国得克萨斯州，因此本案属于涉外案件。案件审理过程中所需的涉外送达，应当按照现行相关法律法规进行处理，包括《最高人民法院关于涉外民事或商事案件司法文书送达问题若干规定》第1条、《最高人民法院关于依据国际公约和双边司法协助条约办理民商事案件司法文书送达和调查取证

---

① （2023）沪民辖终70号。
② （2023）京民申3361号。

司法协助请求的规定》（2020 年修正）第 5 条和《关于依据国际公约和双边司法协助条约办理民商事案件司法文书送达和调查取证司法协助请求的规定实施细则（试行）》第 6 条的相关规定。本案需要向被告送达的司法文书中应当包括起诉状中文及译文、传票等材料的中文及译文，且应当由受理案件的人民法院委托中华人民共和国领域内的翻译机构进行翻译，并根据谁主张、谁负担的原则，由陈某某负担相应的翻译费用。本案一审中陈某某提交的起诉状外文版本系由其自行翻译完成，并未按照前述规定提供委托中华人民共和国领域内的翻译机构制作的译本。因此，陈某某提交的起诉状译本并不符合规定。一审和二审法院均询问陈某某是否由法院委托有资质的翻译机构并由陈某某承担翻译费用，陈某某拒不配合，该行为导致本案无法依法向被告进行涉外送达，因而无法继续进行诉讼程序。对此，原审法院有权以此为由驳回起诉。

（三）法律适用

1. 涉备用信用证案件的定性

在澳大利亚和新西兰银行集团有限公司马尼拉分行（以下简称"澳新银行马尼拉分行"）、江苏银行股份有限公司（以下简称"江苏银行"）等票据纠纷案①中，澳新银行马尼拉分行系在菲律宾共和国注册成立，故本案系涉外民商事案件。

关于本案所涉法律关系的定性，《中华人民共和国涉外民事关系法律适用法》（以下简称《涉外民事关系法律适用法》）第 8 条规定："涉外民事关系的定性，适用法院地法律。"案涉交易涉及备用信用证以及反担保备用信用证的开立、索赔等事实，但我国现行法律框架内没有专门调整备用信用证的法律规定，《最高人民法院关于审理独立保函纠纷案件若干问题的规定》（以下简称《独立保函规定》）亦未对备用信用证作出规定，因此需要结合本案事实，明确案涉备用信用证的法律性质，从而确定应适用的法律。案涉备

---

① （2020）最高法商初 3 号。

用信用证、反担保备用信用证均载明见索即付，并约定遵守《备用信用证惯例》（简称"ISP98"）这一交易示范规则。ISP98引言提及备用信用证被用于保证贷款或预付款在到期或违约时或某一偶然事件发生或不发生时相关义务的履行。ISP98第1.06条a款将备用信用证进一步界定为："备用信用证在开立后即是一项不可撤销的、独立的、单据性的及具有约束力的承诺，并且无须如此写明。"法院认为具有担保功能的备用信用证应当适用《独立保函规定》。根据《独立保函规定》第1条第1款和第2款规定，独立保函的功能主要在于担保基础合同发生违约事件时，受益人提交单函相符的索兑请求即可在独立保函项下获得赔付。如基础合同正常履行完毕，则独立保函仅备而不用，独立保函的这一"备用"特征与备用信用证完全相同，而与商业跟单信用证作为基础合同履行时的付款工具之性质迥异。具有担保功能的备用信用证应被认定为独立保函。本案中，澳新银行马尼拉分行主张江苏银行应依约付款，江苏银行辩称其付款义务已经解除，中国电工述称澳新银行马尼拉分行系欺诈性索赔。据此，本案案由应明确为独立保函付款纠纷。

最高人民法院在本案判决中，将具有担保功能的备用信用证性质与独立保函的功能进行对比，提出独立保函的"备用"特征与备用信用证相同，进而将涉备用信用证及反担保备用信用证的案件定性为独立保函付款纠纷案件。本案判决的作出有利于司法实践中在调整备用信用证的法律规定存在空白时明确定性，进而确定案件应当适用的准据法，具有重要的参考价值。

2. 标准必要专利使用费及侵害发明专利权纠纷的定性和法律适用

在高清编解码科技有限责任公司（以下简称"高清公司"）、OPPO广东移动通信有限公司（以下简称"OPPO公司"）等侵害发明专利权及标准必要专利使用费纠纷系列案[1]中，高清公司为美国公司，故本六案具有涉外因素。人民法院审理涉外民事纠纷，首先需要根据《涉外民事关系法律适用法》第8条规定对诉争涉外民事关系进行定性，然后直接或者间接确定审理纠纷的准据法。

---

[1]（2022）最高法知民终907、910、911、916、917、918号。

最高人民法院认为，本六案中标准必要专利使用费纠纷是高清公司与OPPO公司在双方拟缔约且应当缔约但最终未能实际缔约的情况下，就双方应当以何种标准的许可费率进行缔约所发生的争议。依据法院地法律即中华人民共和国法律进行定性，该类纠纷在性质上为缔约过失责任纠纷。虽然缔约过失责任是以行为人违反法定的先合同义务（依诚信原则而产生的附随义务）为前提，是一种不同于一般合同责任和侵权责任的补充性民事责任，但《中华人民共和国民法典》将缔约过失责任规定于第三编（合同）第二章（合同的订立）中的第500条，故在中华人民共和国现行法律体系中，缔约过失责任纠纷在法律定性上为合同纠纷。在双方当事人拟达成的标准必要专利实施许可合同项下的许可实施地主要在中国境内，故最能体现该合同特征的许可实施地是被许可方即专利实施方OPPO公司的住所地，而中国法为OPPO公司住所地适用的法律，也是与该合同具有最密切联系的法律。

本六案中侵害发明专利权纠纷主要涉及知识产权的侵权责任及其先决条件即知识产权的归属和内容，被请求保护地为中华人民共和国；依照《涉外民事关系法律适用法》第48条与第50条关于知识产权的归属和内容、知识产权的侵权责任适用被请求保护地法律的规定，以及该法第41条、第49条关于当事人没有选择知识产权许可使用适用的法律，适用履行义务最能体现该合同特征的一方当事人经常居所地法律或者其他与该合同有最密切联系的法律的规定，审理本六案侵害发明专利权及标准必要专利使用费纠纷均应当适用中国法。

本六案既涉及标准必要专利使用费纠纷，又包含侵害发明专利权纠纷，故法院对案件事实使用分割方法，根据具体实体问题分别定性，确定应适用的准据法，充分发挥分割方法的灵活性，体现了人民法院对实体正义和个案公正的追求。

3. 博彩信贷合同纠纷的法律适用

在郭某某、杨某与王某某民间借贷纠纷案①中，因本案产生民事法律关

---

① （2021）粤01民终2980号。

系的法律事实发生在澳门特别行政区内，故本案属涉澳民事案件，应参照涉外民事案件处理。王某某向郭某某提供特定博彩筹码账户供郭某某在澳门博彩机构使用，王某某与郭某某在澳门签署《借款合同》《收据》，对郭某某使用的博彩金额进行结算，王某某为出借人，郭某某为借款人，杨某为担保人。

一审法院广东自由贸易区南沙片区人民法院认为，本案当事人未选择解决案涉争议所适用的法律。虽然博彩在澳门为合法行为，但本案双方当事人住所地及经常居住地均在我国内地，而赌债在我国内地因违反公序良俗，法律明确不予保护。根据上述法律规定，本案适用我国内地法律作为准据法进行裁判。

二审法院广州市中级人民法院依职权查明澳门特别行政区法律关于澳门博彩信贷法律关系的相关规定，包括《澳门民法典》及《娱乐场博彩或投注信贷法律制度》，均系澳门特别行政区施行的现行有效的法律。依据《最高人民法院关于适用〈中华人民共和国涉外民事关系法律适用法〉若干问题的解释（一）》（2020 年修正）第 11 条规定，二审法院认为本案涉及郭某某与王某某之间的合同关系及杨某与王某某之间的保证担保关系，故应当分别确定应适用的法律。

关于郭某某与王某某之间的博彩信贷合同关系的法律适用问题，因王某某与郭某某未协商选择应适用的法律，双方博彩信贷行为的发生地、实施地均在澳门，且博彩信贷合同亦在澳门形成，与澳门具有最密切联系，故就博彩信贷合同的法律关系应适用澳门特别行政区法律进行审理。对于一审法院认为赌债在内地因违反公序良俗，法律明确不予保护，故应适用内地法律作为准据法进行裁判的意见，二审法院指出一审法院未查明澳门法，径行以赌博债务违反公序良俗、损害内地的社会公共利益为由适用内地法律，存在法律适用不当。此外，关于杨某与王某某之间保证担保关系的法律适用问题，因杨某与王某某、郭某某未协商选择应适用的法律，杨霞作为履行保证责任的义务人，其经常居住地位于内地，且其在内地签署案涉《借款合同》《还款承诺书》，与内地具有最密切联系，故就保证担保关系而言应适用内地法律进行审理。

本案明确，根据《澳门民法典》《娱乐场博彩或投注信贷法律制度》相关规定，博彩信贷行为在澳门特别行政区属于合法行为。在依据法律事实的特性确定应适用的准据法后，法院应依职权进行查明，而非径行以赌博债务违反公序良俗、损害内地的社会公共利益为由适用内地法律。本案反映出部分法院对于审理涉博彩信贷合同纠纷案件的经验不足，同时熟练运用国际私法的分割方法区分案件事实、确定准据法的司法能力仍需进一步提高。

4.《蒙特利尔公约》的适用

（1）适用《蒙特利尔公约》的情形

在广东奥马冰箱有限公司（以下简称"奥马公司"）、联邦快递（中国）有限公司中山分公司（以下简称"联邦快递中山分公司"）等侵权责任纠纷案①中，奥马公司及联邦快递中山分公司、联邦快递公司的住所地均在国内，但快递单显示，案涉物品是由中山发往智利，并于美国丢失，故本案具有涉外因素。奥马公司明确本案基于侵权主张权利，故本案为涉外侵权责任纠纷。因中国、智利以及美国均为《统一国际航空运输某些规则的公约》（即《蒙特利尔公约》）的当事国，且本案符合《蒙特利尔公约》第 1 条适用范围内的"国际运输"，根据《涉外民事关系法律适用法》第 4 条"中华人民共和国法律对涉外民事关系有强制性规定的，直接适用该强制性规定"，及《中华人民共和国民用航空法》第 184 条第 1 款"中华人民共和国缔结或者参加的国际条约同本法有不同规定的，适用国际条约的规定；但是，中华人民共和国声明保留的条款除外"的规定，应优先适用《蒙特利尔公约》处理本案。

（2）不适用《蒙特利尔公约》的情形

在杨某与北京中欧马汇国际贸易集团有限公司（以下简称"中欧马汇"）进出口代理合同纠纷案②中，所涉进口活体动物马匹系从荷兰王国进

---

① （2023）粤 2071 民初 2659 号。

② （2022）京 04 民初 419 号。

口至中华人民共和国，依据《民诉法解释》第 520 条之规定，本案为涉外民事诉讼案件。

北京市第四中级人民法院认为，关于本案的法律适用，根据《涉外民事关系法律适用法》第 41 条规定，当事人可以协议选择合同适用的法律；当事人没有选择的，适用履行义务最能体现该合同特征的一方当事人经常居所地法律或者其他与该合同有最密切联系的法律。本案中，《委托代理进口协议书》未对适用法律作出约定，因本案系进出口代理合同纠纷，杨某因中欧马汇代理进口的马匹在中国的隔离场死亡而引发诉讼，杨某系中国公民，中欧马汇系在中国注册成立的公司，故履行合同义务最能体现合同特征的与合同有最密切联系的法律是中国法律。因此，本案应适用中国法律。案涉马匹虽然是通过国际航空方式运输，运输起运地和目的地分属《蒙特利尔公约》两个不同的缔约国，但杨某与中欧马汇均未与承运人签订货物运输合同，本案所涉纠纷并非《蒙特利尔公约》规定的托运人与承运人间产生的纠纷，不属于《蒙特利尔公约》的调整范围，故本案不适用《蒙特利尔公约》。

5. 明确国际条约与国内法规定不同时优先适用国际条约

在夏发集团公司（以下简称"夏发公司"）与佰启控股（中国）有限公司（以下简称"佰启公司"）国际货物买卖合同纠纷案[①]中，夏发公司系在美利坚合众国（以下简称"美国"）注册成立的企业，故本案属于涉外民商事纠纷。关于本案的法律适用，当事人未在合同中作出明确约定。法院认为，由于本案当事人营业地所在国中国和美国均为《联合国国际货物销售合同公约》（以下简称《销售公约》）缔约国，本案不存在《销售公约》规定的不适用情形，且双方当事人亦未排除该公约的适用，故本案应当适用该公约（除我国声明保留的条款外）的规定。

本案中，佰启公司交付货物的质量不符合约定的占到全部交付货物的一半以上，导致无法实现通常的使用目的；佰启公司在判决作出时仍未交付部

---

① （2022）京 04 民初 294 号。

分货物，严重超出合同约定的交货时间；本案合同签订于新冠疫情期间，佰启公司的违约行为足以使夏发公司错过商机，致使其通过案涉合同赚取利润的目的落空。因此，法院根据《销售公约》认为佰启公司的行为构成根本违约。夏发公司于 2021 年 5 月 20 日向佰启公司发出律师函，通知其解除《手套买卖合同》。该函件虽然于 5 月 22 日才被佰启公司签收，但是公约对此种通知并不采用"到达生效"原则，而是"投邮主义生效"原则。因此，案涉《手套买卖合同》于发出函件之日无效。据此，法院判决案涉买卖合同于 2021 年 5 月 20 日无效。

本案明确国际条约与国内法规定不同时优先适用国际条约。《销售公约》对不同通知的效力采用了不同的生效原则：要约、承诺、撤回、撤销均采用"送达生效"原则；而合同宣告无效则采用"投邮主义生效"原则，即宣告无效声明只要"以适合情况的方法"发出即生效。对此，我国《民法典》第 565 条规定有所不同："当事人一方依法主张解除合同的，应当通知对方。合同自通知到达对方时解除。"本案准确适用《销售公约》，当我国缔结的国际条约与国内法有不同规定时，优先适用国际条约的规定，体现了法院适用国际条约的全面性与精确性，对审理此类案件具有示范作用。

（四）对我国台湾地区法院判决的认可与执行

在国泰世华商业银行股份有限公司（以下简称"国泰银行"）与高某申请认可和执行台湾地区法院民事判决认可与执行案①中，A 公司系注册于香港特别行政区的法人，负责人为高某，高某户籍地和常住地址均为上海市。国泰银行系我国台湾地区银行，无法直接向大陆公民开展衍生性金融产品等业务。双方遂约定由高某在香港注册的 A 公司进行交易，高某代表 A 公司与国泰银行签订 ISDA 主协议，约定进行衍生性金融产品及结构型商品等相关交易，同时签署保证书，为 A 公司提供连带保证。交易后，A 公司

---

① （2021）沪 74 认台 1 号。

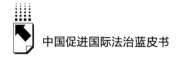

未履行相应的责任，高某也未履行保证责任。国泰银行遂向台湾地区法院提起诉讼，并在胜诉后向上海金融法院申请认可与执行。

关于案件管辖，上海金融法院管辖上海市辖区内应由中级人民法院受理的下列第一审金融民商事案件："……（六）申请认可和执行香港特别行政区、澳门特别行政区、台湾地区法院金融民商事纠纷的判决、裁定案件，以及申请承认和执行外国法院金融民商事纠纷的判决、裁定案件。"本案被申请人高某住所地为上海市，申请认可与执行的判决所涉及的纠纷为金融民商事纠纷，故上海金融法院对本案享有管辖权。

关于认可系争判决是否损害社会公共利益的问题，主要在于本案涉及的担保交易模式是否损害社会公共利益。上海金融法院认为，拒绝认可和执行的"社会公共利益"条件应做严格解释，通常仅包括认可和执行判决的结果直接违反内地公共利益的情形。即便本案涉及的是为高某所实际控制的 A 公司所担保的事宜，高某的担保行为仅为个案，系平等主体之间的民事法律关系，台湾地区法院就本案所涉纠纷作出的裁判效力限于双方当事人之间，对其效力的认可和执行并不会涉及内地全体社会成员或者社会不特定多数人的利益。另外，上海金融法院依法对本案进行了审查，未发现存在违反一个中国原则或者损害社会公共利益的其他情况。且案件双方并未签订有效仲裁协议或存在案涉纠纷已经由人民法院作出判决或者中国大陆的仲裁庭已作出仲裁裁决的情况。据此，上海金融法院裁定认可和执行台湾地区台北地方法院及台湾地区高等法院民事判决书。

本案系上海金融法院在 2023 年度审理的第一起申请认可与执行台湾地区法院金融判决的案件，体现了开放态度以及较高的裁判水平。关于社会公共利益的解释，本案裁判符合大陆法院司法实践中采取的严格解释做法，指出本案的裁判效力限于双方当事人之间，认可和执行不会涉及大陆全体社会成员或者社会不特定多数人的利益。同时，本案厘清了违反《最高人民法院关于适用〈中华人民共和国担保法〉若干问题的解释》第 6 条规定"未经国家有关主管部门批准或者登记对外担保"不足以构成违反社会公共利益，对于未来审理同类案件具有启示意义。

（五）外国法院判决的承认与执行

在文某申请承认美利坚合众国加利福尼亚州圣马特奥县高等法院离婚判决案①中，文某于 2023 年 8 月向成都市中级人民法院申请承认案涉离婚判决，并提交了外国判决及附加证明书。

成都市中级人民法院认为，本案依法应当适用《取消外国公文书认证要求的公约》。2023 年 3 月 8 日，我国加入该公约，该公约于 2023 年 11 月 7 日正式在我国生效实施。文某提交的有关公文书系在公约另一缔约国美国作出，且该国有关主管机关已经按照公约要求签发附加证明书，故应免除认证手续并认可相关签名、印章的真实性以及身份的可靠性。案涉外国离婚判决符合我国法律规定的承认外国法院离婚判决的条件，不存在违反我国法律的基本原则和损害国家主权、安全、社会公共利益的情形，故裁定承认美利坚合众国加利福尼亚州圣马特奥县高等法院作出的案涉离婚判决。

本案系《取消外国公文书认证要求的公约》首次在我国涉外司法案件中适用，体现出我国法院全面履行国际公约义务的司法担当。该公约规定相互取消缔约国之间的使领馆领事认证环节，将传统的"外交部门认证+使领馆认证"的"双认证"程序简化为依托附加证明书的"一步式"证明，简化公文书跨国流转程序。全面、严格地适用该公约，可以减轻诉累，免除当事人繁琐昂贵的连锁认证负担，能够有效提高司法效率，进一步便利跨国诉讼和外国判决的承认与执行。

二 涉外仲裁司法监督

（一）管辖权

在郭某等与智荣投资有限公司（以下简称"智荣公司"）申请认可和

---

① （2023）川 01 协外认 15 号。

执行香港特别行政区仲裁裁决案件①中，智荣公司以该裁决系金融裁决且基于相同事实的相关联的申请撤销仲裁裁决案件已由北京金融法院受理并审结，请求移送北京金融法院。一审法院与二审法院均认为北京市第四中级人民法院具有管辖权，被申请人提出的管辖权异议不成立。

2015年9月21日，郭某等与智荣公司等签订重组《安沃和蒲易重组框架协议》（以下简称《框架协议》）。但是，《框架协议》的交易未能完成。2017年1月25日，郭某等根据《框架协议》中的仲裁条款在香港国际仲裁中心启动了仲裁程序。2020年3月13日，仲裁庭经过审理作出最终裁决，裁决智荣公司等应按照约定将郭某等在某传媒公司的股份恢复至28.56%。2021年4月28日，仲裁庭就仲裁费、律师费、保全费等费用事项作出裁决后，智荣公司等一直拒绝履行。郭某等遂请求北京市第四中级人民法院认可和执行裁决。被申请人等对北京市第四中级人民法院的管辖权提出异议，认为该法院对本案无管辖权，本案应移送至北京金融法院审理。理由是本案的基础事实是通过发行股份购买资产的方式并购某传媒公司的重组交易，是在国家批准设立的证券市场（即A股市场）上协议转让交易中产生的纠纷（即证券纠纷），系涉金融证券的民商事纠纷，属于北京金融法院管辖；而本案是认可和执行香港特别行政区仲裁裁决的案件，其本质是关于金融证券类民商事纠纷的仲裁，应由北京金融法院管辖。

北京市第四中级人民法院认为，被申请人等未能举证证明仲裁所涉争议为与证券交易有关的纠纷，且其在本案管辖权异议申请书中明确表示，案涉发行股份购买资产的证券交易未得到中国证监会的审核批准，故案涉争议并非证券纠纷。据此，本案为申请认可和执行香港特别行政区非金融仲裁裁决的案件，应当根据两地安排进行审查。本案中，多个被申请人的住所地均在北京市，本案可以由北京市有管辖权的人民法院管辖。根据《北京市高级人民法院关于北京市第四中级人民法院案件管辖的规定（2018年修订）》第1条规定，北京市第四中级人民法院（北京铁路运输中级法院）管辖

---

① （2023）京民辖终2号。

"应由本市人民法院管辖的申请承认与执行外国仲裁裁决审查案件，申请认可与执行香港特别行政区、澳门特别行政区、台湾地区仲裁裁决审查案件"，而被申请人未能证明本案申请人还曾先于本案向其他有管辖权的法院申请认可和执行，故一审法院对本案具有管辖权。至于（2021）京74民特13号案件的裁判情况，因与本案不具有关联性，故不能作为认定本案管辖权的依据。综上，管辖权异议不能成立，不予支持。

北京市高级人民法院认为，本案争议焦点为案件争议是否属于北京金融法院管辖的第一审金融民商事纠纷范围。本案中，裁决的争议合同是框架协议，因该协议引起的纠纷虽然系因上市公司资产并购重组失败引发的相关合同纠纷，但本案所涉当事人系投资者、发行人、证券公司及其他中介机构等证券市场主体之外的相关主体，且所涉框架协议争议并不涉及并购交易本身，本案并无证据证明仲裁所涉争议为与证券交易有关的纠纷，故本案不属于证券纠纷，因证券虚假陈述责任纠纷系证券纠纷项下的四级案由，本案所涉仲裁争议并非证券市场投资人针对信息披露义务人主张证券虚假陈述责任的情形，故本案也不属于证券虚假陈述案件。与此同时，上诉人在本案主张的金融类民商事纠纷应属于《最高人民法院关于北京金融法院案件管辖的规定》（以下简称《北京金融法院管辖规定》）第1条明确规定的金融民商事纠纷的案件类型范围。本案系申请认可和执行香港特别行政区仲裁裁决案件，本身就不属于《北京金融法院管辖规定》第1条第5、6项规定的仲裁司法审查案件以及申请认可和执行香港特别行政区法院判决、裁定案件的情形，且仲裁所涉争议亦明显不属于《北京金融法院管辖规定》第1条第1、2、3、4项列举规定的其他应由北京金融法院管辖的金融民商事纠纷的案件类型范围。故本案所涉争议不属于北京金融法院管辖的第一审金融民商事纠纷范围。综上，本案系申请认可和执行香港非金融民商事纠纷仲裁裁决案件，根据《北京市高级人民法院关于北京市第四中级人民法院案件管辖的规定（2018年修订）》第1条第4项规定，北京市第四中级人民法院管辖申请认可与执行香港仲裁裁决审查案件，故一审法院对本案具有管辖权。

本案暴露出我国仲裁司法审查实践中的管辖碎片化以及尺度不统一问

题。本案的争议正是基于申请和执行香港金融类仲裁裁决的管辖权规定的理解差异以及所涉仲裁裁决的类型的认定分歧产生的，尽管北京市高级人民法院的二审裁定解决了管辖问题，但其说理不够周延，例如认为申请认可和执行香港特别行政区仲裁裁决案件本身不属于《北京金融法院管辖规定》第1条第5款所规定的仲裁司法审查案件似乎与最高人民法院的上述司法解释的口径有所不同。

（二）仲裁协议

1. 表见代理下所签署的仲裁协议的效力

在艺术马赛克有限责任公司（以下简称"艺术马赛克公司"）与宏冠公司申请承认和执行乌兹别克斯坦工商会国际商事仲裁院仲裁裁决案[①]中，宏冠公司以签署仲裁协议的人员非本公司员工为由，申请认定当事人之间不存在仲裁协议。法院认为刘某代表公司签署仲裁协议的行为构成表见代理，宏观公司应当受仲裁协议约束。

艺术马赛克公司与宏冠公司通过互联网订立国际货物买卖合同，约定如宏冠公司未按合同约定交付货物，艺术马赛克公司可根据仲裁协议向该公司所在地仲裁机构乌兹别克斯坦工商会国际商事仲裁院提起仲裁申请。艺术马赛克公司申请仲裁后，乌兹别克斯坦工商会国际商事仲裁院依法作出仲裁裁决，裁令由宏冠公司向艺术马赛克公司返还相应货款、承担赔偿金及仲裁费。艺术马赛克公司向广东省佛山市中级人民法院提出承认案涉仲裁裁决的申请。宏冠公司抗辩称签署合同的人员刘某并非其公司员工，无权代表其对外订立买卖合同，故其与艺术马赛克公司之间不存在仲裁协议，案涉仲裁裁决不应被承认。

本案的争议焦点为艺术马赛克公司与宏冠公司之间是否存在合法有效的仲裁协议。法院认为，由于中国和乌兹别克斯坦均为《承认及执行外国仲裁裁决公约》（简称《纽约公约》）缔约国，本案应适用《纽约公约》相关规定进行审查。根据《纽约公约》第2条、第4条的规定，判断案涉仲

---

① （2021）粤06协外认1号。

裁裁决是否符合《纽约公约》第5条"不予承认和执行条件"的前提是当事人之间是否存在合法有效的仲裁协议。结合案涉买卖合同的磋商情况、合同加盖宏冠公司业务章已经具备一定的外观形式、合同约定了宏冠公司联系地址、宏冠公司银行账户收取付款等事实，应当认定艺术马赛克公司有理由相信刘某有权代表宏冠公司与其订立案涉合同，合同中约定的仲裁协议成立，且效力及于宏冠公司，因此宏冠公司关于双方不存在仲裁协议以及不应承认本案仲裁裁决的主张不能成立。

本案的典型意义在于，本案仲裁裁决由乌兹别克斯坦仲裁机构作出，涉及中乌两国公司之间的国际货物买卖合同纠纷。在中方当事人加盖的印章为非经登记备案公章的情况下，法院结合合同的磋商、签订以及履行情况，认定外方当事人已尽到合理的注意义务，由此确认中外双方当事人之间存在有效的仲裁协议。本案体现了人民法院严格依照国际公约的规定承认"一带一路"共建国家仲裁机构所作裁决、切实履行国际条约义务的司法立场，有力服务保障高质量共建"一带一路"。

2. 涉港仲裁裁决的效力

在亿海国际有限公司（以下简称"亿海公司"）与顺联公司申请认可和执行香港国际仲裁中心仲裁裁决案①中，联顺公司主张双方之间不存在仲裁协议且认可和执行案涉仲裁裁决违背内地社会公共利益，对此应当不予认可和执行。法院认为当事人双方存在仲裁协议并且该仲裁协议与社会公共利益无关。

亿海公司与联顺公司洽谈交易，通过电子邮件及微信等电子通信途径磋商国际货物买卖合同，在双方就货物买卖要素初步达成一致后，亿海公司通过电子邮件向联顺公司发送了包含买卖交易基本要素的表格以及四份合同草案。联顺公司接收合同草案文本后就合同细节向亿海公司进行了回应，针对其中的三份合同草案分别提出卸货港、数量、滞期费的异议，但未对其中所载的仲裁条款提出异议。亿海公司进行相应修改并向联顺公司再次发送了合

---

① （2021）浙01认港1号。

同草案。联顺公司收到后，回复"等公司审批流程走完后回签"，但其后并未回签。后联顺公司以双方未签署合同为由，认为合同未成立并拒绝接货。前述四份合同草案均约定因合同产生的争议提交香港国际仲裁中心仲裁。2020年6月，亿海公司向香港国际仲裁中心申请仲裁，要求联顺公司赔偿违约损失并承担仲裁费用。香港国际仲裁中心于2021年5月作出仲裁裁决。亿海公司于2021年10月向浙江省杭州市中级人民法院申请认可和执行该仲裁裁决。

本案的争议焦点之一在于亿海公司与顺联公司之间的仲裁裁决是否有效。法院认为，该案应当适用仲裁裁决地法律即香港特别行政区法律对诉争仲裁协议是否有效进行审查。根据查明的香港特别行政区《仲裁条例》的规定和相关判例的观点，结合双方的过往交易背景，双方在合同磋商过程中交换了记载有仲裁条款的合同文本，虽然联顺公司并未主动向亿海公司发送合同文本，但就相应合同文本进行了回应，且未对仲裁条款提出异议。因此，即使双方最终并未一致签署该合同文本，基于仲裁协议效力的独立性原则，应当认定双方就四份合同草案所载的仲裁条款达成合意。该仲裁条款符合香港特别行政区《仲裁条例》第19条关于"合意提交仲裁"及"书面形式"要求，其合法成立并具有法律效力。不论双方是否形成合法有效的交易合同，均不影响该仲裁条款的效力。

本案的典型意义在于，该案根据《最高人民法院关于内地与香港特别行政区相互执行仲裁裁决的安排》第7条第1款的规定，在当事人未约定仲裁协议准据法的情况下，适用仲裁裁决作出地的法律判断仲裁协议成立问题，同时根据仲裁协议独立性原则，明确仲裁条款的成立可以独立于合同的成立之裁判规则，对同类案件的审查具有参考意义。

3. 瑕疵合同下仲裁条款的效力

在申请人北京福田国际贸易有限公司（以下简称"福田国际公司"）与被申请人 AUTOMOTIVETRUCKSS. A. DECV.（以下简称"AT 公司"）申请确认仲裁协议效力案①中，福田国际公司称仲裁协议不具有真实性和合

---

① （2022）京 04 民特 222 号。

法性，申请确认 AT 公司提交的仲裁协议无效。法院认为案涉的仲裁协议合法有效。

福田国际公司与 AT 公司于 2018 年 9 月 13 日签订的《整车经销协议》第 14.2 条约定："由本协议引起的或与本协议相关的任何争议首先由协议双方协商解决，协商不成的，该争议提交至位于北京的北京国际仲裁中心进行仲裁，仲裁应根据该中心于申请仲裁之时有效的仲裁规则进行，仲裁结果作为最终结果，对协议双方具有约束力。"协议签字页中"供应商名称"处有手写的"FOTONINTL"，"授权代表姓名"处有手写"刘某"的签名。福田国际公司称 AT 公司提交的《整车经销协议》签字页"供应商"处既无北汽福田公司盖章，也无福田国际公司盖章，签署页中的"供应商名称"处有手写"FOTONINTL."字样，明显与首页所载的北汽福田公司冲突，因此《整车经销协议》并未在相关主体之间形成任何合意。AT 公司提交了其与福田国际公司的往来邮件，邮件显示，刘某一直代表福田国际公司与 AT 公司磋商沟通，而福田国际公司为北汽福田公司的全资子公司，福田国际公司的英文名称为"Foton International Trade Co. Ltd. Beijing"。AT 公司称《整车经销协议》已经实际履行了近五年之久，双方签署和实际履行情况均能证明福田国际公司主张仲裁条款无效的理由不能成立。

本案的争议焦点在于福田国际公司与 AT 公司对仲裁的意思表示是否真实。对此，法院认为，对于合同首页载明的"北汽福田公司"而言，从其是"福田国际公司"唯一股东的实际情况来看，AT 公司提出的"福田国际公司"系套用"北汽福田公司"合同模板的主张具有可信性，且"刘某"一直代表福田国际公司与 AT 公司磋商沟通，故可以认定上述签字为福田国际公司的真实意思表示，综上，《整车经销协议》第 14.2 条为合法有效的仲裁条款。

仲裁协议系当事人约定将争议提交仲裁解决的意思表示，有效的仲裁协议是实现当事人仲裁意愿的前提，也是仲裁庭有权进行仲裁的基础。法院不拘泥于仲裁协议的书面形式，从本案协议的实际履行情况探求当事人意思表示的真实性，以防案件当事人恶意诉讼，保护了境外主体的合同和仲裁利

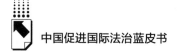

益，避免仲裁案件被恶意拖延。

4. 仲裁条款效力的独立性

在赵某等与毛某某申请确认仲裁协议效力案[①]中，申请人北京鸿坤伟业房地产开发有限公司（以下简称"鸿坤伟业公司"）、赵某与被申请人毛某某于 2014 年 11 月 19 日签订了《CEO 股权激励协议》。协议约定：如发生争议，各方同意依据中国法律提交中国国际经济贸易仲裁委员会（以下简称"贸仲"）在北京按当时有效的仲裁规则裁决。2018 年，鸿坤伟业公司、赵某与毛某某签订了《合同终止确认书》，明确约定三方签订的《CEO 股权激励协议》的效力随《劳动合同》于 2018 年 3 月 30 日一并终止，但该协议中并没有另行约定纠纷解决方式。2023 年 3 月 29 日，毛某某作为申请人就《CEO 股权激励协议》所引起的争议以鸿坤伟业公司、赵某为被申请人向贸仲提出仲裁申请。2023 年 4 月 28 日，在鸿坤伟业公司、赵某提出仲裁管辖异议后，贸仲决定本案程序继续进行，管辖权问题将在仲裁庭对本案进行实体审理后再予以决定。随后，鸿坤伟业公司、赵某请求人民法院确认《CEO 股权激励协议》无效，且贸仲对案件无管辖权。被申请人毛某某为新加坡共和国籍，本案为涉外仲裁司法审查案件。

当事人虽未在《CEO 股权激励协议》中约定适用的法律，但约定了仲裁地为中华人民共和国北京市，故中华人民共和国法律应当作为审查本案所涉仲裁协议效力的准据法。根据《中华人民共和国仲裁法》（以下简称《仲裁法》）第 20 条第 1 款的规定，当事人对仲裁协议的效力有异议的，可以请求仲裁委员会作出决定或者请求人民法院作出裁定。鸿坤伟业公司、赵某虽已向贸仲提出管辖权异议，但贸仲并未就管辖权作出决定，故鸿坤伟业公司、赵某有权向法院提出确认仲裁协议效力的申请。

北京市第四中级人民法院认为，本案中，《CEO 股权激励协议》第 7 条的约定能够体现各方明确的仲裁意思表示、约定的仲裁事项和仲裁委员会，具备《仲裁法》第 16 条规定的仲裁协议合法有效的形式要件，且不存在

---

① （2023）京 04 民特 645 号。

《仲裁法》第 17 条规定的仲裁协议无效之情形。另根据《仲裁法》第 19 条规定，仲裁协议独立存在，合同的变更、解除、中止或者无效，不影响仲裁协议的效力。现《CEO 股权激励协议》已经双方盖章，应视为各方就仲裁协议达成合意，在后签订的《合同终止确认书》中，各方并未就纠纷解决方式另行作出约定，且《CEO 股权激励协议》是否终止不影响仲裁条款的法律效力。鸿坤伟业公司、赵某申请确认仲裁协议无效的理由不能成立，故法院驳回鸿坤伟业公司、赵某的申请。

《仲裁法》第 19 条规定："仲裁协议独立存在，合同的变更、解除、终止或者无效，不影响仲裁协议的效力。"《中华人民共和国民法典》第 507 条规定："合同不生效、无效、被撤销或者终止的，不影响合同中有关解决争议方法的条款的效力。"上述法律规定表明，仲裁协议的独立性使合同中的仲裁条款在合同终止后依旧具有法律效力。

（三）仲裁裁决

1. 仲裁裁决与公共政策

在 QMS 角斗士公司（以下简称"角斗士公司"）与天津海曦一号船舶租赁有限公司（以下简称"海曦公司"）申请承认与执行新加坡海事仲裁院作出的仲裁裁决效力案[①]中，角斗士公司称海曦公司案涉仲裁裁决违反我国强制性法律规定，不应在我国被承认和执行，否则将有违我国的相关公共政策与行政法规。法院认为承认和执行案涉仲裁裁决不违背我国的公共政策。

2021 年 2 月 5 日，角斗士公司与海曦公司签订光船租赁合同，将原船籍为巴拿马籍的"QMSGladiator"轮船租赁给海曦公司。合同约定，发生争议应适用英格兰法并在新加坡按照新加坡海事仲裁院（以下简称"SCMA"）现行有效的仲裁规则进行仲裁。合同履行期间，海曦公司拖欠合同项下应付租金以及其他应付款项，经角斗士公司多次催告仍不履行，角斗士公司依约于

---

① （2023）津 72 协外认 1 号。

2022 年 3 月 25 日向海曦公司发出正式的解除合同通知。根据合同约定，海曦公司在合同解除后应及时还船，且确保案涉船舶的光船租赁登记已经被注销，并恢复原船籍登记。但海曦公司怠于履行办理注销船舶光船租赁登记的合同义务，导致角斗士公司无法恢复对船舶的事实占有和使用。角斗士公司依约于 2022 年 7 月 13 日在新加坡提起仲裁，新加坡海事仲裁院作出仲裁裁决，角斗士公司向天津海事法院申请承认与执行该仲裁裁决。海曦公司陈述意见称，注销船舶注册登记应适用我国法律，还应符合我国海事行政主管机关的文件要求。案涉仲裁裁决违反我国强制性法律规定，符合《纽约公约》第 5 条第 2 项所列情形，不应在我国被承认和执行，否则将有违我国的相关公共政策与行政法规。

法院认为，我国和新加坡均为《纽约公约》的缔约国，根据《中华人民共和国民事诉讼法》第 290 条的规定，案涉仲裁裁决是否应当予以承认和执行，应当依照《纽约公约》的相关规定审查。经审查，角斗士公司依照合同约定向 SCMA 申请仲裁，仲裁庭裁决的是海曦公司依据合同是否应承担注销船舶光船租赁登记的义务，并未就如何具体办理注销船舶光船租赁登记手续进行裁决。案涉仲裁裁决也明确表示，注销船舶光船租赁登记应遵循我国法律。因此，承认和执行案涉仲裁裁决不违背我国的公共政策，不符合《纽约公约》第 5 条第 2 款所列情形，法院应承认与执行案涉仲裁裁决。

《纽约公约》将违背公共政策作为拒绝承认和执行外国仲裁裁决的理由之一，但是没有规定公共政策的具体内容。由于公共政策被视为审查外国仲裁裁决的安全阀，各国法院在具体案件中根据本国实际情况对公共政策进行解释。各国法院均对公共政策持限制适用立场，只有承认和执行仲裁裁决的结果与各国的公序良俗相悖时才予以适用。本案中，法院明确区分仲裁裁决的具体事项，确定外国仲裁机构并未对我国强制性法律所规定的事项进行仲裁，可以看出中国法院严格审慎适用公共政策，善意履行国际条约义务。

2. 国际条约的适用与解释

在威仕中国进口有限公司（以下简称"威仕公司"）申请承认和执行汉堡市商品交易注册协会仲裁庭仲裁裁决案①中，威仕公司与四川荣丰进出口有限责任公司（以下简称"四川荣丰公司"）仲裁案由德国汉堡市商品交易注册协会仲裁庭受理并于2020年3月作出裁决，裁决要求四川荣丰公司向威仕公司支付货款。2022年，威仕公司向成都市中级人民法院申请承认和执行该仲裁裁决。四川荣丰公司以我国对《海牙送达公约》中通过邮寄途径对司法文书进行送达的条款作出保留为由，主张其未收到仲裁开庭等程序的适当通知，因而根据《纽约公约》第5条第1款（乙）项有关"适当通知"的要求，该仲裁裁决不应被承认和执行。

本案争议焦点为汉堡市商品交易注册协会仲裁庭送达的仲裁文书是否符合《纽约公约》关于"适当通知"的要求。成都市中级人民法院认为，本案依法应当适用德国民事诉讼法。《海牙送达公约》仅适用于司法文书，而不适用于仲裁程序文书的送达。案涉仲裁裁决载明，汉堡市商品交易注册协会仲裁庭通过邮寄方式向四川荣丰公司发送仲裁文书但被拒收。根据《德国民事诉讼法》（ZPO）第179条第3款，虽然四川荣丰公司拒收相关文书，但文书被视为已送交。并且，四川省高级人民法院向该地址及联系电话成功送达案涉仲裁裁决书。因此，汉堡市商品交易注册协会仲裁庭寄送的仲裁程序文书应视为寄送实际到达或足以推定四川荣丰公司能够收到该邮件，达到了《纽约公约》"适当通知"的标准。因本案不存在《纽约公约》第5条第2款规定的拒绝承认和执行仲裁裁决的情形，故成都市中级人民法院裁定承认和执行案涉仲裁裁决。

本案被纳入最高人民法院2023年度涉外民商事案件适用国际条约和国际惯例的典型案件，法院在本案中善意解释、准确适用国际公约承认和执行外国仲裁裁决，为国际条约适用的司法实践提供了参考。本案法院准确理解《海牙送达公约》的适用范围，明确《海牙送达公约》不适用于仲裁程序文书

---

① （2022）川01协外认5号。

的送达。同时，本案法院对《纽约公约》第 5 条第 1 款（乙）项中的"适当通知"的判断标准进行了善意、合理的解释，平等地保护中外当事人合法权益，彰显了中国法院严格履行国际条约义务和积极支持国际仲裁的司法立场。

结　语

2023 年，全国各级法院积极加强涉外司法审判工作，审结大量涉外案件，受理涉外案件数量稳步上升；案件类型多样，新型案件数量持续增加；涉外民商事案件总体标的额较大，整体呈增长态势；在审理涉外案件时，我国法院能全面、精确地适用国际条约。

在管辖权方面，在审理涉外民商事案件时，适用不方便法院原则的前提是我国法院对案件本身享有管辖权，且同时满足《民诉法解释》第 536 条所规定的全部条件。① 在认定不对称管辖条款时，这种条款作为诉讼权利自由处分原则下对一方当事人诉讼权利义务的重大例外限制，在适用时须经表述清晰、明确、严格的认定。② 在涉外侵害发明专利权纠纷案件中，侵权产品销售者是否已经注销，并不影响侵权行为地的认定，也不影响法院对案件的管辖权。③ 对于当事人因海运单约定的管辖权条款引发的争议，因涉案海运单未直接记载管辖权条款的内容，该管辖权条款不构成合同内容。④

在涉外案件审理过程中，需要涉外送达的司法文书应当按照现行相关法律法规进行处理，当事人因拒不配合导致无法进行涉外送达的，应自行承担相应后果。⑤

在法律适用方面，应首先明确涉外备用信用证案件的性质，再确定应当适用的准据法；⑥ 在涉及标准必要专利使用费及侵害发明专利权的纠纷中，

---

① 参见（2023）新民辖终 48 号、（2022）京民辖终 278 号。
② 参见（2021）最高法民再 277 号。
③ 参见（2022）最高法知民辖终 443 号。
④ 参见（2023）沪民辖终 70 号。
⑤ 参见（2023）京民申 3361 号。
⑥ 参见（2020）最高法商初 3 号。

对案件事实使用分割方法，根据具体实体问题分别定性，确定应适用的法律;① 对于博彩信贷合同纠纷，在依据法律事实的特性确定应适用的准据法后，法院应依职权查明，而非径行以赌博债务违反公序良俗、损害内地的社会公共利益为由适用内地法律;② 对国际条约调整范围内的涉外民商事案件，应优先适用国际条约的规定,③ 反之，则不予适用;④ 当我国缔结的国际条约与国内法有不同规定时，应优先适用国际条约的规定;⑤ 在认可与执行台湾地区法院所作判决时，对于社会公共利益应采取严格解释的做法。⑥

在外国法院判决的承认与执行方面，我国法院首次依据《取消外国公文书认证要求的公约》，不仅便利跨国诉讼和外国判决的承认与执行，还体现了我国法院全面履行国际公约义务的司法担当。⑦

在涉外仲裁司法监督方面，我国法院明确申请认可和执行香港非金融民商事纠纷仲裁裁决案件，不属于金融法院的管辖范围;⑧ 在表见代理下所签署的仲裁协议，在双方当事人之间有效;⑨ 在当事人未约定仲裁协议准据法的情况下，适用仲裁裁决作出地的法律判断涉港仲裁协议的成立问题，同时根据仲裁协议独立性原则，明确仲裁条款的效力;⑩ 对于瑕疵合同下仲裁条款的效力，应根据协议的实际履行情况探求当事人意思表示的真实性;⑪ 仲裁协议的独立性使合同中的仲裁条款在合同终止后依旧具有法律效力。⑫ 对于仲裁裁决的承认与执行，应当区分仲裁裁决的具体事项，依照《纽约公

---

① 参见（2022）最高法知民终 907、910、911、916、917、918 号。
② 参见（2021）粤 01 民终 2980 号。
③ 参见（2023）粤 2071 民初 2659 号。
④ 参见（2022）京 04 民初 419 号。
⑤ 参见（2022）京 04 民初 294 号。
⑥ 参见（2021）沪 74 认台 1 号。
⑦ 参见（2023）川 01 协外认 15 号。
⑧ 参见（2023）京民辖终 2 号。
⑨ 参见（2021）粤 06 协外认 1 号。
⑩ 参见（2021）浙 01 认港 1 号。
⑪ 参见（2022）京 04 民特 222 号。
⑫ 参见《2023》京 04 民特 645 号。

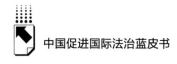

约》第 5 条规定审查是否存在拒绝予以承认和执行外国仲裁裁决的情形。①

　　总体上看，各级人民法院在裁判文书中详细论述裁判要旨的形成依据，对案件涉及的理论问题进行了积极探索，严格审慎适用公共政策，善意履行国际条约义务，平等保护中外双方当事人的合法权益。同时，部分法院在司法中对不对称管辖条款认定不清，适用情形存在误解②以及仲裁司法审查实践中的管辖碎片化、尺度不统一、说理不周延的问题依然存在，③ 审理涉博彩信贷合同纠纷案件的经验不足，熟练运用国际私法的分割方法区分案件事实、确定准据法的司法能力有待进一步提高。④

---

① 参见（2023）津 72 协外认 1 号、（2022）川 01 协外认 5 号。

② 参见（2021）最高法民再 277 号。

③ 参见（2023）京民辖终 2 号。

④ 参见（2021）粤 01 民终 2980 号。

B.5

2023年中国促进国际法治：国际制度

聂建强　潘雪娇*

摘　要： 　2023年，世界大变局加速演进，世界之变、时代之变、历史之变正以前所未有的方式展开，世界进入新的动荡变革期。和平赤字、发展赤字、治理赤字加重，人类社会面临前所未有的挑战，国际制度亟需调整和变革。中国继续推动构建人类命运共同体，提升国际制度的价值目标；发布《全球安全倡议概念文件》，为全球安全制度变革贡献中国智慧；举办第三届"一带一路"国际合作高峰论坛，为全球共同发展贡献中国方案；积极谈判或签署经贸协定，倡导普惠包容的经济全球化；积极参与全球环境与气候治理，推动制度发展；批准民事和刑事司法协助条约、维护跨国交往的法律秩序。中国以实际行动践行共建人类命运共同体的伟大目标，进一步推动国际制度正当性和有效性的发展。

关键词： 　国际制度　人类命运共同体　中国贡献

　　2023年，世界大变局加速演进。大国博弈日趋激烈，地缘冲突不断加剧，传统与非传统安全威胁交织叠加，当前全球安全治理架构难以化解不断积累的和平赤字、安全赤字。[①] 逆全球化、泛安全化、单边主义和保护主义依然横行，世界经济、贸易、金融、能源安全和粮食安全等面临多重挑战。环境恶化、气候变化、生物多样性减少。全球发展不平衡加剧。人工智能和

---

* 聂建强，武汉大学法学院教授、教育部重点研究基地武汉大学国际法研究所副所长；潘雪娇，教育部重点研究基地武汉大学国际法研究所国际经济法2020级博士研究生。
① 《让平安的钟声响彻人间——中国践行全球安全倡议守护世界和平安宁》，新华社，2023年4月22日，https://www.gov.cn/yaowen/2023-04/22/content_5752621.htm，最后访问时间：2023年12月31日。

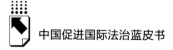
物联网等新技术的挑战日益凸显。面对困难和挑战，中国作为负责任大国，继续积极推动构建人类命运共同体；坚持共同、综合、合作、可持续的安全观，坚定维护世界和平与安全；举办第三届"一带一路"国际合作高峰论坛，为全球发展提供公共产品；倡导普惠包容的经济全球化，推动多边经贸制度发展；积极参与全球环境与气候治理，推动制度发展；批准民事和刑事司法协助条约，维护跨国交往的法律秩序。

一 持续推动构建人类命运共同体

构建人类命运共同体是习近平外交思想的核心理念，体现了中国共产党人的世界观、秩序观、价值观，顺应了各国人民的普遍愿望，指明了世界文明进步的方向。① 2023 年 9 月 26 日，国务院新闻办公室在北京举行《携手构建人类命运共同体：中国的倡议与行动》白皮书新闻发布会。② 构建人类命运共同体从中国倡议扩大为国际共识，从美好愿景转化为丰富实践，从理念主张发展为科学体系。

2023 年，中国继续扩大构建人类命运共同体国际共识的朋友圈。中国与老挝③、沙特阿拉伯④、菲律宾⑤、土库曼斯坦⑥、柬埔寨⑦、

---

① 《中央外事工作会议在北京举行 习近平发表重要讲话》，新华网，2023 年 12 月 28 日，http://www.news.cn/world/20231228/a16155fae06d4ba38ed909e5afb75098/c.html，最后访问时间：2023 年 12 月 31 日。

② 《携手构建人类命运共同体：中国的倡议与行动》，新华网，2023 年 9 月 26 日，http://www.news.cn/world/2023-09/26/c_1129885548.htm，最后访问时间：2023 年 12 月 31 日。

③ 参见《关于进一步深化中老命运共同体建设的联合声明》，新华网，2022 年 12 月 1 日，http://m.news.cn/2022-12/01/c_1129177271.htm，最后访问时间：2023 年 12 月 31 日。

④ 参见《中华人民共和国和沙特阿拉伯王国联合声明》，新华网，2022 年 12 月 9 日，http://www.news.cn/world/2022-12/09/c_1129196884.htm，最后访问时间：2023 年 12 月 31 日。

⑤ 参见《中华人民共和国和菲律宾共和国联合声明》，新华网，2023 年 1 月 5 日，http://www.news.cn/world/2023-01/05/c_1129256979.htm，最后访问时间：2023 年 12 月 31 日。

⑥ 参见《中华人民共和国和土库曼斯坦联合声明》，新华网，2023 年 1 月 6 日，http://www.news.cn/2023-01/06/c_1129261693.htm，最后访问时间：2023 年 12 月 31 日。

⑦ 参见《中华人民共和国和柬埔寨王国关于构建新时代中柬命运共同体的联合声明》，新华网，2023 年 2 月 11 日，http://www.news.cn/world/2023-02/11/c_1129357286.htm，最后访问时间：2023 年 12 月 31 日。

白俄罗斯①、俄罗斯②、加蓬③、哈萨克斯坦④、乌兹别克斯坦⑤、塔吉克斯坦⑥、刚果（金）⑦、洪都拉斯⑧、巴勒斯坦国⑨、所罗门群岛⑩、阿尔及利亚⑪、格鲁吉亚⑫、贝宁共和国⑬、委内瑞拉⑭、

① 参见《中华人民共和国和白俄罗斯共和国关于新时代进一步发展两国全天候全面战略伙伴关系的联合声明》，新华网，2023年3月2日，http：//www. news. cn/2023 - 03/02/c_1129407494. htm，最后访问时间：2023年12月31日。

② 参见《中华人民共和国和俄罗斯联邦关于深化新时代全面战略协作伙伴关系的联合声明》，新华网，2023年3月22日，http：//m. news. cn/2023-03/22/c_1129452484. htm，最后访问时间：2023年12月31日。

③ 参见《中华人民共和国和加蓬共和国关于建立全面战略合作伙伴关系的联合声明》，新华网，2023年4月19日，http：//www. news. cn/2023-04/19/c_1129539956. htm，最后访问时间：2023年12月31日。

④ 参见《中华人民共和国和哈萨克斯坦共和国联合声明》，新华网，2023年5月17日，http：//www. news. cn/2023-05/17/c_1129623330. htm，最后访问时间：2023年12月31日。

⑤ 《中华人民共和国和乌兹别克斯坦共和国联合声明》（第2、16条），新华网，2023年5月18日，http：//www. news. cn/2023-05/18/c_1129626805. htm，最后访问时间：2023年12月31日。

⑥ 《中华人民共和国和塔吉克斯坦共和国联合声明》（第2条），新华网，2023年5月18日，http：//www. news. cn/2023-05/18/c_1129626095. htm，最后访问时间：2023年12月31日。

⑦ 《中华人民共和国和刚果民主共和国关于建立全面战略合作伙伴关系的联合声明》（第1.8条），新华网，2023年5月26日，http：//www. news. cn/2023 - 05/26/c_1129649042. htm，最后访问时间：2023年12月31日。

⑧ 参见《中华人民共和国和洪都拉斯共和国联合声明》，新华网，2023年6月12日，http：//www. news. cn/world/2023-06/12/c_1129689019. htm，最后访问时间：2023年12月31日。

⑨ 参见《中华人民共和国和巴勒斯坦国关于建立战略伙伴关系的联合声明》，新华网，2023年6月14日，http：//www. news. cn/politics/2023-06/14/c_1129694680. htm，最后访问时间：2023年12月31日。

⑩ 参见《中华人民共和国和所罗门群岛关于建立新时代相互尊重、共同发展的全面战略伙伴关系的联合声明》，新华网，2023年7月10日，http：//www. news. cn/politics/leaders/2023-07/10/c_1129742152. htm，最后访问时间：2023年12月31日。

⑪ 双方强调支持"全力构建面向新时代的中阿命运共同体"倡议。参见《中华人民共和国和阿尔及利亚民主人民共和国联合声明》，新华网，2023年7月18日，http：//www. news. cn/2023-07/18/c_1129756487. htm，最后访问时间：2023年12月31日。

⑫ 参见《中华人民共和国与格鲁吉亚关于建立战略伙伴关系的联合声明》，新华网，2023年7月31日，http：//www. news. cn/2023-07/31/c_1129777665. htm，最后访问时间：2023年12月31日。

⑬ 参见《中华人民共和国和贝宁共和国关于建立战略伙伴关系的联合声明》，新华网，2023年9月1日，http：//m. news. cn/2023-09/01/c_1129841168. htm，最后访问时间：2023年12月31日。

⑭ 参见《中华人民共和国和委内瑞拉玻利瓦尔共和国关于建立全天候战略伙伴关系的联合声明》，新华网，2023年9月13日，http：//m. news. cn/2023-09/13/c_1129861959. htm，最后访问时间：2023年12月31日。

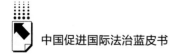

赞比亚①、叙利亚②、东帝汶③、尼泊尔④、埃塞俄比亚⑤、智利⑥、巴布亚新几内亚⑦、印度尼西亚⑧、斯里兰卡⑨、巴基斯坦⑩、乌拉圭⑪、越南⑫和尼加拉瓜⑬等 32 个国家共同发布的联合声明中都包含共建人类命运共同体的条款和内容。

---

① 参见《中华人民共和国和赞比亚共和国关于建立全面战略合作伙伴关系的联合声明》，新华网，2023 年 9 月 15 日，http：//www. news. cn/world/2023-09/15/c_1129865529. htm，最后访问时间：2023 年 12 月 31 日。

② 参见《中华人民共和国和阿拉伯叙利亚共和国关于建立战略伙伴关系的联合声明》，新华网，2023 年 9 月 22 日，http：//m. news. cn/2023-09/22/c_1129878573. htm，最后访问时间：2023 年 12 月 31 日。

③ 参见《中华人民共和国和东帝汶民主共和国关于建立全面战略伙伴关系的联合声明》，新华网，2023 年 9 月 23 日，http：//www. news. cn/2023-09/23/c_1129879475. htm，最后访问时间：2023 年 12 月 31 日。

④ 参见《中华人民共和国和尼泊尔联合声明》，新华网，2023 年 9 月 26 日，http：//www. news. cn/2023-09/26/c_1129885416. htm，最后访问时间：2023 年 12 月 31 日。

⑤ 参见《中华人民共和国与埃塞俄比亚联邦民主共和国关于建立全天候战略伙伴关系的联合声明》，新华网，2023 年 10 月 17 日，http：//www. news. cn/world/2023-10/17/c_112992 1428. htm，最后访问时间：2023 年 12 月 31 日。

⑥ 参见《中华人民共和国和智利共和国联合声明》，新华网，2023 年 10 月 17 日，http：//www. news. cn/world/2023-10/17/c_1129921212. htm，最后访问时间：2023 年 12 月 31 日。

⑦ 参见《中华人民共和国和巴布亚新几内亚独立国联合声明》，新华网，2023 年 10 月 17 日，http：//www. news. cn/world/2023-10/17/c_1129921957. htm，最后访问时间：2023 年 12 月 31 日。

⑧ 参见《中华人民共和国和印度尼西亚共和国关于深化全方位战略合作的联合声明》，新华网，2023 年 10 月 18 日，http：//www. news. cn/world/2023-10/18/c_1129923743. htm，最后访问时间：2023 年 12 月 31 日。

⑨ 参见《中华人民共和国和斯里兰卡民主社会主义共和国联合声明》，新华网，2023 年 10 月 21 日，http：//m. news. cn/2023-10/21/c_1129929014. htm，最后访问时间：2023 年 12 月 31 日。

⑩ 参见《中华人民共和国和巴基斯坦伊斯兰共和国联合新闻声明》，新华网，2023 年 10 月 21 日，http：//www. news. cn/world/2023-10/21/c_1129929011. htm，最后访问时间：2023 年 12 月 31 日。

⑪ 参见《中华人民共和国和乌拉圭东岸共和国关于建立全面战略伙伴关系的联合声明》，新华网，2023 年 11 月 24 日，http：//www. news. cn/2023-11/24/c_1129990930. htm，最后访问时间：2023 年 12 月 31 日。

⑫ 参见《中华人民共和国和越南社会主义共和国关于进一步深化和提升全面战略合作伙伴关系、构建具有战略意义的中越命运共同体的联合声明》，新华网，2023 年 12 月 13 日，http：//m. news. cn/2023-12/13/c_1130025125. htm，最后访问时间：2023 年 12 月 31 日。

⑬ 参见《中华人民共和国和尼加拉瓜共和国关于建立战略伙伴关系的联合声明》，新华网，2023 年 12 月 21 日，http：//m. news. cn/2023-12/21/c_1130038468. htm，最后访问时间：2023 年 12 月 31 日。

除了与有关国家共同发表双边联合声明以外，2023年《首届中阿峰会利雅得宣言》①、《中国-中亚峰会西安宣言》②、"77国集团和中国"峰会《哈瓦那宣言》③、《金砖国家领导人第十五次会晤约翰内斯堡宣言》④、《上海合作组织成员国元首理事会新德里宣言》⑤和《中非领导人对话会联合声明》⑥等区域性宣言和声明中都确认人类命运共同体的理念价值，承诺、呼吁推动构建人类命运共同体。

综上，构建人类命运共同体的观念日益深入人心，构建人类命运共同体的实践稳步推进，构建人类命运共同体已发展成为丰富的理论体系和实践指引。构建人类命运共同体以建设持久和平、普遍安全、共同繁荣、开放包容、清洁美丽的世界为努力目标，以推动共商共建共享的全球治理为实现路径，以践行全人类共同价值为普遍遵循，以推动构建新型国际关系为基本支撑，以落实全球发展倡议、全球安全倡议、全球文明倡议为战略引领，以高质量共建"一带一路"为实践平台，推动各国携手应对挑战、实现共同繁荣，推动世界走向和平、安全、繁荣、进步的光明前景。⑦

---

① 《首届中阿峰会利雅得宣言》，新华网，2022年12月10日，http：//m. news. cn/2022-12/10/c_1129197331. htm，最后访问时间：2023年12月31日。
② 《中国-中亚峰会西安宣言全文》，新华网，2023年5月19日，http：//www. news. cn/2023-05/19/c_1129629700. htm，最后访问时间：2023年12月31日。
③ 《"77国集团和中国"峰会通过〈哈瓦那宣言〉》，新华网，2023年9月17日，http：//www. news. cn/2023-09/17/c_1129868066. htm，最后访问时间：2023年12月31日。
④ 《金砖国家领导人第十五次会晤约翰内斯堡宣言》，新华网，2023年8月25日，http：//www. news. cn/2023-08/25/c_1129823229. htm，最后访问时间：2023年12月31日。
⑤ 《上海合作组织成员国元首理事会新德里宣言》，新华网，2023年7月5日，http：//www. news. cn/2023-07/05/c_1129732703. htm，最后访问时间：2023年12月31日。
⑥ 《中非领导人对话会联合声明》，人民网，2023年8月26日，http：//world. people. com. cn/n1/2023/0826/c1002-40064282. html，最后访问时间：2023年12月31日。
⑦ 《人民日报评论员：高高举起构建人类命运共同体光辉旗帜——二论贯彻落实中央外事工作会议精神》，新华网，2023年12月30日，http：//www. news. cn/politics/20231230/4be8aba2e2e94ab2885e2991ca751719/c. html，最后访问时间：2023年12月31日。

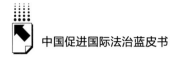

二 积极践行全球安全倡议

继 2022 年 4 月 21 日习近平主席郑重提出全球安全倡议，中国于 2023 年 2 月 21 日发布了《全球安全倡议概念文件》（以下简称《概念文件》），阐释倡议的核心理念和原则，明确重点合作方向和平台机制。

全球安全倡议的核心理念与原则包括"六个坚持"，即坚持共同、综合、合作、可持续的安全观，坚持尊重各国主权、领土完整，坚持遵守《联合国宪章》宗旨和原则，坚持重视各国合理安全关切，坚持通过对话协商以和平方式解决国家间的分歧和争端，以及坚持统筹维护传统领域和非传统领域安全。①

《概念文件》还列明 20 个重点合作方向，既涉及联合国在全球安全中的地位和作用以及大国在维护国际和平与安全上承担的特殊重要责任等重大问题，也涉及核安全、国际和地区热点问题的政治解决、海上安全、反恐、信息安全、生物安全、新兴科技领域国际安全、外空领域、全球公共卫生治理、全球粮食和能源安全、打击跨国犯罪和可持续安全等广泛领域的重点问题。②

中国积极践行全球安全倡议。面对乌克兰危机，中国于 2023 年 2 月 24 日发布了《关于政治解决乌克兰危机的中国立场》。联合国秘书长发言人迪雅里克表示，中方发布的《关于政治解决乌克兰危机的中国立场》文件是一项重要贡献。③ 在巴以冲突问题上，中国外交部于 2023 年 11 月 30 日发布《中国关于解决巴以冲突的立场文件》，强调全面停火止战、切实保护平民、

---

① 《全球安全倡议概念文件》，新华网，2023 年 2 月 21 日，http：//www.news.cn/2023-02/21/c_1129382628.htm，最后访问时间：2023 年 12 月 31 日。

② 《全球安全倡议概念文件》，新华网，2023 年 2 月 21 日，http：//www.news.cn/2023-02/21/c_1129382628.htm，最后访问时间：2023 年 12 月 31 日。

③ 《联合国秘书长发言人：中国关于政治解决乌克兰危机的立场文件是一项重要贡献》，新华网，2023 年 2 月 25 日，http：//www.news.cn/2023-02/25/c_1129396225.htm，最后访问时间：2023 年 12 月 31 日。

确保人道主义救援、加大外交斡旋和寻求政治解决。①

中国深度参与传统安全和非传统安全领域的国际治理，积极阐述中国主张。中国呼吁《禁止化学武器公约》缔约国推动禁化武组织回归正确轨道；② 阐述中国核领域治理主张，呼吁充分发挥《不扩散核武器条约》服务世界安全与发展的时代作用；③ 呼吁国际社会大力支持建立中东无核及其他大规模杀伤性武器区；④ 推动《禁止生物武器公约》第九次审议大会达成最后文件，致力于探讨达成包括具有法律约束力方式在内的加强公约措施。⑤

中国还积极谈判、缔结和批准相关的国际法律文书，于 2023 年 6 月 28 日批准《关于制止非法劫持航空器的公约的补充议定书》，⑥ 于 2023 年 10 月 24 日批准《联合国打击跨国有组织犯罪公约关于打击非法制造和贩运枪支及其零部件和弹药的补充议定书》（简称《枪支议定书》），⑦ 这是我国

① 《外交部发布〈中国关于解决巴以冲突的立场文件〉》，新华网，2023 年 11 月 30 日，http://www.news.cn/world/2023-11/30/c_1130000402.htm，最后访问时间：2023 年 12 月 31 日。

② 《中国代表呼吁〈禁止化学武器公约〉缔约国推动禁化武组织回归正确轨道》，新华网，2023 年 5 月 16 日，http://www.news.cn/2023-05/16/c_1129619989.htm，最后访问时间：2023 年 12 月 31 日。

③ 《中国呼吁充分发挥〈不扩散核武器条约〉服务世界安全与发展的时代作用》，人民网，2023 年 8 月 2 日，http://world.people.com.cn/n1/2023/0802/c1002-40048517.html，最后访问时间：2023 年 12 月 31 日。

④ 《中方呼吁国际社会大力支持建立中东无核及其他大规模杀伤性武器区》，新华网，2023 年 11 月 14 日，http://world.people.com.cn/n1/2023/1114/c1002-40117443.html，最后访问时间：2023 年 12 月 31 日。

⑤ 《中国成功推动〈禁止生物武器公约〉审议大会取得积极成果》，新华网，2022 年 12 月 17 日，http://world.people.com.cn/n1/2022/1217/c1002-32588892.html，最后访问时间：2023 年 12 月 31 日。

⑥ 《全国人民代表大会常务委员会关于批准〈关于制止非法劫持航空器的公约的补充议定书〉的决定》，人民网，2023 年 6 月 29 日，http://politics.people.com.cn/n1/2023/0629/c1001-40023471.html，最后访问时间：2023 年 12 月 31 日。

⑦ 《全国人民代表大会常务委员会关于批准〈联合国打击跨国有组织犯罪公约关于打击非法制造和贩运枪支及其零部件和弹药的补充议定书〉的决定》，新华网，2023 年 10 月 24 日，http://www.news.cn/2023-10/24/c_1129936156.htm，最后访问时间：2023 年 12 月 31 日。

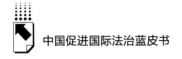

积极落实全球安全倡议、践行多边主义、维护国际和地区和平稳定的重要举措。①

三 举办第三届"一带一路"国际合作高峰论坛

2023 年是"一带一路"倡议提出十周年。十年来，共建"一带一路"坚持真正的多边主义，践行共商共建共享的全球治理观，已成为广受欢迎的国际公共产品，是构建人类命运共同体的重大实践。②

2023 年 10 月 18 日，第三届"一带一路"国际合作高峰论坛在北京举行。国家主席习近平出席开幕式并发表题为《建设开放包容、互联互通、共同发展的世界》的主旨演讲，宣布中国支持高质量共建"一带一路"的八项行动，强调中方愿同各方深化"一带一路"合作伙伴关系，推动共建"一带一路"进入高质量发展的新阶段，为实现世界各国的现代化作出不懈努力。③

第三届"一带一路"国际合作高峰论坛发布了《主席声明》，④ 强调"一带一路"倡议传承了和平合作、开放包容、互学互鉴、互利共赢的丝路精神，坚持共商共建共享、开放绿色廉洁、高标准惠民生可持续的合作原则，推动各国政策沟通、设施联通、贸易畅通、资金融通、民心相通，为世界经济增长提供了动力，为国际经济合作搭建了平台，为全球共同发展开辟

① 《十四届全国人大常委会第六次会议批准〈枪支议定书〉》，新华网，2023 年 10 月 25 日，http：//www.news.cn/2023-10/25/c_1129936291.htm，最后访问时间：2023 年 12 月 31 日。

② 《共建"一带一路"：构建人类命运共同体的重大实践》，新华网，2023 年 10 月 10 日，http：//politics.people.com.cn/n1/2023/1010/c1001-40092253.html，最后访问时间：2023 年 12 月 31 日。

③ 习近平：《建设开放包容、互联互通、共同发展的世界——在第三届"一带一路"国际合作高峰论坛开幕式上的主旨演讲》，中国政府网，2023 年 10 月 18 日，https：//www.gov.cn/gongbao/2023/issue_10786/202310/content_6912661.html，最后访问时间：2023 年 12 月 31 日。

④ 《第三届"一带一路"国际合作高峰论坛主席声明》，第三届"一带一路"国际合作高峰论坛官方网站，2023 年 10 月 18 日，http：//www.beltandroadforum.org/n101/2023/1018/c134-1207.html，最后访问时间：2023 年 12 月 31 日。

了空间。① 各方期待继续加强合作，推动共建"一带一路"进入高质量发展的新阶段，为促进国际合作、推动全球经济增长、加速落实联合国2030年可持续发展议程作出更大贡献，共同开辟和平、发展、合作、共赢的美好未来。② 高峰论坛期间形成了458项成果。③

共建"一带一路"为完善全球治理提供新方案，积极推进亚洲基础设施投资银行等新型多边治理机制建设，加快与合作方共同推进深海、极地、外空、网络、人工智能等新兴领域的治理机制建设，增强了发展中国家和新兴经济体在世界市场体系中的地位和作用，提升了其在区域乃至全球经济治理中的话语权，对改革完善全球治理意义重大。共建"一带一路"促进全球治理规则创新优化，促进了商品要素流动型开放向规则制度型开放转变，更形成了一些具有较强普适性的规则标准，有效地填补了全球治理体系在这些领域的空白。④

四 积极谈判或签署经贸协定

2023年面对逆全球化、国家安全泛化、单边主义和保护主义盛行，中国积极倡导普惠包容的经济全球化，推动经济全球化朝着更加开放、包容、普惠、均衡的方向发展，推动构建人类命运共同体不断走深走实。⑤

---

① 《第三届"一带一路"国际合作高峰论坛主席声明》，第三届"一带一路"国际合作高峰论坛官方网站，2023年10月18日，http：//www.beltandroadforum.org/n101/2023/1018/c134-1207.html，最后访问时间：2023年12月31日。

② 《第三届"一带一路"国际合作高峰论坛主席声明》，第三届"一带一路"国际合作高峰论坛官方网站，2023年10月18日，http：//www.beltandroadforum.org/n101/2023/1018/c134-1207.html，最后访问时间：2023年12月31日。

③ 《第三届"一带一路"国际合作高峰论坛主席声明》，第三届"一带一路"国际合作高峰论坛官方网站，2023年10月18日，http：//www.beltandroadforum.org/n101/2023/1018/c134-1207.html，最后访问时间：2023年12月31日。

④ 《共建"一带一路"：构建人类命运共同体的重大实践》，新华网，2023年10月10日，http：//politics.people.com.cn/n1/2023/1010/c1001-40092253.html，最后访问时间：2023年12月31日。

⑤ 《人民日报评论员：倡导普惠包容的经济全球化——四论贯彻落实中央外事工作会议精神》，新华网，2024年1月1日，http：//www.news.cn/20240101/e8342eb913fc47f2946294002e99d740/c.html，最后访问时间：2024年1月1日。

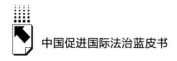

2023 年 12 月 16 日，中国在世贸组织主动设置、积极引领的全球首个多边投资谈判议题《投资便利化协定》实质性结束文本谈判，超过 110 个成员联署并参与该议题谈判。《投资便利化协定》旨在建立国际规则，在全球范围内提升投资政策透明度、简化和加快投资审批程序、促进国际合作。① 在谈判过程中，中国引领高标准国际规则构建，发挥了促谈促和促成关键作用。世贸组织总干事伊维拉指出，《投资便利化协定》文本谈判成功结束是一项"重大成就"，将有助于世贸组织成员吸引和保留更多投资并提高投资质量。②

2023 年，中国先后与厄瓜多尔③、尼加拉瓜、塞尔维亚④和新加坡⑤等国正式签署自贸协定或自贸协定升级议定书。在中尼自贸协定中，中国首次以负面清单方式开放跨境服务贸易（含金融服务）和投资，首次就商务人员的父母随行居留相互作出承诺，首次纳入数字经济章节，首次在技术性贸易壁垒章节合作条款中纳入计量标准领域合作等，创造了多个"首次"。⑥中国还与洪都拉斯启动了中国-洪都拉斯自贸协定第一轮谈判，⑦ 进一步扩大高标准自由贸易区网络。

---

① 《世贸组织成员实质性结束〈投资便利化协定〉文本谈判》，新华网，2023 年 12 月 17 日，http：//www. news. cn/2022-12/17/c_1129215871. htm，最后访问时间：2023 年 12 月 31 日。
② 《世贸组织总干事：〈投资便利化协定〉文本谈判成功结束是"重大成就"》，新华网，2023 年 7 月 8 日，http：//www. news. cn/2023-07/08/c_1129738782. htm，最后访问时间：2023 年 12 月 31 日。
③ 《中国与厄瓜多尔签署自由贸易协定》，新华网，2023 年 5 月 11 日，http：//world. people. com. cn/n1/2023/0511/c1002-32684251. html，最后访问时间：2023 年 12 月 31 日。
④ 《中国与塞尔维亚签署自由贸易协定》，新华网，2023 年 10 月 17 日，http：//politics. people. com. cn/n1/2023/1017/c1001-40097375. html，最后访问时间：2023 年 12 月 31 日。
⑤ 《商务部：中新自贸协定进一步升级》，光明日报，2023 年 12 月 9 日，http：//finance. people. com. cn/n1/2023/1209/c1004-40135232. html，最后访问时间：2023 年 12 月 31 日。
⑥ 《中国与尼加拉瓜正式签署自贸协定 创造多个"首次"》，新华网，2023 年 8 月 31 日，http：//world. people. com. cn/n1/2023/0831/c1002-40068036. html，最后访问时间：2023 年 12 月 31 日。
⑦ 《中国-洪都拉斯自贸协定第一轮谈判启动》，新华网，2023 年 7 月 8 日，http：//www. news. cn/silkroad/2023-07/08/c_1129739329. htm，最后访问时间：2023 年 12 月 31 日。

2023 年，中国与奥地利①、塞内加尔和喀麦隆②等国分别签署双边税收协定，至此，我国税收协定网络覆盖范围增至 114 个国家和地区，基本涵盖我国对外投资主要目的地以及来华投资主要国家和地区，可为纳税人跨境经营消除重复征税，提高税收确定性，推动涉税争议解决，促进双边贸易、技术、资金和人员往来起到重要作用。

2023 年，中国与瑞士签署了《中华人民共和国与瑞士联邦委员会关于促进航空安全的规定》，确定了双方在适航和环保审定、维修机构审定、人员执照和培训、航空器运行、空中交通服务和空中交通管理等民航安全领域广泛合作的法律框架，充分体现了互利共赢原则。③ 此外，截至 2023 年 10 月 30 日，中国已与 80 多个共建"一带一路"国家签署科技合作协定，共同构建起全方位、多层次、广领域的科技合作格局。④

五　积极参与全球环境与气候治理

生物多样性丧失与气候变化、环境污染并列为全球三大环境问题。全球环境与气候治理紧迫性凸显，绿色低碳转型任重道远。中国从共同推进人与自然和谐共生、共建地球生命共同体和共建清洁美丽世界的战略高度积极参与全球环境与气候治理活动，作为负责任大国在应对环境和气候变化全球治理中作出积极贡献。

---

① 《中国与奥地利签署税收协定议定书》，人民网，2023 年 9 月 15 日，http：//finance.people.com.cn/n1/2023/0915/c1004-40078964.html，最后访问时间：2023 年 12 月 31 日。

② 《中国分别与塞内加尔、喀麦隆两国政府签署税收协定》，人民网，2023 年 10 月 17 日，http：//finance.people.com.cn/n1/2023/1017/c1004-40097195.html，最后访问时间：2023 年 12 月 31 日。

③ 《中国与瑞士签署双边航空安全协定》，新华网，2023 年 7 月 7 日，http：//www.news.cn/2023-07/07/c_1129738477.htm，最后访问时间：2023 年 12 月 31 日。

④ 《中国已与 80 多个共建"一带一路"国家签署科技合作协定》，中国新闻网，2023 年 10 月 31 日，http：//sc.people.com.cn/n2/2023/1031/c345460-40622971.html，最后访问时间：2023 年 12 月 31 日。

第一，中国全力推动《生物多样性公约》第十五次缔约方大会（COP15）成功举办。2022年12月7日至20日，《生物多样性公约》第十五次缔约方大会（COP15）第二阶段会议在加拿大蒙特利尔举办。中国国家主席习近平发表重要讲话，提出推进全球生物多样性保护的中国主张和持续加强生态文明建设的中国举措，提出共建地球生命共同体的四点倡议：凝聚生物多样性保护全球共识，共同推动制定"2020年后全球生物多样性框架"；推进生物多样性保护全球进程，支持发展中国家提升能力，协同应对气候变化、生物多样性丧失等全球性挑战；通过生物多样性保护推动绿色发展，以全球发展倡议为引领，给各国人民带来更多实惠；维护公平合理的生物多样性保护全球秩序，坚定捍卫真正的多边主义，坚定支持以联合国为核心的国际体系和以国际法为基础的国际秩序，形成保护地球家园的强大合力。①

联合国《生物多样性公约》秘书处执行秘书伊丽莎白·穆雷玛认为，习近平主席的致辞传递出十分重要的信息，一是强调多边主义的重要性，二是强调健全生态系统的重要性，并将其与生态文明建设联系起来，这些对谈判极具指导意义。② 在主席国中国的引领下，大会通过了"昆明-蒙特利尔全球生物多样性框架"（以下简称"昆蒙框架"），这是全球生物多样性治理历史上的一座里程碑，是主席国中国勇承重担与各方合力推动全球生态文明建设取得的重要成果。③

第二，中国高度重视并全面深入参与《联合国气候变化框架公约》第

---

① 《习近平在〈生物多样性公约〉第十五次缔约方大会第二阶段高级别会议开幕式上的致辞》，新华网，2022年12月16日，https：//www.gov.cn/xinwen/2022-12/16/content_5732340.htm，最后访问时间：2023年12月31日。
② 《为全球生物多样性治理提供强大推动力——习近平主席在〈生物多样性公约〉第十五次缔约方大会第二阶段高级别会议开幕式上的致辞引发热烈国际反响》，新华网，2022年12月17日，http：//www.news.cn/2022-12/17/c_1129214566.htm，最后访问时间：2023年12月31日。
③ 《通向人与自然和谐共生美好未来的新起点——写在〈生物多样性公约〉第十五次缔约方大会第二阶段会议闭幕之际》，新华网，2022年12月21日，http：//www.news.cn/2022-12/21/c_1129224340.htm，最后访问时间：2023年12月31日。

二十八次缔约方大会（COP28）。会议期间，习近平主席特别代表、中共中央政治局常委、国务院副总理丁薛祥出席世界气候行动峰会、"77国集团和中国"气候变化领导人峰会，宣介中国主张，推动多边主义，强调务实行动。① 中方全面深入参与各议题磋商，牵头发起"昆蒙框架"实施倡议，② 坚定维护发展中国家共同利益，并就谈判关键问题提供解决方案，推动各方聚同化异。③ 本次大会达成"阿联酋共识"，就《联合国气候变化框架公约》及其《京都议定书》《巴黎协定》落实和治理事项通过了数十项决定，正式成立损失与损害基金，完成《巴黎协定》下首次全球盘点，达成全球适应目标框架、公正转型路径工作方案。

为全面有效落实《联合国气候变化框架公约》及相关决议的要求，中国于2023年12月29日正式向公约秘书处提交《中华人民共和国气候变化第四次国家信息通报》和《中华人民共和国气候变化第三次两年更新报告》，反映我国"十三五"期间应对气候变化政策展开的行动以及取得的进展成效，展现我国作为负责任大国在应对气候变化全球治理中作出的积极贡献。④

第三，中国分别与巴西⑤和美国⑥发布应对气候变化联合声明，进一步

---

① 《专访：〈巴黎协定〉首次全球盘点开启全球气候进程新篇章——访出席COP28的中国代表团团长、生态环境部副部长赵英民》，新华网，2023年12月13日，http://www.news.cn/2023-12/13/c_1130026043.htm，最后访问时间：2023年12月31日。

② 《迪拜气候大会｜中国宣布牵头发起"昆蒙框架"实施倡议》，新华网，2023年12月10日，http://m.news.cn/2023-12/10/c_1130018785.htm，最后访问时间：2023年12月31日。

③ 《张益明，携手共建清洁美丽世界（大使随笔）》，人民网，2023年12月26日，http://cpc.people.com.cn/n1/2023/1226/c64387-40146763.html，最后访问时间：2023年12月31日。

④ 《中方向〈联合国气候变化框架公约〉秘书处提交两份报告》，新华网，2023年12月29日，http://www.news.cn/20231229/07bfa9c78556458aaf6deec1a37e8271/c.html，最后访问时间：2023年12月31日。

⑤ 《中国-巴西应对气候变化联合声明》，新华网，2023年4月15日，http://www.news.cn/2023-04/15/c_1129526749.htm，最后访问时间：2023年12月31日。

⑥ 《中美发布关于加强合作应对气候危机的阳光之乡声明》，新华网，2023年11月15日，http://m.news.cn/2023-11/15/c_1129976165.htm，最后访问时间：2023年12月31日。

推动共同应对气候变化。中国和巴西承诺拓宽、深化和丰富气候领域双边合作，以及双方在《联合国气候变化框架公约》下遵循公平、共同但有区别的责任和各自能力原则，并在可持续发展、不可剥夺的发展权及彻底消除贫困和饥饿框架下推动强化全球治理的共同努力。① 《中美关于加强合作应对气候危机的阳光之乡声明》重申"中美两国致力于有效实施巴黎协定及其决定，包括格拉斯哥气候协议和沙姆沙伊赫实施计划"，决定启动"21 世纪20 年代强化气候行动工作组"，开展对话与合作，以加速 21 世纪 20 年代的具体气候行动。

第四，中国于 2022 年 12 月 30 日批准《〈关于持久性有机污染物的斯德哥尔摩公约〉列入多氯萘等三种类持久性有机污染物修正案》和《〈关于持久性有机污染物的斯德哥尔摩公约〉列入短链氯化石蜡等三种类持久性有机污染物修正案》；② 于 2023 年 6 月 27 日接受世贸组织《渔业补贴协定》议定书；③ 于 2023 年 9 月 20 日签署《〈联合国海洋法公约〉下国家管辖范围以外区域海洋生物多样性的养护和可持续利用协定》。

六　批准民事和刑事司法协助条约

在双边条约方面，2022 年底至 2023 年，中国批准了与刚果（布）④、肯

---

① 《中国-巴西应对气候变化联合声明》，新华网，2023 年 4 月 15 日，http：//www.news.cn/2023-04/15/c_1129526749.htm，最后访问时间：2023 年 12 月 31 日。
② 《全国人民代表大会常务委员会关于批准〈关于持久性有机污染物的斯德哥尔摩公约〉列入多氯萘等三种类持久性有机污染物修正案〉和〈关于持久性有机污染物的斯德哥尔摩公约〉列入短链氯化石蜡等三种类持久性有机污染物修正案〉的决定》，新华网，2022 年 12 月 30 日，http：//www.news.cn/2022-12/30/c_1129246202.htm，最后访问时间：2023 年 12 月 31 日。
③ 《我国正式接受世贸组织〈渔业补贴协定〉议定书》，新华网，2023 年 6 月 27 日，http：//www.news.cn/2023-06/27/c_1129719790.htm，最后访问时间：2023 年 12 月 31 日。
④ 《全国人民代表大会常务委员会关于批准〈中华人民共和国和刚果共和国引渡条约〉的决定》，新华网，2022 年 12 月 30 日，http：//www.news.cn/2022-12/30/c_1129246124.htm，最后访问时间：2023 年 12 月 31 日。

尼亚①、乌拉圭②、亚美尼亚③、厄瓜多尔④、毛里求斯⑤和博茨瓦纳⑥等国签订的双边引渡条约。此外，全国人民代表大会常务委员会先后批准了《中华人民共和国和哥伦比亚共和国关于移管被判刑人的条约》⑦以及《中华人民共和国和塞内加尔共和国关于刑事司法协助的条约》⑧。截至 2023 年 11 月 23 日，我国已与 86 个国家签署双边司法协助条约，与 17 个国家签署移管被判刑人条约，年均办理国际刑事司法协助请求 300 多件、民商事请求 3000 多件。⑨

在多边条约方面，《取消外国公文书认证要求的公约》于 2023 年 11 月 7 日对中国生效实施（中国于 2023 年 3 月 8 日加入该公约）。该公约是海牙

<hr>

① 《全国人民代表大会常务委员会关于批准〈中华人民共和国和肯尼亚共和国引渡条约〉的决定》，新华网，2022 年 12 月 30 日，http：//www. news. cn/2022－12/30/c_1129246140. htm，最后访问时间：2023 年 12 月 31 日。

② 《全国人民代表大会常务委员会关于批准〈中华人民共和国和乌拉圭东岸共和国引渡条约〉的决定》，新华网，2022 年 12 月 30 日，http：//www. news. cn/2022－12/30/c_1129246146. htm，最后访问时间：2023 年 12 月 31 日。

③ 《全国人民代表大会常务委员会关于批准〈中华人民共和国和亚美尼亚共和国引渡条约〉的决定》，新华网，2022 年 12 月 30 日，http：//m. news. cn/2022－12/30/c_1129246131. htm，最后访问时间：2023 年 12 月 31 日。

④ 《全国人民代表大会常务委员会关于批准〈中华人民共和国和厄瓜多尔共和国引渡条约〉的决定》，新华网，2023 年 9 月 1 日，http：//m. news. cn/2023－09/01/c_1129841091. htm，最后访问时间：2023 年 12 月 31 日。

⑤ 《全国人民代表大会常务委员会关于批准〈中华人民共和国和毛里求斯共和国引渡条约〉的决定》，新华网，2023 年 10 月 24 日，http：//www. news. cn/2023－10/24/c_1129936150. htm，最后访问时间：2023 年 12 月 31 日。

⑥ 《全国人民代表大会常务委员会关于批准〈中华人民共和国和博茨瓦纳共和国引渡条约〉的决定》，新华网，2023 年 12 月 29 日，http：//www. news. cn/world/20231229/b3458029880a413da556bdb4de8e678f/c. html，最后访问时间：2023 年 12 月 31 日。

⑦ 《全国人民代表大会常务委员会关于批准〈中华人民共和国和哥伦比亚共和国关于移管被判刑人的条约〉的决定》，新华网，2023 年 10 月 24 日，http：//m. news. cn/2023－10/24/c_1129936149. htm，最后访问时间：2023 年 12 月 31 日。

⑧ 《全国人民代表大会常务委员会关于批准〈中华人民共和国和塞内加尔共和国关于刑事司法协助的条约〉的决定》，新华网，2023 年 12 月 29 日，http：//www. news. cn/world/20231229/4a1d4d912acb4784b9509f6a5b81f843/c. html，最后访问时间：2023 年 12 月 31 日。

⑨ 《司法部：我国已与 86 个国家签署双边司法协助条约》，人民网，2023 年 11 月 23 日，http：//society. people. com. cn/n1/2023/1123/c1008－40124496. html，最后访问时间：2023 年 12 月 31 日。

国际私法会议框架下适用范围最广、缔约国最多的重要国际条约，旨在简化公文书跨国流转程序，以更便捷的证明方式取代传统领事认证，促进国际经贸和人员往来。中国同《取消外国公文书认证要求的公约》缔约国之间公文书跨境流转将不再经过传统的"外交部门认证+使领馆认证"的"双认证"程序，而是在公约框架下启用基于附加证明书的"一步式"证明新模式，这将大幅节省中外公民和企业的办证时间和经济成本。①

结 语

2023 年是中国继续推动国际制度发展的一年。共建人类命运共同体的理念和方案进一步获得国际社会的认可和赞赏；《全球安全倡议概念文件》点亮了解决全球安全困境的灵光；"一带一路"国际合作高峰论坛为全球共同发展贡献中国方案。中国促成《投资便利化协定》文本谈判，推动普惠包容的经济全球化发展；推动《联合国气候变化框架公约》第二十八次缔约方大会成功举办，贡献全球环境与气候治理制度发展方案；批准民事和刑事司法协助条约，维护跨国交往的法律秩序。中国以实际行动践行共建人类命运共同体的伟大目标，进一步推动国际制度正当性和有效性的发展。

---

① 《〈取消外国公文书认证要求的公约〉在华生效 简化文书跨国流转手续》，新华网，2023 年 11 月 7 日，http://m.news.cn/2023-11/07/c_1129962718.htm，最后访问时间：2023 年 12 月 31 日。

B.6

2023年中国促进国际法治：
多边实践[*]

冯洁菡　贾唯宇　耿瑞瑜[**]

摘　要： 　2023年，传统安全与非传统安全风险交织，世界百年未有之大变局加速演进。中国作为负责任的发展中大国，坚定维护以联合国为核心的国际体系和以国际法为基础的国际秩序，积极促进国际法的编纂与发展，推动和平与安全、人权、海空天网、多边贸易、知识产权等领域国际治理，积极参与国际司法实践活动。展望未来，中国将继续旗帜鲜明地坚持多边主义与和平发展、合作共赢的道路，倡导平等有序的世界多极化和普惠包容的经济全球化。

关键词： 　国际法治　国家实践　多边主义　国际治理

2023年，世界"百年未有之大变局"加速演进，国际格局更加复杂多变。单边主义和保护主义依然抬头，全球化进程遇阻，多边合作的需求更为迫切；传统安全与非传统安全问题交织，和平赤字、发展赤字、安全赤字和治理赤字相互叠加。与此同时，全球治理体系变革进入关键阶段，新兴经济体和发展中国家的话语权逐步增强，中国在全球治理中的作用更加突出。中

---

　* 本文第一部分至第四部分由冯洁菡、贾唯宇完成，第五部分至结语部分由冯洁菡、耿瑞瑜完成。

** 冯洁菡，（国家高端智库）武汉大学国际法治研究院副院长、教授，主要研究领域为国际公法；贾唯宇，教育部重点研究基地武汉大学国际法研究所2023级博士研究生，主要研究领域为国际公法；耿瑞瑜，教育部重点研究基地武汉大学国际法研究所2023级博士研究生，主要研究领域为国际公法。

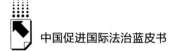

国作为负责任的发展中大国，坚持多边主义，坚定维护以联合国为核心的国际体系和以国际法为基础的国际秩序，积极参与全球治理，表达中国主张，提出中国方案。

一　坚定维护以联合国为核心的国际体系

（一）支持联合国发挥核心作用

中国始终坚持真正的多边主义，坚定维护以联合国为核心的国际体系、以国际法为基础的国际秩序和以《联合国宪章》宗旨和原则为基础的国际关系基本准则。[①] 在当前全球性挑战突出的国际局势之下，联合国作为全球治理体系的核心平台，肩负着世界各国人民的期待，负有推动国际社会公正合理发展的重大责任。[②] 中国对联大工作提出以下三点意见：一是牢牢把握真正多边主义的方向，坚决反对单边主义、霸权主义和霸凌行径，维护国际公平正义；二是把全球发展议程放在更优先位置，切实保障发展中国家发展权和正当权益；三是致力于维护共同安全，推动冲突当事方通过对话协商找到政治解决方案。[③]

（二）安理会改革

安理会通过全面改革以切实履行《联合国宪章》赋予的职责，为维护国际和平与安全发挥应有作用，是所有会员国的共同期盼。中国始终是安理

---

① 参见《中国代表苟海波在"〈联合国宪章〉和加强联合国作用特别委员会" 2023 年届会一般性辩论上发言》，中华人民共和国常驻联合国代表团网站，2023 年 2 月 21 日，http：//un. china-mission. gov. cn/hyyfy/202302/t20230222_11029081. htm，最后访问时间：2024 年 6 月 24 日。

② 参见《戴兵大使在第 77 届联大五委第一次续会开幕式上的发言》，中华人民共和国常驻联合国代表团网站，2023 年 3 月 6 日，http：//un. china-mission. gov. cn/hyyfy/202303/t20230307_11036586. htm，最后访问时间：2024 年 6 月 24 日。

③ 参见《张军：联合国应把握真正多边主义的方向，实现共同发展，谋求共同安全，打造共同未来》，中华人民共和国常驻联合国代表团网站，2023 年 2 月 6 日，http：//un. china-mission. gov. cn/chn/hyyfy/202302/t20230207_11021161. htm，最后访问时间：2024 年 6 月 24 日。

会改革的积极倡导者、坚定支持者、大力推动者。中国认为，政府间谈判是各方讨论安理会改革问题的唯一合法平台。鉴于各方对安理会改革的总体方向和基本原则仍存在根本性分歧，要结合以往惯例，合理规划安排政府间谈判会议，通过深入讨论扩大共识、缩小分歧，以寻求兼顾各方利益和关切的"一揽子"解决方案。中国支持改革优先考虑代表性不足地区的关切，特别是发展中国家发展的诉求应予充分关注，使安理会的决策更加民主和公平。[①]

（三）发展领域改革

2030年可持续发展议程和可持续发展目标正面临气候变化、贫困、不平等和冲突等多重危机。中国支持联合国大会以《联合国宪章》宗旨和原则为指导，全面落实全球发展倡议，持续从促进全球经济可持续发展、推进共同繁荣政策、促进全球基础设施合作三个方面推动2030年议程和发展目标的实现。[②] 中国提出：第一，应当巩固可持续发展目标共识，重新强化发展议题的中心地位，凝聚发展合力；第二，充分发挥联合国在实现和统筹推进联合国可持续发展目标（SDGs）和全球发展倡议（GDI）方面的关键和引领作用；第三，巩固以南北合作为主渠道、南南合作为有益补充的国际发展合作格局，履行"共同但有区别的责任"，推动构建新型南北关系。[③]

中国持续推进共建"一带一路"同2030年可持续发展议程有效对接、协同增效。目前已有170多个国家、国际组织与中国签署"一带一路"合

[①] 参见《张军大使在联大通过安理会改革政府间谈判过渡决定会议上的发言》，中华人民共和国常驻联合国代表团网站，2023年6月29日，https://www.mfa.gov.cn/zwbd_673032/wjzs/202306/t20230630_11105988.shtml，最后访问时间：2024年6月24日。

[②] 参见《2023年可持续发展目标峰会前重点关注中国前进之路》，联合国驻华工作团队网站，2023年12月4日，https://china.un.org/zh/press-centre/press-releases，最后访问时间：2024年6月24日。

[③] 参见《罗照辉署长在联合国2023年发展筹资论坛上的讲话》，中华人民共和国常驻联合国代表团网站，2023年4月18日，http://un.china-mission.gov.cn/hyyfy/202304/t20230419_11061321.htm，最后访问时间：2024年6月24日。

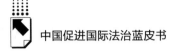

作文件，实施3000多个合作项目。在发展资金支持方面，中国同19个非洲国家签署缓债协议或达成缓债共识，并建设性参与G20"共同框架"有关个案处理。① 中国加大对全球发展合作的资源投入，继续支持亚洲基础设施投资银行、金砖国家新开发银行的投资，持续推动全球发展和南南合作基金、中国-联合国和平与发展基金升级，通过双边渠道帮助发展中国家缓解债务负担。②

二　促进国际法的编纂与发展

2023年10月，中国代表团参与审议第78届联大六委"国际法委员会第74届会议"议题，就以下国际法问题阐述了中国的观点和主张。③

1. 关于"一般法律原则"专题

结论草案3和7认为，一般法律原则分为两类，一类源自国内法律体系，另一类则可能在"国际法体系内形成"。中国认为，其中"在国际法体系内可能形成一般法律原则"的结论值得商榷。首先，这类一般法律原则与习惯国际法难以区分，两者都源于普遍、一致的国家实践。其次，这种一般法律原则存在的必要性存疑。如结论草案11所指出，这类一般法律原则可与习惯国际法中具有相同或类似内容的规则并行存在，在此情况下似直接适用习惯国际法即可，无需求助于一般法律原则。此外，目前尚缺乏支持这种一般法律原则存在的国际实践。

---

① 参见《张军大使在全球发展倡议高级别宣介活动上的开幕词》，中华人民共和国常驻联合国代表团网站，2023年4月19日，http://un.china-mission.gov.cn/hyyfy/202304/t20230420_11062079.htm，最后访问时间：2024年6月24日。
② 参见《戴兵大使在发展筹资论坛上的发言》，中华人民共和国常驻联合国代表团网站，2023年4月18日，http://un.china-mission.gov.cn/hyyfy/202304/t20230419_11061342.htm，最后访问时间：2024年6月24日。
③ 参见《中国代表、外交部条法司司长马新民在第78届联大六委"国际法委员会第74届会议工作报告"议题下的发言》，中华人民共和国常驻联合国代表团网站，2023年10月27日，http://un.china-mission.gov.cn/chn/zgylhg/flyty/ldlwjh/202310/t20231030_11170345.htm，最后访问时间：2024年6月24日。

2. 关于"国家官员的外国刑事管辖豁免"专题

中国对该专题下的条款草案有以下两点意见。一是委员会在本专题工作中应平衡好维护主权平等原则和消除有罪不罚的关系，确保研究成果既有利于实现司法正义，又有利于维护国家间友好关系，以便获得更广泛的支持。二是委员会对国家实践和法律确信的考察应满足代表性和普遍性要求。以草案第7条为例，评注中列举了15个案件，其中明确不适用外国官员属事豁免的只有8个，且均来自欧洲国家，尚不具有代表性和普遍性。基于以上分歧尚未得以妥善解决，中国建议委员会不急于完成二读，而是在充分回应多年来各国意见建议的基础上妥善处理分歧，进一步完善条款草案。

3. 关于"与国际法有关的海平面上升"专题

中国认为，首先，研究组推进工作应审慎务实。委员会在问题文件中指出，受影响国家对海平面上升问题保持沉默，不一定反映对《联合国海洋法公约》（以下简称《公约》）有关规则解释的某种立场。中国对此表示赞赏。国家沉默不代表认可或反对特定规则，很可能是尚未形成法律确信。委员会不应对《公约》等现行国际法提出修正建议，任何对《公约》的解释性声明或制定框架公约草案等，都将超出授权。其次，关于研究固定基线的法律基础，中国支持研究组对《公约》之外的法律渊源开展研究。各方在缔结《公约》时并未考虑海平面上升问题，《公约》仅规定了在三角洲等海岸线非常不稳定之处（第7条第2款）、大陆架外部界限（第76条第9款）两种情形可使用固定基线，难以推定《公约》允许在其他情形中使用固定基线。最后，中国在南海仲裁案问题上的立场是一贯的、明确的。该仲裁庭越权管辖、枉法裁判，所作裁决非法无效，中国强烈敦促委员会避免将其作为法律依据或证据加以援引。此外，中国指出，研究《公约》时，需要充分考虑一般国际法规则。①

---

① 中国重点强调两点意见。一是中国认同研究组关于不能僵化适用"陆地统治海洋"原则的观点。但共同主席报告在论及该原则时，援引国际法院相关判决，认为《公约》规定的距离准则已取代自然延伸原则。中国对此不能认同。大陆架制度源于自然延伸概念，自然延伸原则应得到充分尊重。二是研究组认为历史性权利"可适用于维护可能因海平面上升而消失的现有海区和权益"。中国鼓励继续就此深入研究。同时指出，历史性权利为一般国际法认可，是主张海洋权益的重要依据，不宜强调其"为维护原本不符合国际法的现有海域提供了例子"。

4. 关于"无法律约束力的国际协定"专题

中国支持委员会将该专题列入工作方案，认为该专题具有重要的现实意义，建议在充分考察各国实践的基础上开展研究，提出有说服力的研究成果。考虑到国际协定通常具有约束力，中国赞同将本专题名称改为"无法律约束力的国际文书或安排"。

5. 关于"国际组织作为当事方的争端解决"专题

中国主张，本专题研究的争端应限于国际争端，即争端主体应限于政府间国际组织，争端事项应限于国际法解释和适用争议或有关事实争议，不应涵盖涉及非政府间国际组织或实体的争端，或由国内法规制的私法性质的争端。

6. 关于"防止和打击海盗和海上武装抢劫行为"专题

中国主张，相关工作应有利于加大打击海盗力度、维护海上通道安全，有利于维护《公约》制度的一揽子平衡，妥善处理各国普遍管辖权，沿海国主权、主权权利和管辖权，以及船旗国专属管辖之间的关系。第一，支持条款草案 1 适用范围扩大。① 第二，关于条款草案 2 海盗行为的定义，中国赞同条款草案援引《公约》第 101 条规定的海盗行为定义。为进一步加大对海盗行为的打击力度，中国支持将"暴力"解释为包括身体和心理暴力；支持对"私人目的"作宽泛解释②；赞同将海盗行为地规定为"在公海上"或"在任何国家管辖范围以外的地方"。③

7. 关于"确定国际法规则的辅助手段"专题

中国认为，委员会以《国际法院规约》为基础，积极考察国际和各国国内司法实践、学术著作，并适当扩大辅助手段的范围，适应了当前形势和

---

① 中国支持条款草案在《联合国海洋法公约》基础上将适用范围从海盗扩大到包括海上武装抢劫行为，这有利于在更广泛的海域防止和打击各种海上非法行为。

② 即如行为人未受公共权力影响或指示而仅出于自身意识形态或政治倾向目的，应被认定为符合"私人目的"要件。

③ 同时，中国支持规定海盗行为也可发生在专属经济区，以及"承认专属经济区和公海是两个不同的海洋空间，适用不同的权利和义务"。中国进一步认为，各国在沿海国专属经济区打击海盗，应加强与沿海国合作，不应损及沿海国在专属经济区的主权权利和管辖权。

需求。结论草案 1 界定了辅助手段的地位和作用，中国认为其总体符合《国际法院规约》第 38 条的规定，即辅助手段在阐明法律方面起到补充作用，而非国际法渊源本身。中国也赞同委员会以结论草案作为本专题的成果形式。关于结论草案 2 和 4，中国赞同将《国际法院规约》第 38 条规定的"司法判例"适当扩大为"法院和法庭的决定"，且"决定"不仅包括判决，还包括咨询意见等其他决定。①

8. 关于"强行法"专题

委员会二读通过的结论草案在六委讨论中存在较大争议，特别是关于第 16 条可能涉及的强行法与安理会决议冲突问题，以及草案附件中的强行法清单。中国反对在附件中列入强行法清单。即使列举清单，也应在《联合国宪章》（以下简称《宪章》）框架下依据实在法审慎识别具体强行法规则。② 中国指出，目前草案关于强行法的识别标准，即结论草案 7 提出的"具有代表性的绝大多数国家接受和承认"，不仅没有以《宪章》为基本框架，也不符合《维也纳条约法公约》第 53 条，甚至低于习惯国际法的识别标准，难以得到广泛认同。

---

① 中国指出以下两点问题。第一，评注认为，"法院和法庭"不仅包括国际性法院、法庭，也包括国内法院。中国认为，纳入国内法院决定有其积极意义，但实践中，由于各国司法体制、审级、决定效力各异，识别终局性司法决定殊为不易。因此，将国内法院决定作为辅助手段，需要特别谨慎。第二，评注认为，广义上的"决定"包括人权等条约机构根据个人来文程序所作决定，中国认为，这实际上是将人权等条约机构视同司法机构。这忽视了条约机构和司法机构在性质、授权、正当程序等方面的差别，失之偏颇。

② 中国主张，正确认识强行法，应首先厘清强行法、对世义务，以及《宪章》优先地位的关系。中国认为，三者都涉及保护国际社会共同利益，且具有更高效力，不容任何国家贬损。其中，强行法和对世义务都是对保护国际社会共同利益规范的理论概括。《宪章》第 103 条有关《宪章》义务优先于其他国际协定义务的规定，确立了《宪章》在现代国际法体系中的优先适用和基础地位。《宪章》规定了维护国际和平与安全的规则和机制，如和平解决争端原则、禁止使用武力原则、以安理会为核心的集体安全机制等，所有国家对这些规则和机制的履行享有共同利益，具有对世义务的性质，有关规则和机制是体现保护国际社会共同利益的实在法，发挥着强行法的作用。因此，识别一项规范为强行法，应在《宪章》框架下依据实在法进行，这是识别强行法的根本依据。脱离《宪章》框架将有关具体规则识别为强行法，将损害《宪章》的权威性，破坏以《宪章》为基础的国际法律秩序。

三 维护国际和平与安全

（一）维护多边主义

当今世界处于历史的十字路口，多种赤字问题交织，各种形式的不包容和极端主义侵蚀人与人之间、国与国之间的互信，严重制约国际社会团结应对全球性挑战的能力。在此形势下，中国提出以下主张。第一，尊重人类文明多样性。中国提出全球文明倡议，倡导尊重世界文明多样性、弘扬全人类共同价值、重视文明传承和创新、加强国际人文交流合作。第二，增进国家间互信。中国认为，安理会成员应当增进团结，更好履行维护国际和平与安全的职责。同时应当充分发挥区域组织作用，鼓励以地区方式解决地区问题。第三，促进社会包容。中国坚决抵制极端主义、恐怖主义等思想，呼吁将联大 75/309 号决议的要求落到实处，在全球范围内形成打击仇恨言论的强大声势。第四，聚焦共同发展。中国认为，联合国发展系统应当加大对发展问题关注和投入，要切实尊重发展中国家的发展权利，维护公平正义。①

（二）积极参与联合国维和行动

2023 年是联合国开展维和行动 75 周年。30 多年来，中国军队累计参加 25 项联合国维和行动，派出维和军事人员 5 万余人次。② 目前，中国是联合国安理会常任理事国中派遣维和军事人员最多的国家，也是联合国第二大维和

---

① 参见《张军大使在维护国际和平与安全安理会高级别公开会上的发言》，中华人民共和国常驻联合国代表团网站，2023 年 6 月 14 日，http：//un.china-mission.gov.cn/hyyfy/202306/t20230615_11097945.htm，最后访问时间：2024 年 6 月 24 日。
② 参见《外交部发言人：中国"蓝盔"成为联合国维护和平的关键力量》，中国政府网，2023 年 5 月 31 日，https：//www.gov.cn/lianbo/bumen/202305/content_6883872.htm，最后访问时间：2024 年 6 月 24 日。

摊款贡献国。中国"蓝盔"已成为联合国维和行动的关键力量。[1] 结合当前维和任务面临的新形势，中国提出：第一，让维和授权更贴近实际；第二，与东道国建立稳定合作关系；第三，加强当事国能力建设；第四，保障维和人员安全；第五，发挥女性维和人员独特作用；第六，应对新兴技术挑战。[2]

（三）国际冲突领域

2023 年 10 月 7 日，以色列和巴勒斯坦爆发新一轮军事冲突。中国持续关注巴以问题走向，始终主张停火止战，在巴以问题上展现出负责任态度。2023 年 10 月 15 日，中国作为联合国安理会轮值主席，推动安理会通过了本轮巴以冲突以来的首份相关决议，呼吁在整个加沙地带实行紧急人道主义暂停、建立人道主义走廊。中国强调巴以问题根本出路是落实"两国方案"，凝聚国际促和共识，中国将继续推动巴勒斯坦问题全面、公正、持久解决。[3]

2023 年，中国高度重视乌克兰危机[4]、伊朗核问题[5]，以及叙利亚[6]、

---

[1] 参见《国防部：中国"蓝盔"已成为联合国维和行动的关键力量》，中华人民共和国国防部网站，2023 年 12 月 28 日，http：//www. mod. gov. cn/gfbw/xwfyr/lhzb/lxjzhzb/2023njzh_244363/2023n12y_244364/16276660. html，最后访问时间：2024 年 6 月 24 日。

[2] 参见《张军大使在安理会同联合国维和警务专员年度例行对话会上的发言》，中华人民共和国常驻联合国代表团网站，2023 年 11 月 14 日，http：//un. china-mission. gov. cn/zgylhg/jjalh/alhzh/whxd/202311/t20231115_11180322. htm，最后访问时间：2024 年 6 月 24 日。

[3] 参见《中国代表向联合国会员国介绍中国担任联合国安理会轮值主席工作》，中国政府网，2023 年 12 月 1 日，https：//www. gov. cn/yaowen/liebiao/202312/content_6917992. htm，最后访问时间：2024 年 6 月 24 日。

[4] 参见《耿爽大使在安理会审议向乌克兰提供武器问题时的发言》，中华人民共和国常驻联合国代表团网站，2023 年 6 月 29 日，http：//un. china-mission. gov. cn/hyyfy/202306/t20230630_11105881. htm，最后访问时间：2024 年 6 月 24 日。

[5] 参见《外交部副部长马朝旭会见伊朗副外长巴盖里》，中华人民共和国外交部网站，2023 年 12 月 14 日，https：//www. mfa. gov. cn/web/wjbxw_673019/202312/t20231214_11202648. shtml，最后访问时间：2024 年 6 月 24 日。

[6] 参见《耿爽大使在安理会叙利亚政治人道问题公开会上的发言》，中华人民共和国常驻联合国代表团网站，2023 年 6 月 29 日，http：//un. china-mission. gov. cn/hyyfy/202306/t20230629_11105821. htm，最后访问时间：2024 年 6 月 24 日。

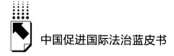

阿富汗①、科索沃②、也门③、海地④、索马里⑤等地区冲突的解决，关切朝鲜半岛⑥的和平稳定。中国密切关注发生在刚果（金）⑦、南苏丹⑧、利比亚⑨、萨赫勒⑩、中部非洲⑪等非洲国家及区域间冲突，支持非洲国家以非洲方式解决非洲问题，推动非洲大陆恢复和平稳定。

---

① 参见《张军大使在〈联合国全球反恐战略〉第八次审评联大辩论上的发言》，中华人民共和国常驻联合国代表团网站，2023 年 6 月 22 日，http：//un. china-mission. gov. cn/hyyfy/202306/t20230623_11102571. htm，最后访问时间：2024 年 6 月 24 日。

② 参见《耿爽大使在安理会科索沃问题公开会上的发言》，中华人民共和国常驻联合国代表团网站，2023 年 4 月 27 日，http：//un. china-mission. gov. cn/hyyfy/202304/t20230428_11068135. htm，最后访问时间：2024 年 6 月 24 日。

③ 参见《耿爽大使在安理会也门问题公开会上的发言》，中华人民共和国常驻联合国代表团网站，2023 年 5 月 17 日，http：//un. china-mission. gov. cn/hyyfy/202305/t20230518_11079167. htm，最后访问时间：2024 年 6 月 24 日。

④ 参见《耿爽大使在安理会海地问题公开会上的发言》，中华人民共和国常驻联合国代表团网站，2023 年 4 月 26 日，http：//un. china-mission. gov. cn/hyyfy/202304/t20230427_11067151. htm，最后访问时间：2024 年 6 月 24 日。

⑤ 参见《张军：国际反恐合作要秉持构建人类命运共同体理念，让我们的世界更加安全》，中华人民共和国常驻联合国代表团网站，2023 年 6 月 22 日，http：//un. china-mission. gov. cn/hyyfy/202306/t20230623_11102544. htm，最后访问时间：2024 年 6 月 24 日。

⑥ 参见《张军大使在安理会朝核问题公开会上的发言》，中华人民共和国常驻联合国代表团网站，2023 年 4 月 17 日，http：//un. china-mission. gov. cn/hyyfy/202304/t20230418_11060736. htm，最后访问时间：2024 年 6 月 24 日。

⑦ 参见《戴兵大使在安理会审议刚果（金）问题时的发言》，中华人民共和国常驻联合国代表团网站，2023 年 6 月 26 日，http：//un. china-mission. gov. cn/hyyfy/202306/t20230627_11104197. htm，最后访问时间：2024 年 6 月 24 日。

⑧ 参见《戴兵大使在安理会审议南苏丹问题时的发言》，中华人民共和国常驻联合国代表团网站，2023 年 6 月 20 日，http：//un. china-mission. gov. cn/hyyfy/202306/t20230621_11101656. htm，最后访问时间：2024 年 6 月 24 日。

⑨ 参见《戴兵大使在安理会利比亚问题公开会的发言》，中华人民共和国常驻联合国代表团网站，2023 年 6 月 19 日，http：//un. china-mission. gov. cn/hyyfy/202306/t20230620_11100110. htm，最后访问时间：2024 年 6 月 24 日。

⑩ 参见《戴兵大使在安理会萨赫勒问题公开会的发言》，中华人民共和国常驻联合国代表团网站，2023 年 5 月 16 日，http：//un. china-mission. gov. cn/hyyfy/202305/t20230516_11078582. htm，最后访问时间：2024 年 6 月 24 日。

⑪ 参见《戴兵大使在安理会中部非洲问题公开会上的发言》，中华人民共和国常驻联合国代表团网站，2023 年 6 月 5 日，http：//un. china-mission. gov. cn/hyyfy/202306/t20230606_11090095. htm，最后访问时间：2024 年 6 月 24 日。

（四）传统安全领域

1. 推动国际常规军控进程

作为联合国安理会常任理事国，以及《特定常规武器公约》《武器贸易条约》等国际法律文书缔约国，中国一贯严格履行相关国际义务，深入参与国际常规武器军控进程。中国在《全球安全倡议概念文件》中明确将支持国际常规武器军控进程列为重点合作方向之一，致力于继续推进联合国框架内包括轻小武器、常规弹药、军备透明在内的各项议程。^① 中国全国人大常委会已于 2023 年 10 月 24 日批准《联合国打击跨国有组织犯罪公约关于打击非法制造和贩运枪支及其零部件和弹药的补充议定书》。^② 中国积极参与全球武器贸易治理，建立并不断完善军品出口管制体系。中国军品出口严格遵循三项原则，确保有助于接受国正当自卫能力，不损害有关地区和世界的和平、安全与稳定，不干涉接受国内政。

中国积极参与联合国常规武器登记册相关工作，认真落实《从各个方面防止、打击和消除小武器和轻武器非法贸易的行动纲领》和《使各国能够及时可靠地识别和追查非法小武器和轻武器国际文书》，以建设性姿态参加常规弹药问题开放式工作组历次讨论，为达成《常规弹药全寿期管理全球框架》发挥了积极作用。中国认为，应从重视源头治理、强化国家责任、坚持多边主义、深化国际合作四个方面，推动常规武器军控领域各项工作取得新进展。^③

---

① 参见《中国政府非洲事务特别代表刘豫锡在安理会"加强联合国同区域组织反恐合作"高级别公开会上的发言》，中华人民共和国常驻联合国代表团网站，2023 年 3 月 28 日，http://un.china-mission.gov.cn/hyyfy/202303/t20230329_11050834.htm，最后访问时间：2024 年 6 月 24 日。

② 参见《全国人民代表大会常务委员会关于批准〈联合国打击跨国有组织犯罪公约关于打击非法制造和贩运枪支及其零部件和弹药的补充议定书〉的决定》，中国政府网，2023 年 10 月 25 日，http://www.gov.cn/yaowen/lie.biao/202310/content_6911472.htm，最后访问时间：2024 年 6 月 24 日。

③ 参见《中国裁军大使沈健在 78 届联大一委关于常规武器问题的专题发言》，中华人民共和国常驻联合国日内瓦办事处和瑞士其他国际组织代表团网站，2023 年 10 月 25 日，http://geneva.china-mission.gov.cn/zgyqtgjzz/202310/t20231025_11167468.htm，最后访问时间：2024 年 6 月 24 日。

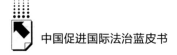

2.维护全球核安全

中国高度重视核安全，提出"理性、协调、并进"的核安全观，努力打造全球核安全命运共同体。中国支持在五核国领导人关于防止核战争的联合声明基础上，遵循"维护全球战略稳定"和"各国安全不受减损"原则，循序渐进推进核裁军，拥有最大核武库的国家应切实履行核裁军特殊、优先责任，继续有效执行《新削减战略武器条约》，以可核查、不可逆和有法律约束力的方式进一步大幅、实质削减核武库，为最终实现全面、彻底核裁军创造条件。中国认为，《不扩散核武器条约》是国际核裁军与核不扩散体系的基石，是战后国际安全体系的重要组成部分。国际社会应平衡推进条约三大支柱，共同维护条约权威性、有效性和普遍性。①

3.禁止生化武器

中国致力于维护《禁止化学武器公约》权威性和有效性，实现无化武世界的目标，坚持以《禁止化学武器公约》为准绳妥善处理化武热点问题，反对政治化，积极推动化学领域和平利用国际合作。② 2023 年 3 月 22 日，中国向《禁止化学武器公约》第五次审议大会提交了《关于日本遗弃在华化学武器问题的立场文件》，再次敦促日方落实新销毁计划，早日彻底销毁日遗化武。③ 中国高度重视生物安全，致力于完善全球生物安全治理。中国支持缔约国共同落实《禁止生物武器公约》第九次审议大会成果，推动加强《禁止生物武器公约》工作组取得实质成果，不断强化公约机制，重启公约核查议定书多边谈判，主张国际社会应共同倡导负责任的生物科研，鼓

---

① 参见《关于全球治理变革和建设的中国方案》，中华人民共和国外交部网站，2023 年 9 月 13 日，https：//www.mfa.gov.cn/wjbxw_new/202309/t20230913_11142009.shtml，最后访问时间：2024 年 6 月 24 日。

② 参见《关于全球治理变革和建设的中国方案》，中华人民共和国外交部网站，2023 年 9 月 13 日，https：//www.mfa.gov.cn/wjbxw_new/202309/t20230913_11142009.shtml，最后访问时间：2024 年 6 月 24 日。

③ 参见《关于日本遗弃在华化学武器问题的立场文件》，中华人民共和国外交部网站，2023 年 3 月 24 日，https：//www.mfa.gov.cn/wjb_673085/zzjg_673183/jks_674633/fywj_674643/202303/t20230324_11048516.shtml，最后访问时间：2024 年 6 月 24 日。

励所有利益攸关方自愿采纳《科学家生物安全行为准则天津指南》，以降低生物安全风险、促进生物科技健康发展。①

（五）非传统安全领域

1. 打击恐怖主义

中国秉持构建人类命运共同体理念，支持联合国发挥核心协调作用，推动国际社会反恐合作。中国通过双多边渠道帮助发展中国家特别是非洲国家加强反恐能力建设，包括通过中国-联合国和平与发展基金为联合国反恐办等机构开展反恐项目提供支持，并在上合组织框架下加强地区反恐合作。中国强调，打击恐怖主义应尊重当事国主导作用，并通过消除贫困、增加就业、尊重文明多样性、增加社会包容等综合手段，消除恐怖主义根源。②

2. 推进全球反腐败治理

2023年是《联合国反腐败公约》开放签署二十周年。中国坚定维护多边主义，切实履行《联合国反腐败公约》义务，全面参与反腐败国际规则制定，建设性提出反腐败重要倡议主张，大力推动反腐败执法司法务实合作。中国在亚太经合组织、二十国集团、金砖国家、"一带一路"等机制下发起追逃追赃、拒绝腐败避风港、建设廉洁丝绸之路等一系列重要倡议，为反腐败全球治理贡献中国智慧。中国制定实施《国际刑事司法协助法》《引渡法》等国内立法，对外缔结各类司法合作条约，夯实反腐败国际合作法律基础，共同发起并推动建设全球反腐败执法合作网络等，积极开展引渡和刑事司法协助个案合作。中国深入参与《联合国反腐败公约》缔约国会议和反腐败问题特别联大等重要进程，积极参加履约审议，按照《联合国反

---

① 参见《关于全球治理变革和建设的中国方案》，中华人民共和国外交部网站，2023年9月13日，https://www.mfa.gov.cn/wjbxw_new/202309/t20230913_11142009.shtml，最后访问时间：2024年6月24日。

② 参见《张军：国际反恐合作要秉持构建人类命运共同体理念，让我们的世界更加安全》，中华人民共和国常驻联合国代表团网站，2023年6月22日，http://un.china-mission.gov.cn/hyyfy/202306/t20230623_11102616.htm，最后访问时间：2024年6月24日。

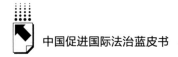
腐败公约》要求健全预防腐败、资产返还等机制，广泛开展针对发展中国家的反腐败培训和技术援助，① 并就履约审议机制②、国际合作③、技术援助④、资产追回⑤等重要议题阐述了立场与主张。

3. 打击跨国有组织犯罪

作为《联合国打击跨国有组织犯罪公约》缔约国，中国坚决有力打击一切有组织犯罪行为，同联合国毒罪办、国际刑警组织等加强交流合作，在金砖国家、上海合作组织等框架下同地区国家就打击跨国有组织犯罪开展合作。中国提出，应当坚持共同、综合、合作、可持续的安全观，加强团结协作：一是发挥专业机构主体作用，以《联合国打击跨国有组织犯罪公约》为依托，强化打击跨国犯罪国际合作；二是加强国家之间的执法司法合作；三是加强对发展中国家能力建设的支持；四是各国切实承担起打击跨国犯罪的应尽责任和义务，切断跨国犯罪的链条。⑥

---

① 参见《携手构建更加公正合理的反腐败全球治理体系》，中华人民共和国外交部网站，2023 年 12 月 12 日，https：//www.fmprc.gov.cn/web/wjdt＿674879/sjxw＿674887/202312/t20231212_11200715.shtml，最后访问时间：2024 年 6 月 24 日。

② 参见《李松大使在〈联合国反腐败公约〉履约审议组第十四次会议上的发言》，中华人民共和国常驻维也纳联合国和其他国际组织代表团网站，2023 年 6 月 12 日，http：//vienna.china-mission.gov.cn/hyyfy/202306/t20230612_11095466.htm，最后访问时间：2024 年 6 月 24 日。

③ 参见《中国代表团在〈联合国反腐败公约〉第十届缔约国会议"国际合作"议题下的发言》，中华人民共和国常驻维也纳联合国和其他国际组织代表团网站，2023 年 12 月 20 日，http：//vienna.china-mission.gov.cn/drugandcrime/202312/t20231220_11208072.htm，最后访问时间：2024 年 6 月 24 日。

④ 参见《中国代表团在〈联合国反腐败公约〉第十届缔约国会议"技术援助"议题下的发言》，中华人民共和国常驻维也纳联合国和其他国际组织代表团网站，2023 年 12 月 20 日，http：//vienna.china-mission.gov.cn/drugandcrime/202312/t20231220_11208075.htm，最后访问时间：2024 年 6 月 24 日。

⑤ 参见《中国代表团在〈联合国反腐败公约〉第十届缔约国会议"资产追回"议题下的发言》，中华人民共和国常驻维也纳联合国和其他国际组织代表团网站，2023 年 12 月 20 日，http：//vienna.china-mission.gov.cn/drugandcrime/202312/t20231220_11208074.htm，最后访问时间：2024 年 6 月 24 日。

⑥ 参见《张军大使在安理会跨国有组织犯罪问题公开辩论会上的发言》，中华人民共和国常驻联合国代表团网站，2023 年 12 月 7 日，http：//un.china-mission.gov.cn/zgylhg/jjalh/alhzh/202312/t20231208_11196878.htm，最后访问时间：2024 年 6 月 24 日。

四 积极参与全球人权治理

（一）为全球人权事业贡献中国方案

2023 年是《世界人权宣言》通过 75 周年和《维也纳宣言和行动纲领》通过 30 周年。中国始终坚持以人民为中心的发展思想，在推进中国式现代化的进程中不断提升人权保障水平，历史性地解决了绝对贫困，建成了世界上规模最大的教育体系、社会保障体系、医疗卫生体系。中国把尊重和保障人权贯穿立法、执法、司法、守法各个环节，坚决维护社会公平正义，在全面推进依法治国进程中全面保障人权。①

中国就执行《经济、社会及文化权利国际公约》提交了第三次履约报告。自上次履约审议以来，中国坚定不移走中国人权发展道路，持续完善促进和保护经社文权利的总体规划，制定颁布了《民法典》《反家庭暴力法》等新法律，修改了《人口与计划生育法》《教育法》，废止了劳动教养等规定；坚持将生存权和发展权作为首要基本人权，深入贯彻以人民为中心的发展思想，坚持在发展中保障和改善民生，全面推进健康中国建设，把"以治病为中心"转变为"以人民健康为中心"，人民的健康权得到更加充分保障；坚持绿水青山就是金山银山，生态环境显著改善；积极保障教育权和文化权，教育普及水平实现历史性跨越，城乡免费义务教育全面实现，进入高等教育普及化阶段；进一步加强妇女儿童、少数民族、残疾人、老年人等特定群体权益保障；积极开展经社文领域国际合作，累计向 166 个国家和国际组织提供发展援助。②

---

① 参见《常驻联合国代表张军大使在第 78 届联大三委人权议题一般性辩论的发言》，中华人民共和国外交部网站，2023 年 10 月 17 日，https：//www.mfa.gov.cn/web/zwbd_673032/wjzs/202310/t20231019_11163836.shtml，最后访问时间：2024 年 6 月 24 日。

② 参见《中国代表团团长陈旭大使在中国参加〈经济、社会及文化权利国际公约〉履约审议上的介绍性发言》，中华人民共和国常驻联合国日内瓦办事处和瑞士其他国际组织代表团网站，2023 年 2 月 15 日，http：//geneva.china-mission.gov.cn/dbtxwx/202302/t20230216_11025583.htm，最后访问时间：2024 年 6 月 24 日。

（二）积极参与磋商各项人权议题

中国密切关注粮食权问题、发展权问题、老年妇女权益问题，并就巴勒斯坦人权问题、土著人民权利等重大议题阐述了中国立场与主张。

消除饥饿和贫困，是全人类的共同责任。中国强调单边强制措施将粮食工具化、武器化对全球粮食供应链的消极影响，敦促美国停止滥施单边强制措施，切实维护世界粮食安全。此外，核污染水处置事关全球生态环境安全，不负责任的排海行为危害食品安全，侵犯周边国家粮食权。日本应正视各方合理关切，以科学、公开、透明、安全的方式处置核污染水，并接受严格监督，切实保护海洋环境和各国民众健康权益。①

当前全球疫情、气候、经济、粮食、能源等多重危机严重冲击各国特别是发展中国家的经济社会发展和民生。中国认为各国应当坚持以人民为中心的发展理念，把促进发展、保障民生置于宏观政策的突出位置，加快落实2030年可持续发展议程。但当前全球范围内落实发展权仍然任重道远，单边制裁措施对实现发展权产生了严重的消极影响，多边人权机构长期以来对发展权的投入也严重不足。包括人权理事会、人权高专办等联合国人权机制在内的各方应当进一步加大对发展权的重视，以实际行动落实在《发展权利宣言》中的重要承诺。②

在全球妇女事业显著发展的同时，随着全球人口日益老龄化，老年妇女面临年龄歧视、贫困、社会保障不足等困难，促进和保护老年妇女权利是各国需要面对的重要议题。中国认为，应当采取切实措施消除老年妇女面临的

---

① 参见《中国代表团在人权理事会第52届会议与粮食权问题特别报告员互动对话时的发言稿》，中华人民共和国常驻联合国日内瓦办事处和瑞士其他国际组织代表团网站，2023年3月9日，http：//geneva. china-mission. gov. cn/dbdt/202303/t20230313_11039778. htm，最后访问时间：2024年6月24日。

② 参见《陈旭大使在人权理事会第52届会议纪念〈发展权利宣言〉通过35周年高级别会议上的发言》，中华人民共和国常驻联合国日内瓦办事处和瑞士其他国际组织代表团网站，2023年3月1日，http：//geneva. china-mission. gov. cn/zgylhg/202303/t20230301_11033149. htm，最后访问时间：2024年6月24日。

各类困难，保障其合法权益，既要促进平等，切实落实 1995 年《北京宣言》和《行动纲领》,① 消除针对老年妇女的偏见、歧视和暴力，又要强化保障，为老年妇女提供更加完备的养老条件，包括医疗、失业等社会保障待遇，并提高老年妇女对经济社会文化事务的参与度，让她们成为推动落实 2030 年可持续发展议程、实现疫后复苏和发展的参与者、贡献者和受益者。②

中国高度关注被占巴勒斯坦领土人权状况。近年来，以色列在被占巴勒斯坦领土上的定居点持续扩大，挤压巴勒斯坦人民生存空间。巴勒斯坦人民的生存权、发展权等基本人权遭到严重损害。中国强调各方切实执行联合国大会和人权理事会关于保护巴勒斯坦人民权利的决议，呼吁以色列停止扩建定居点，停止驱逐巴勒斯坦民众，尽快解除对加沙地带的封锁，切实保障巴勒斯坦人民合法权益。中国认为巴以紧张局势根本原因在于"两国方案"迟迟未得到落实。国际社会应增强紧迫感，推动巴以在"两国方案"基础上尽快重启和谈，解决耶路撒冷及其他最终地位问题，早日实现巴以和平共存。中国支持建立以 1967 年边界为基础、以东耶路撒冷为首都、拥有完全主权、独立的巴勒斯坦国。③

对西方国家侵犯土著人权利行径，中国表示，美、加、澳等国历史上掠夺土著人民土地资源，实施残酷奴役、大规模屠杀，甚至是种族灭绝和文化灭绝，至今仍采取歧视性法律政策，长期系统性严重侵犯土著人民包括政治参与、经济、社会、文化、发展等在内的各类基本人权。中国敦促有关国家正视自身人权罪行，承担历史责任和人权义务，对侵

---

① 参见联合国妇女署文件，https：//www.unwomen.org/sites/default/files/Headquarters/Attachments/Sections/CSW/Chinese_ PFA_ web.pdf，第 7 页。

② 参见《陈旭大使在人权理事会代表 60 国发言呼吁重视保障老年妇女权益》，中华人民共和国常驻联合国日内瓦办事处和瑞士其他国际组织代表团网站，2023 年 6 月 30 日，http：//geneva.china-mission.gov.cn/zgylhg/202307/t20230701_11106530.htm，最后访问时间：2024 年 6 月 24 日。

③ 参见《中国代表团在人权理事会第 52 届会议议题七一般性辩论上的发言》，中华人民共和国常驻联合国日内瓦办事处和瑞士其他国际组织代表团网站，2023 年 3 月 29 日，http：//geneva.china-mission.gov.cn/zgylhg/202303/t20230329_11051352.htm，最后访问时间：2024 年 6 月 24 日。

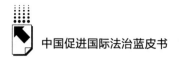

犯土著人权利的行为立即悬崖勒马，采取实际行动切实保障土著人民应有权利。①

（三）反对借人权问题对别国施压

中国坚决反对任何国家或外部势力以人权为借口干涉中国内政和司法主权。针对某些国家妄评香港国安法的行为，中国强调，香港国安法实施后，香港特别行政区进入由乱到治走向由治及兴的新阶段，法治重新彰显，香港居民的权利自由得到更好保障。香港的法治和司法独立受《基本法》保障，法院独立进行审判，不受任何干涉。②

针对"缅甸人权状况"的决议，中国认为，国际社会应当坚持劝和促谈的正确方向，在尊重缅甸主权、政治独立、领土完整和统一的前提下，为推动缅甸各方理性对话、弥合分歧发挥建设性作用。国际社会要认真听取东盟意见，尊重"东盟方式"，维护东盟团结和主导地位，为东盟凝聚共识、发挥作用创造必要条件，留出时间空间。③

五　积极推动"海空天网"领域国际治理

（一）海洋领域

1."海洋和海洋法"议题

海洋是全人类共同的家园，保护和可持续利用海洋是国际社会的共同责

---

① 参见《中国代表在人权理事会谴责西方国家侵犯土著人权利行径》，中华人民共和国常驻联合国日内瓦办事处和瑞士其他国际组织代表团网站，2023 年 9 月 29 日，http：//geneva. china-mission. gov. cn/zgylhg/202309/t20230929_11153498. htm，最后访问时间：2024年 6 月 24 日。

② 参见《中国代表在人权理事会就香港国安法问题阐明严正立场》，中华人民共和国常驻联合国日内瓦办事处和瑞士其他国际组织代表团网站，2023 年 6 月 26 日，http：//geneva. china-mission. gov. cn/dbdt/202306/t20230627_11104460. htm，最后访问时间：2024年 6 月 24 日。

③ 参见《戴兵大使在缅甸问题联大非正式会议上发言》，中华人民共和国常驻联合国代表团网站，2023 年 3 月 16 日，http：//un. china-mission. gov. cn/hyyfy/202303/t20230317_11043312. htm，最后访问时间：2024 年 6 月 24 日。

任和共同目标。中国主张加强团结合作，推动构建海洋命运共同体。各国应践行多边主义，维护联合国在全球海洋治理中的核心地位；应捍卫公平正义，维护以国际法为基础的国际海洋秩序；应完善法律体系，维护包括国际涉海条约和习惯国际法在内的现代海洋法制度。

中国积极支持国际海洋法法庭、国际海底管理局和大陆架界限委员会三大机构运作。中国是国际海洋法法庭和国际海底管理局的最大会费国，并常年向大陆架界限委员会和国际海底管理局有关基金提供捐助。中国认为，国际司法或仲裁机构应恪守国家同意原则，充分尊重各国自主选择争端解决方式的权利，完整、准确、善意地解释和适用《联合国海洋法公约》。大陆架界限委员会应严格遵守《大陆架界限委员会议事规则》，尤其是"有争端、不审议"条款，避免介入沿海国陆地或海洋争端。中国一贯主张平衡开发利用和环境保护，支持国际海底管理局按照2023年7月各方达成的路线图，有序推进国际海底资源开发规章谈判进程。[1]

2. BBNJ协定的谈判与签署

《〈联合国海洋法公约〉下国家管辖范围以外区域海洋生物多样性的养护和可持续利用协定》（以下简称"BBNJ协定"）历经近20年谈判，于2023年9月协商一致获得通过，成为海洋法发展史上的又一里程碑。[2] BBNJ协定包括海洋遗传资源获取和分享、海洋保护区设立、环境影响评价、能力建设和海洋技术转让等内容，旨在为全球海洋治理进一步建章立制。中国积极参与BBNJ协定谈判进程，对协定最终达成发挥了建设性作用。中国致力于以下两点。

其一，关注自身海洋生态系统的保护。通过划定海洋自然保护地、海洋生态保护红线等措施实施海洋保护，通过完善法律法规和制度政策、实施海

---

① 参见《耿爽大使在第78届联大"海洋和海洋法"议题下的发言》，中华人民共和国常驻联合国代表团网站，2023年12月5日，http：//un.china-mission.gov.cn/zgylhg/flyty/hyfsw/202312/t20231206_11195501.htm，最后访问时间：2024年6月24日。
② 参见《中国签署"海洋生物多样性协定"》，中国政府网，2023年9月21日，https：//www.gov.cn/govweb/lianbo/bumen/202309/content_6905369.htm，最后访问时间：2024年6月24日。

洋生态保护修复和综合治理，来提升海洋生物多样性的就地保护成效，同时设立禁渔区或禁渔期，防止过度捕捞。通过改革建立以国家公园为主体的自然保护地体系、创造性建立兼顾发展和保护的生态保护红线制度，形成可为世界各国特别是广大发展中国家提供借鉴参考的"中国方案"。

其二，共同承担全球生物多样性保护的责任。中国在谈判中采取建设性政策立场，支持 BBNJ 协定的目标和原则，并提出具体建议，以促进海洋生物多样性保护和可持续利用。中国积极与其他国家合作，分享海洋科学和技术知识。中国的积极参与和建设性作用，有助于加强 BBNJ 协定的实施，推动全球海洋生物多样性保护。①

3. 积极参加联合国海洋法法庭涉气候变化咨询意见案

2022 年 12 月 12 日，小岛屿国家气候变化与国际法委员会请求国际海洋法法庭就《联合国海洋法公约》缔约国在应对气候变化对海洋环境影响方面所承担的义务发表咨询意见。该案系首起由全球性司法机构处理的涉气候变化与海洋环保规则互动的案件。2023 年 6 月 15 日，中国向国际海洋法法庭提交书面意见，阐述法庭全庭没有咨询管辖权的立场，同时正面阐述我国应对气候变化的政策、立场、主张和举措。2023 年 9 月 11~25 日，中国等 33 个《联合国海洋法公约》缔约国及非洲联盟等 3 个国际组织参加了法庭举行的口头程序。这是中国首次参与国际海洋法法庭口头程序。

中国在口头陈述中阐述了以下主要观点。第一，法庭不享有全庭咨询管辖权。第二，将人为温室气体排放对海洋环境的有害影响定性为主要是气候变化法问题，同时也涉及国际海洋法问题。国际气候变化法在处理气候变化及其对海洋的不利影响问题上处于基础和首要地位，各方应充分尊重气候变化法的原则、规则及立法精神。第三，《联合国海洋法公约》在保护保全海洋环境免受气候变化不利影响方面发挥辅助作用。解释和适用《联合国海洋法公约》应与《联合国气候变化框架公约》体系保持一致，人为温室气

---

① 参见《签署"海洋生物多样性协定"，为全球海洋治理贡献中国智慧》，中工网，2023 年 9 月 27 日，https://www.workercn.cn/c/2023-09-27/7997155.shtml，最后访问时间：2024 年 6 月 24 日。

体排放对海洋的影响自成一类，不应将其定性为"海洋环境污染"，气候变化问题所具有的特殊性决定了其不能适用《联合国海洋法公约》有关国家责任制度。第四，各国在《联合国海洋法公约》框架下应承担减缓温室气体排放、采取有关适应措施、开展国际合作、向发展中国家提供科学技术援助、进行环境影响评估等方面的义务。第五，中国作为负责任发展中大国为全球气候治理作出重要贡献。①

4. 推动渔业可持续发展

渔业可持续发展是全球海洋治理的重要组成部分，事关各国粮食安全和经济发展。中国始终致力于科学养护和可持续利用渔业资源，促进全球渔业的可持续发展。其一，坚持渔业资源可持续利用。中国坚持走可持续发展道路，正确处理渔业资源养护与开发之间的关系，科学管理渔业资源；创新性实施公海自主休渔，在养护公海渔业资源方面取得显著效果。其二，严格实施远洋渔业监管。中国以"零容忍"态度坚决打击非法、不报告和不受管制捕捞行为；切实履行所加入的区域渔业管理组织或协定的义务，积极研究加入关于预防制止和消除非法捕捞的《港口国措施协定》。② 同时，中国坚决反对任何国家以"打击非法捕捞"为名恶意攻击抹黑他国。其三，深化开展国际渔业合作。中国积极参与联合国框架下的多边渔业治理，为最终达成《渔业补贴协定》作出重要贡献，并已于2023年6月完成该协定的批约程序。③ 截至2023年12月，中国已加入8个区域渔业管理组织，与40多个国家在互利互惠前提下开展双边渔业合作。④

---

① 参见《中国首次参与国际海洋法法庭口头程序》，央视网，2023年10月16日，https://ocean.cctv.com/2023/10/16/ARTIq2wp2EFZpORtbUJy7K89231016.shtml，最后访问时间：2024年6月24日。

② 参见《中国的远洋渔业发展》，中国政府网，2023年10月24日，https://www.gov.cn/zhengce/202310/content_6911268.htm，最后访问时间：2024年6月24日。

③ 参见《中国正式接受世贸组织〈渔业补贴协定〉议定书》，中华人民共和国商务部网站，2023年6月27日，http://www.mofcom.gov.cn/article/xwfb/xwbldhd/202306/2023060341 8695.shtml，最后访问时间：2024年6月24日。

④ 参见《耿爽：联大本不是讨论南海问题的合适场合，中方必须作出严正回应》，腾讯网，2023年12月6日，https://new.qq.com/rain/a/20231206A059FH00，最后访问时间：2024年6月24日。

5. 推进蓝色经济伙伴关系

中国秉持互利共赢的合作观，在共商共建共享原则基础上，打造蓝色经济伙伴关系。中国与世界各国加大港口码头、海底光缆等基础设施建设合作，维护航道安全，不断提升海上互联互通水平。① 中国积极落实"21 世纪海上丝绸之路"倡议，推动海上互联互通水平不断提升，港口航运合作不断深化，"丝路海运"网络持续拓展。中国秉持亲诚惠容理念，与周边国家大力推进海上科研、金融、贸易、物流等各领域合作，向广大发展中国家和地区提供技术培训与能力建设支持。中国积极落实联合国"海洋十年"倡议，成立"海洋十年"中国委员会、国际合作中心，与各国深化海洋科学合作，不断取得新成果。②

6. 南海问题

中国在南海的领土主权和海洋权益是在长期历史过程中形成的，为中国历届政府所坚持，符合包括《联合国宪章》《联合国海洋法公约》在内的国际法。中国尊重各国依据国际法在南海享有的航行自由，但坚决反对任何国家以此为名，损害中国主权和安全利益。中国认为，"南海仲裁案"系菲律宾单方面提起，仲裁庭越权管辖，枉法裁判。中方不接受、不参与仲裁，不接受、不承认所谓裁决，也不接受任何基于该裁决的主张和行动。处理南海问题，谈判协商是现实有效途径。仁爱礁历来是中国南沙群岛的一部分，中国坚决反对菲方的侵权挑衅行径，采取必要措施维护自身领土主权，同时致力于通过对话协商妥善处理问题，愿就管控仁爱礁局势与菲方进行商谈。③

---

① 参见《共建和平安宁、公平正义、清洁美丽、繁荣昌盛的海洋家园——王毅同志在第四届"海洋合作与治理论坛"开幕式上的致辞》，中华人民共和国外交部网站，2023 年 11 月 8 日，https：//www.mfa.gov.cn/web/wjbzhd/202311/t20231108_11175787.shtml，最后访问时间：2024 年 6 月 24 日。

② 参见《携手并肩 共护家园 推进海洋合作与治理行稳致远——外交部副部长孙卫东在第四届"海洋合作与治理论坛"开幕式上的讲话》，中华人民共和国外交部网站，2023 年 11 月 13 日，https：//www.mfa.gov.cn/web/wjbxw_673019/202311/t20231113_11178824.shtml，最后访问时间：2024 年 6 月 24 日。

③ 参见《中方在联大就有关南海问题错误言论作出严正回应》，光明网，2023 年 12 月 6 日，https：//baijiahao.baidu.com/s? id＝1784497682494766106&wfr＝spider&for＝pc，最后访问时间：2024 年 6 月 24 日。

中国和东盟国家积极推进"南海行为准则"磋商，当前已成功完成二读，进入三读新阶段。中国同包括菲律宾在内的东盟国家继续全面有效落实《南海各方行为宣言》，推动早日达成"准则"，共同维护南海和平稳定。①

（二）空间领域

1. 推进航空领域国际合作

2023 年，中国与 125 个签署航空运输协定国家均已恢复疫情前双边航权安排适用。中国民航局与哈萨克斯坦、塔吉克斯坦民航部门于 2023 年 10 月签署共建"空中丝绸之路"谅解备忘录，推动中美民航合作项目（ACP）、中欧民航合作项目（APP）转型升级，完成中瑞航空安全协定及适航实施程序签署。② 中国将进一步落实中美元首会晤成果，推进中美直航航班大幅增加；扩大与"一带一路"共建国家航权安排，深化与中亚、中东、非洲等地区的项目合作；提升现有三、四航权资源使用效率，支持航空公司根据航线网络拓展需要用好境外第五航权；推动优化签证和出入境政策，提高通关便利化水平，提升国际航班出入境效率。③

2.《北京议定书》对中国生效

2010 年国际航空保安公约外交大会在北京通过《关于制止非法劫持航空器的公约的补充议定书》（以下简称《北京议定书》）。2023 年 6 月 30 日，第十四届全国人大常委会第三次会议审议并批准《北京议定书》。2023 年 12 月 1 日，《北京议定书》对中国正式生效。截至 2023 年 12 月，

---

① 参见《加快"南海行为准则"磋商 构建合作与安全的南海秩序》，新华社，2023 年 3 月 30 日，https://baijiahao.baidu.com/s?id=1761806592120329395&wfr=spider&for=pc，最后访问时间：2024 年 6 月 24 日。

② 参见《2023 年民航国际开放合作深入拓展》，中国民航网，2024 年 1 月 4 日，http://www.caacnews.com.cn/1/1/202401/t20240104_1373644.html，最后访问时间：2024 年 6 月 24 日。

③ 参见《国际客运市场加快恢复》，中国商务新闻网，2024 年 1 月 10 日，https://www.comnews.cn/content/2024-01-10/content_36311.html，最后访问时间：2024 年 6 月 24 日。

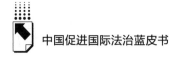

共有包括中国、俄罗斯、法国、德国、新加坡等在内的 47 个国家批准
《北京议定书》。①

《北京议定书》共 25 条，对 1970 年《关于制止非法劫持航空器的海牙
公约》从四个方面进行了补充修订：其一，扩展了非法劫持航空器的内涵，
纳入了包括胁迫、技术手段等劫持航空器的行为或新型手段；其二，将威胁
实施劫持航空器的行为界定为犯罪，将组织或领导他人实施犯罪、协助逃
匿、协助实施相关犯罪以及协助团伙犯罪等界定为犯罪；其三，扩大了管辖
权范围，增加了犯罪发生地国管辖权、犯罪嫌疑人国籍国管辖权，明确了当
事国可以确立针对本国国民实施犯罪的管辖权以及犯罪嫌疑人为惯常居住于
本国的无国籍人的管辖权；其四，吸收了近年来联合国其他反恐公约中的规
定，如公平待遇条款、政治犯例外条款等，② 从实体法和程序法的角度完善
了国际航空保安公约体系。

（三）外空领域

1. 防止外空武器化和军备竞赛

2023 年 2 月，中国发布的《全球安全倡议概念文件》提出，加强外空
领域国际合作，维护以国际法为基础的外空国际秩序。基于国际法开展外空
活动，尊重并确保各国平等享有和平利用外空的权利，坚决反对外空武器化
和军备竞赛，支持谈判缔结外空军控国际法律文书。③

2023 年 10 月，第 78 届联合国大会裁军与国际安全委员会（联大一委）
表决通过"防止外空军备竞赛的进一步切实措施""不首先在外空放置武

---

① 参见《〈北京议定书〉12 月 1 日起对我国正式生效》，中国民航网，2023 年 11 月 30 日，
http：//www.caac.gov.cn/PHONE/XWZX/MHYW/202311/t20231130_222192.html，最后访
问时间：2024 年 6 月 24 日。

② 参见《全国人大常委会批准〈北京议定书〉》，中国民航网，2023 年 6 月 29 日，http：//
www.caac.gov.cn/PHONE/XWZX/MHYW/202306/t20230629_220481.html，最后访问时间：
2024 年 6 月 24 日。

③ 参见《外空治理体系变革需全球加强合作》，人民日报海外网，2023 年 7 月 13 日，
https：//baijiahao.baidu.com/s？id=1771251655561972428&wfr=spider&for=pc，最后访问时
间：2024 年 6 月 24 日。

器"等决议，人类命运共同体理念连续七年写入联大外空军控决议。在外空领域践行人类命运共同体理念，就是致力于维护一个和平、安全、开放、合作的外空，确保全人类共享外空安全和发展红利。①

2023年12月，第78届联合国大会高票通过中俄共提的"不首先在外空部署武器"决议草案，重申防止外空军备竞赛目标，呼吁各国在中俄提出的外空军控条约草案（PPWT）基础上启动国际法律文书谈判。②

2. 积极参与和平利用外空国际规则制定

2023年5月31日至6月9日，联合国和平利用外层空间委员会第66届会议在维也纳举行。空间资源开发、大型星座部署等新型外空活动助推外空国际规则制定走向深入，外空活动长期可持续性（LTS）进程继续受到各方重视。

中国在一般性辩论、维持外空用于和平目的、科技小组报告、法律小组报告、空间与可持续发展、空间与气候变化、外空委的未来作用和工作方法、空间探索与创新、"空间2030"议程共9个议题下发言。中国支持外空委法律小组委框架下空间资源活动法律问题工作组的工作，期待有关讨论有助于厘清空间资源活动方面的法律规则，确保外空法的统一普遍适用。③ 面对外空国际治理的新课题、新挑战，中国呼吁支持外空委发挥在促进和平利用外空全球治理和国际合作方面的主平台作用，坚持真正多边主义，维护以《外空条约》为基础的外空国际秩序。④

---

① 参见《人类命运共同体理念再次写入联大外空军控决议》，中国新闻网，2023年11月1日，https：//www.hn.chinanews.com.cn/news/gngj/2023/1101/482469.html，最后访问时间：2024年6月24日。

② 参见《外交部：希望有关国家支持并建设性参与外空军控法律文书谈判》，中国新闻网，2023年12月6日，https：//www.chinanews.com.cn/gn/2023/12-06/10123549.shtml，最后访问时间：2024年6月24日。

③ 参见《新活动呼唤新规则——2023年联合国外空委大会会议情况》，中华人民共和国常驻维也纳联合国和其他国际组织代表团网站，2023年6月13日，http：//vienna.china-mission.gov.cn/hyfy/202306/t20230614_11096073.htm，最后访问时间：2024年6月24日。

④ 参见《常驻维也纳联合国和其他国际组织代表李松大使出席外空委法律小组委第62届会议并会见会议主席》，中华人民共和国外交部网站，2023年3月23日，http：//www1.fmprc.gov.cn/zwbd_673032/wshd_673034/202303/t20230323_11047890.shtml，最后访问时间：2024年6月24日。

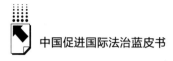

3. 加强月球科研探测国际合作

中国对探月合作始终持开放态度。2023 年，中国先后与亚太空间合作组织①、欧洲空间局②、法国国家空间研究中心③、南非国家航天局④、泰国国家天文研究所⑤、阿塞拜疆航天局⑥、巴基斯坦空间和外大气层研究委员会⑦、白俄罗斯国家科学院⑧、埃及航天局⑨等就月球科研合作签署联合声明、合作协定或谅解备忘录。截至 2023 年 12 月，中国已与 50 多个国家、国际组织签订了 150 多份空间合作文件。中国同各方在月球与深空探测、航天器研制及发射、航天基础设施建设、卫星数据接收与应用、金砖遥感卫星星座、空间科学和天文观测等领域开展共同研究与开发合作，并在国际月球科研站的联合论证和研究、空间任务、空间系统和分系统、空间设备、地面段及应用、教育培训和能力建设等方面开展合作。

---

① 参见《国家航天局与亚太空间合作组织签署关于国际月球科研站合作联合声明》，新华社，2023 年 4 月 25 日，https：//baijiahao. baidu. com/s? id = 1764145740301722610&wfr = spider&for = pc，最后访问时间：2024 年 6 月 24 日。

② 参见《嫦娥六号将搭载欧方、法方载荷》，中国新闻网，2023 年 6 月 13 日，https：//www. chinanews. com/gn/2023/06-13/10023879. shtml，最后访问时间：2024 年 6 月 24 日。

③ 参见《嫦娥六号将搭载欧方、法方载荷》，中国新闻网，2023 年 6 月 13 日，https：//www. chinanews. com/gn/2023/06-13/10023879. shtml，最后访问时间：2024 年 6 月 24 日。

④ 参见《南非加入国际月球科研站计划》，国家航天局网站，2023 年 9 月 7 日，https：//www. cnsa. gov. cn/n6758823/n6758840/c10370666/content. html，最后访问时间：2024 年 6 月 24 日。

⑤ 参见《深空探测实验室与泰国国家天文台签署国际月球科研站合作谅解备忘录》，深空探测实验室网站，2023 年 9 月 26 日，http：//www. dsel. cc/#/spaceFile/index，最后访问时间：2024 年 6 月 24 日。

⑥ 参见《阿塞拜疆加入国际月球科研站计划》，中国青年网，2023 年 10 月 8 日，http：//news. youth. cn/gj/202310/t20231008_14834787. htm，最后访问时间：2024 年 6 月 24 日。

⑦ 参见《白俄罗斯、巴基斯坦加入国际月球科研站计划》，中国青年网，2023 年 10 月 25 日，https：//baijiahao. baidu. com/s? id=1780724538388425786&wfr=spider&for=pc，最后访问时间：2024 年 6 月 24 日。

⑧ 参见《白俄罗斯、巴基斯坦加入国际月球科研站计划》，中国青年网，2023 年 10 月 25 日，https：//baijiahao. baidu. com/s? id=1780724538388425786&wfr=spider&for=pc，最后访问时间：2024 年 6 月 24 日。

⑨ 参见《中埃（及）航天局签署航天领域合作文件》，国家航天局网站，2023 年 12 月 6 日，https：//www. cnsa. gov. cn/n6758823/n6758838/c10427728/content. html，最后访问时间：2024 年 6 月 24 日。

（四）网络空间领域

1. 加强网络空间治理国际合作

中国坚持网络主权，支持联合国在网络空间全球治理中发挥核心作用，积极参与网络空间国际规则制定，开展网络法治领域国际交流合作，与世界各国共同致力于建立多边、民主、透明的全球互联网治理体系。[①] 对于国家负责任使用信息通信技术问题，与西方国家特别强调促进网络空间负责任国家行为规范的适用不同，中国认为有必要制定新规则，强调制定新规则的重要性，应保证各方广泛参与制定这类新规则，要在责任共担、权利共享基础上制定新规则。[②]

2023 年世界互联网大会乌镇峰会发布了《中国互联网发展报告 2023》和《世界互联网发展报告 2023》蓝皮书。[③] 其中数字法律与治理论坛以"数字治理的制度化、法治化与国际化"为主题，聚焦数字法治前沿理论和实践热点问题，广泛汇聚网络法治共识，深化数字网络法治领域国际合作，助力共同构建更加公平合理、开放包容、安全稳定、富有生机活力的网络空间与数字社会。[④]

2. 积极参与人工智能国际治理

联合国安理会于 2023 年 7 月首次就人工智能议题召开高级别公开会议，讨论人工智能应用的双重性及其全球治理。中国提出了伦理先行、安全可控、公平普惠、开放包容以及和平利用等 5 条人工智能治理原则，支持联合

[①] 参见《新时代的中国网络法治建设》，中华人民共和国国家互联网信息办公室网站，2023 年 3 月 16 日，http：//www. cac. gov. cn/2023 – 03/16/c _1680605020289829. htm？eqid = 86290fe9001011a1000000026433df8f，最后访问时间：2024 年 6 月 24 日。

[②] 参见《网络空间国际规则前沿与态势简报 第三十四期（2023.05.01—2023.05.31）》，"网络空间国际法前沿"微信公众号，2023 年 6 月 9 日。

[③] 参见《〈中国互联网发展报告 2023〉和〈世界互联网发展报告 2023〉蓝皮书发布》，中华人民共和国国家互联网信息办公室网站，2023 年 11 月 8 日，http：//www. cac. gov. cn/2023–11/08/c_1701102645017335. htm，最后访问时间：2024 年 6 月 24 日。

[④] 参见《2023 年世界互联网大会乌镇峰会数字法律与治理论坛举行》，中华人民共和国国家互联网信息办公室网站，2023 年 11 月 9 日，http：//www. cac. gov. cn/2023 – 11/09/c _1701193593506612. htm，最后访问时间：2024 年 6 月 24 日。

国在此方面发挥中心协调作用，支持各国特别是发展中国家充分参与。① 2023 年 10 月，中国提出《全球人工智能治理倡议》，② 围绕人工智能发展、安全、治理 3 个方面系统清晰地阐述了中国路径和中国方案，提出"三个确保"。一是确保有益。人工智能的发展应有利于人类共同福祉，符合人类伦理规范，符合国际法规则，符合人类文明进步方向。二是确保安全。人工智能应始终处于人类控制之下，不断提高可解释性和可预测性，为此要建立各种风险评估和管控方案。三是确保公平。应在联合国框架下成立人工智能国际治理机构，使各国都能在人工智能的发展进程中平等参与、平等受益。③

六　大力维护国际经贸格局

（一）推动区域经济伙伴关系发展

2023 年 5 月，中国同中亚五国达成包括《中国-中亚峰会西安宣言》《中国-中亚峰会成果清单》等在内的 7 份双多边文件，签署了 100 余份各领域合作协议。④ 2023 年 8 月，金砖国家第十三次经贸部长会议达成《金砖国家加强多边贸易体制和世贸组织改革的声明》、《金砖国家数字经济工作组职责文件》、《金砖国家数字经济工作组工作计划》、《金砖国家关于加强

① 参见《安理会首次就人工智能问题举行会议 中方提治理五原则》，中国新闻网，2023 年 7 月 19 日，https：//baijiahao. baidu. com/s？ id = 1771800930629026279&wfr = spider&for = pc，最后访问时间：2024 年 6 月 24 日。
② 参见《全球人工智能治理倡议》，中华人民共和国外交部网站，2023 年 10 月 20 日，https：//www. fmprc. gov. cn/web/ziliao_674904/1179_674909/202310/t20231020_11164831. shtml，最后访问时间：2024 年 6 月 24 日。
③ 参见《中共中央政治局委员、外交部长王毅就中国外交政策和对外关系回答中外记者提问》，中华人民共和国外交部网站，2024 年 3 月 7 日，http：//switzerlandemb. fmprc. gov. cn/wjdt_674879/wjbxw_674885/202403/t20240307_11255225. shtml，最后访问时间：2024 年 6 月 24 日。
④ 参见《习近平在中国-中亚峰会上的主旨讲话》，中国政府网，2023 年 5 月 19 日，https：//www. gov. cn/govweb/yaowen/liebiao/202305/content_6874886. htm？ eqid = a4542476000d1ae30000000264865ec4，最后访问时间：2024 年 6 月 24 日。

韧性和可持续发展的供应链合作框架》和《金砖国家中小微企业合作框架》等成果文件。①

2023年10月，东亚合作经贸部长系列会议就深化中国-东盟经贸合作、推动中国-东盟自贸区3.0版建设、高质量实施RCEP协定、加强区域产业链供应链对接合作、维护多边贸易体制等国际和地区重点经贸合作事项达成《中国-东盟电子商务合作倡议》，通过《中国-东盟自贸区实施情况及3.0版谈判进展报告》，并确认2024年共同举办中国-东盟投资法律交流研讨会。② 同月，首届中国-海湾阿拉伯国家合作委员会峰会就共同维护多边贸易体制、促进双向投资、深化产业链供应链合作、提升互联互通水平、推动能源转型等议题达成广泛共识，通过了《中华人民共和国与海湾阿拉伯国家合作委员会成员国经贸部长关于深化经贸合作的联合声明》。③

（二）推动双边经贸合作

2023年，中国分别与菲律宾④和印度尼西亚⑤就电子商务合作、与俄罗

---

① 参见《金砖国家第十三次经贸部长会议取得务实成果》，中华人民共和国商务部网站，2023年8月7日，http：//www.mofcom.gov.cn/article/xwfb/xwbldhd/202308/20230803426073.shtml，最后访问时间：2024年6月24日。

② 参见《东亚合作经贸部长系列会议在印尼三宝垄举行》，中华人民共和国商务部网站，2023年8月23日，http：//www.mofcom.gov.cn/article/xwfb/xwbldhd/202308/20230803435207.shtml，最后访问时间：2024年6月24日。

③ 参见《中国-海合会6+1经贸部长会取得积极成果》，中华人民共和国商务部网站，2023年10月22日，http：//www.mofcom.gov.cn/article/xwfb/xwbldhd/202310/20231003448050.shtml，最后访问时间：2024年6月24日。

④ 参见《中国与菲律宾签署电子商务合作谅解备忘录》，中华人民共和国商务部网站，2023年1月6日，http：//www.mofcom.gov.cn/article/xwfb/xwbldhd/202301/20230103377797.shtml，最后访问时间：2024年6月24日。

⑤ 参见《中国和印度尼西亚签署〈中华人民共和国商务部和印度尼西亚共和国经济统筹部关于电子商务合作的谅解备忘录〉》，中华人民共和国商务部网站，2023年9月8日，http：//www.mofcom.gov.cn/article/xwfb/xwbldhd/202309/20230903438919.shtml，最后访问时间：2024年6月24日。

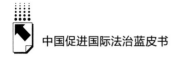

斯就双边经济合作重点方向①、与新加坡就实质性完成中国-新加坡自由贸易协定升级后续谈判②签署谅解备忘录或发布联合声明。2023年，中国先后与厄瓜多尔③、尼加拉瓜④、塞尔维亚⑤签署双边自由贸易协定，与安哥拉签署促进和相互保护投资的协定⑥，与新加坡签署升级双边自由贸易协定的议定书⑦，推动双边贸易和投资持续、稳定、多元化发展。

（三）加强知识产权国际保护

1. 加强与世界知识产权组织合作

2023年是中国与世界知识产权组织合作五十周年。中国坚定维护以世界知识产权组织为核心的知识产权多边体系，推动全球知识产权治理体制向着更加公正合理方向发展。推进知识产权国际交流合作，应坚持开放包容、平衡普惠的原则，共同促进知识产权高效创造运用，让创新成果更好造福人类。中国愿与世界知识产权组织共同推动知识产权保护国际合作，依法严厉

---

① 参见《中华人民共和国主席和俄罗斯联邦总统关于2030年前中俄经济合作重点方向发展规划的联合声明》，中国政府网，2023年3月22日，https：//www.gov.cn/xinwen/2023-03/22/content_5747725.htm，最后访问时间：2024年6月24日。

② 参见《中国与新加坡宣布实质性完成自贸协定升级后续谈判》，中华人民共和国商务部网站，2023年4月1日，http：//www.mofcom.gov.cn/article/xwfb/xwbldhd/202304/20230403400620.shtml，最后访问时间：2024年6月24日。

③ 参见《中国与厄瓜多尔签署自由贸易协定》，中华人民共和国商务部网站，2023年5月11日，http：//www.mofcom.gov.cn/article/xwfb/xwbldhd/202305/20230503409193.shtml，最后访问时间：2024年6月24日。

④ 参见《中国与尼加拉瓜正式签署自贸协定》，中华人民共和国商务部网站，2023年8月31日，http：//www.mofcom.gov.cn/article/xwfb/xwbldhd/202308/20230803436859.shtml，最后访问时间：2024年6月24日。

⑤ 参见《中国与塞尔维亚签署自由贸易协定》，中华人民共和国商务部网站，2023年10月17日，http：//www.mofcom.gov.cn/article/xwfb/xwbldhd/202310/20231003446556.shtml，最后访问时间：2024年6月24日。

⑥ 参见《中国-安哥拉投资保护协定在京签署》，中华人民共和国商务部网站，2023年12月6日，http：//www.mofcom.gov.cn/article/xwfb/xwbldhd/202312/20231203458662.shtml，最后访问时间：2024年6月24日。

⑦ 参见《中国与新加坡签署中新自由贸易协定进一步升级议定书》，中华人民共和国商务部网站，2023年12月7日，http：//www.mofcom.gov.cn/article/xwfb/xwbldhd/202312/20231203458956.shtml，最后访问时间：2024年6月24日。

打击各类知识产权侵权行为，推动知识产权平等保护，在市场化法治化原则基础上开展技术交流合作。①

2. 推动知识产权国际合作

2023 年，在区域层面，中国与世界知识产权组织续签关于加强"一带一路"知识产权合作协议及其延期补充协议②，并先后通过《第一届中国-中亚知识产权局局长会议联合声明》③《中国-东盟 2023—2024 年度知识产权合作工作计划》④《中日韩知识产权合作十年愿景》⑤，发布《中国与共建"一带一路"国家十周年专利统计报告（2013—2022 年）》⑥《知识产权金融国家报告》⑦，积极推动落实《中欧地理标志保护与合作协定》⑧。

---

① 参见《中国与世界知识产权组织合作五十周年纪念暨宣传周主场活动在京举行》，中华人民共和国商务部网站，2023 年 4 月 27 日，http://ipr.mofcom.gov.cn/article/gjxw/gjzzh/sjzscqzz/202304/1978042.html，最后访问时间：2024 年 6 月 24 日。

② 参见《第三届"一带一路"国际合作高峰论坛务实合作项目清单》，中国一带一路网，2023 年 10 月 19 日，https://www.yidaiyilu.gov.cn/p/0FATUSGJ.html，最后访问时间：2024 年 6 月 24 日。

③ 参见《第一届中国-中亚知识产权局局长会议联合声明》，国家知识产权局网站，2023 年 7 月 30 日，https://www.cnipa.gov.cn/art/2023/7/30/art_53_186620.html，最后访问时间：2024 年 6 月 24 日。

④ 参见《第十四届中国-东盟知识产权局局长会议举行》，国家知识产权局网站，2023 年 9 月 19 日，https://www.cnipa.gov.cn/art/2023/9/19/art_53_187669.html，最后访问时间：2024 年 6 月 24 日。

⑤ 参见《申长雨局长率团出席 2023 年中日韩知识产权局局长会系列会议和知识产权用户研讨会》，国家知识产权局网站，2023 年 12 月 7 日，https://www.cnipa.gov.cn/art/2023/12/7/art_53_188926.html，最后访问时间：2024 年 6 月 24 日。

⑥ 参见《〈中国与共建"一带一路"国家十周年专利统计报告（2013—2022 年）〉于近日发布》，国家知识产权局网站，2023 年 10 月 18 日，https://www.cnipa.gov.cn/art/2023/10/18/art_53_188098.html，最后访问时间：2024 年 6 月 24 日。

⑦ 参见《第二十届上海知识产权国际论坛举行》，国家知识产权局网站，2023 年 12 月 13 日，https://www.cnipa.gov.cn/art/2023/12/13/art_53_188996.html，最后访问时间：2024 年 6 月 24 日。

⑧ 参见《国家知识产权局领导出席中欧地理标志合作发展论坛》，国家知识产权局网站，2023 年 10 月 19 日，https://www.cnipa.gov.cn/art/2023/10/19/art_53_188099.html，最后访问时间：2024 年 6 月 24 日。

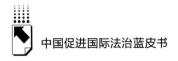
　　在双边层面，中国与伊朗①签署升级了知识产权合作谅解备忘录，与法国②推进专利审查高速路（PPH）试点项目，与挪威③、欧亚专利局④、俄罗斯⑤、丹麦⑥、日本⑦、沙特⑧、智利⑨延长专利审查高速路（PPH）试点项目，与欧洲专利局延长关于专利合作条约国际检索单位试点项目⑩，与日本联合完成《中日人工智能专利审查案例对比研究报告》⑪。

---

① 参见《中国国家知识产权局与伊朗知识产权主管机构升级版谅解备忘录在京签署》，国家知识产权局网站，2023 年 2 月 24 日，https：//www.cnipa.gov.cn/art/2023/2/24/art_53_182313.html，最后访问时间：2024 年 6 月 24 日。

② 参见《中法专利审查高速路（PPH）试点将于 2023 年 6 月 1 日启动》，国家知识产权局网站，2023 年 5 月 30 日，https：//www.cnipa.gov.cn/art/2023/5/30/art_53_185375.html，最后访问时间：2024 年 6 月 24 日。

③ 参见《中挪（威）专利审查高速路（PPH）试点项目延长》，国家知识产权局网站，2023 年 3 月 31 日，https：//www.cnipa.gov.cn/art/2023/3/31/art_53_183272.html，最后访问时间：2024 年 6 月 24 日。

④ 参见《中欧亚专利审查高速路（PPH）试点项目延长》，国家知识产权局网站，2023 年 3 月 31 日，https：//www.cnipa.gov.cn/art/2023/3/31/art_53_183273.html，最后访问时间：2024 年 6 月 24 日。

⑤ 参见《中俄专利审查高速路（PPH）试点项目延长》，国家知识产权局网站，2023 年 6 月 26 日，https：//www.cnipa.gov.cn/art/2023/6/26/art_53_185866.html，最后访问时间：2024 年 6 月 24 日。

⑥ 参见《申长雨会见丹麦专利商标局局长和丹麦驻华大使一行》，国家知识产权局网站，2023 年 9 月 28 日，https：//www.cnipa.gov.cn/art/2023/9/28/art_53_187841.html，最后访问时间：2024 年 6 月 24 日。

⑦ 参见《中日专利审查高速路（PPH）试点项目延长》，国家知识产权局网站，2023 年 10 月 26 日，https：//www.cnipa.gov.cn/art/2023/10/26/art_53_188252.html，最后访问时间：2024 年 6 月 24 日。

⑧ 参见《中沙专利审查高速路（PPH）试点项目延长》，国家知识产权局网站，2023 年 11 月 1 日，https：//www.cnipa.gov.cn/art/2023/11/1/art_53_188357.html，最后访问时间：2024 年 6 月 24 日。

⑨ 参见《中智专利审查高速路（PPH）试点项目延长》，国家知识产权局网站，2023 年 12 月 26 日，https：//www.cnipa.gov.cn/art/2023/12/26/art_53_189313.html，最后访问时间：2024 年 6 月 24 日。

⑩ 参见《中国国家知识产权局-欧洲专利局关于专利合作条约国际检索单位试点项目延期的联合公报》，国家知识产权局网站，2023 年 10 月 13 日，https：//www.cnipa.gov.cn/art/2023/10/13/art_53_187971.html，最后访问时间：2024 年 6 月 24 日。

⑪ 参见《国家知识产权局与日本特许厅联合完成〈中日人工智能专利审查案例对比研究报告〉》，国家知识产权局网站，2023 年 11 月 30 日，https：//www.cnipa.gov.cn/art/2023/11/30/art_53_188830.html，最后访问时间：2024 年 6 月 24 日。

（四）持续推进"一带一路"建设

截至 2023 年 12 月，中国已经同 150 多个国家、30 多个国际组织签署了 230 多份共建"一带一路"合作文件。① 2023 年 10 月 18 日，第三届"一带一路"国际合作高峰论坛召开，中国支持高质量共建"一带一路"的八项行动，构建"一带一路"立体互联互通网络、支持建设开放型世界经济、开展务实合作、促进绿色发展、推动科技创新、支持民间交往、建设廉洁之路、完善"一带一路"国际合作机制。中国将促进贸易增长、振兴相互投资和促进包容可持续发展作为开展"一带一路"经贸合作的三大目标，共同履行推进联合国 2030 年可持续发展议程的承诺，加强贸易投资领域的经济技术合作和能力建设，全面均衡地促进经济、社会和环境的包容和可持续发展。②

七　中国对国际司法机构的支持

（一）支持联合国国际法院工作

中国高度重视国际法院在维护和平、正义和国际秩序方面的体制性支柱作用。中国认为国际法院的重要性主要体现在三个方面：其一，作为联合国维护国际和平与安全架构的组成部分，预防冲突及维护国际和平与安全；其二，作为主权国家政府间国际组织的主要机构，维护国家主权，和平解决争端，促进国家间友好关系；其三，作为联合国主要司法机关，解释和适用法律、认定事实，维护《联合国宪章》宗旨和原则与国际法律秩序，促进国

---

① 参见《在高质量共建"一带一路"中推进经贸合作走深走实》，中华人民共和国商务部网站，2023 年 12 月 1 日，http：//www.mofcom.gov.cn/article/xwfb/xwbldhd/202311/20231103450371.shtml，最后访问时间：2024 年 6 月 24 日。

② 参见《习近平在第三届"一带一路"国际合作高峰论坛开幕式上的主旨演讲》，中国政府网，2023 年 10 月 18 日，https：//www.gov.cn/yaowen/liebiao/202310/content_6909882.htm，最后访问时间：2024 年 6 月 24 日。

际公平正义。

近年来，法院审理的诉讼和咨询案件不断增加，涉及国际和平与安全、领土和海洋划界、国家豁免、外交关系、人权条约解释适用等重要国际法问题和全人类共同关切事项。同时，国际法院2023年先后收到联合国大会关于就巴勒斯坦被占领土和气候变化问题提供咨询意见的请求，中国向国际法院提交了巴勒斯坦被占领土咨询意见案的书面意见，并正在准备就气候变化咨询意见案提交书面意见。[①]

（二）支持国际刑事法院工作

中国一直密切关注国际刑事法院的工作，一贯重视国际刑事司法机构在促进国际和平、惩治最严重国际罪行、实现司法正义等方面发挥的重要作用。

2023年，关于国际刑事法院对巴勒斯坦国情势的调查，中国期待国际刑事法院依法行使职权，完整解释和适用《罗马规约》和公认的国际法，避免政治化和双重标准。对国家官员豁免问题的处理，中国始终认为，根据公认的国际法，现任国家元首享有绝对刑事司法管辖豁免和不可侵犯权。中国期待国际刑事法院以《罗马规约》通过25周年为契机，以实际行动致力于维护可持续的和平和实现真正的正义，切实赢得国际社会的信任和支持。[②]

八　积极参与WTO争端解决

（一）欧盟诉中国知识产权执法措施案（DS611）

2022年2月18日，欧盟就中国法院审理专利诉讼有关禁诉令措施，在世

参见《中国代表、外交部条法司司长马新民在第78届联大"国际法院的报告"议题下的发言》，"中国国际法前沿"微信公众号，2023年11月3日，https：//mp. weixin. qq. com/s/18gt6dtpFu-PIz5XVFFmzw，最后访问时间：2024年6月24日。

② 参见《中国代表、外交部条法司司长马新民在第78届联大"国际刑事法院的报告"议题下的发言》，"中国国际法前沿"微信公众号，2023年11月3日，https：//mp. weixin. qq. com/s/cRhSGUBW2IfxynxDRVrtVw，最后访问时间：2024年6月24日。

界贸易组织争端解决机制下向中国提出磋商请求（DS611）。该案涉及：（1）中国在与知识产权执法相关的司法程序与 TRIPS 协定第 1.1、28.1、41.1、44.1 条以及中国加入议定书第 2（A）（2）部分项下义务的相符性；（2）与 TRIPS 协定第 63.1 条和第 63.3 条中规定的透明度义务的相符性。① 2023 年 3 月 28 日，世界贸易组织争端解决机构设立专家组。2023 年 7 月 4 日，欧盟和中国同意在此次争端中根据《关于争端解决规则和程序的谅解》第 25 条开启仲裁程序。②

（二）中国香港诉美原产地标记措施案（DS597）

中国香港于 2020 年 10 月 30 日就美国对产地来源标记向世界贸易组织争端解决机构提出磋商请求。③ 2022 年 12 月 21 日，世界贸易组织发布专家组报告，裁定美国未能证明其自 2020 年以来对中国香港产品所实施的原产地标识要求符合《1994 年关税与贸易总协定》第 21 条规定的安全例外，其措施违反了《1994 年关税与贸易总协定》第 9 条原产地标识第 1 款规定，导致美国在原产地标识方面给予中国香港产品的待遇低于给予其他缔约方产品的待遇。④

2023 年 1 月 26 日，美国决定就专家组报告中的某些法律问题和法律解释向上诉机构提出上诉。⑤ 2023 年 2 月 1 日，中国香港通知世界贸易组织争端解决机构已注意到美国的上诉通知，鉴于上诉机构目前处于非运行状态，中国香港认为上诉机构工作程序中规定的所有后续程序期限均暂停执行。中

---

① 参见 G/L/1427，IP/D/43，WT/DS611/1，https：//www.wto.org/english/tratop＿e/dispu＿e/cases＿e/ds611＿e.htm，最后访问时间：2024 年 6 月 24 日。

② 参见 WT/DS611/8，https：//www.wto.org/english/tratop＿e/dispu＿e/cases＿e/ds611＿e.htm，最后访问时间：2024 年 6 月 24 日。

③ 参见 G/L/1365，G/RO/D/8，G/TBT/D/53，WT/DS597/1，https：//www.wto.org/english/tratop＿e/dispu＿e/cases＿e/ds597＿e.htm，最后访问时间：2024 年 6 月 24 日。

④ 参见 WT/DS597/R，https：//www.wto.org/english/tratop＿e/dispu＿e/cases＿e/ds597＿e.htm，最后访问时间：2024 年 6 月 24 日。

⑤ 参见《美国就中国香港商品原产地标记专家组报告提起上诉》，中华人民共和国商务部网站，2023 年 2 月 9 日，http：//chinawto.mofcom.gov.cn/article/zdjj/202302/20230203383748.shtml，最后访问时间：2024 年 6 月 24 日。

国香港保留就专家组报告中的法律和法律解释问题提出上诉和回应美国上诉的全部权利,并将等待上诉机构的进一步指示。①

(三)日本诉中国不锈钢反倾销措施案(DS601)

2021年6月11日,日本就中国对自日本进口的不锈钢产品所采取的反倾销措施,向中国提出世界贸易组织争端解决机制下的磋商请求(DS601)。日本在磋商请求中提出,中国反倾销措施涉嫌违反《1994年关税与贸易总协定》和《反倾销协定》的相关条款。②

2023年7月28日,世界贸易组织争端解决机构通过了专家组报告。专家组在累积评估进口产品影响、保密信息处理等方面支持了中国的相关主张。对于专家组在价格影响分析、非归因分析等问题上的裁决,中国表示遗憾。中国将按照世界贸易组织规则妥善做好该案后续工作。③

(四)美国诉中国美钢铝关税再平衡措施案(DS558)

2018年7月16日,美国要求就中国对原产于美国的某些产品征收额外关税与中国进行磋商。美国主张相关措施不符合《1994年关税与贸易总协定》中部分条款的规定。2018年11月21日,世界贸易组织争端解决机构成立专家组。此后,由于案情复杂以及新冠疫情的影响,专家组延期提交报告。④

中国认为,美钢铝232措施以"国家安全"为名,行贸易保护主义之实;美方措施是对多边贸易规则的严重破坏,损害了包括中国在内的世界

---

① 参见 WT/DS597/10,https://www.wto.org/english/tratop_e/dispu_e/cases_e/ds597_e.htm,最后访问时间:2024年6月24日。

② 参见 WT/DS601/1,G/L/1389,G/ADP/D136/1,WT/DS601/10,https://www.wto.org/english/tratop_e/dispu_e/cases_e/ds601_e.htm,最后访问时间:2024年6月24日。

③ 参见《商务部回应世贸组织发布日本诉中国不锈钢反倾销措施世贸争端案专家组报告》,中华人民共和国商务部网站,2023年6月21日,http://chinawto.mofcom.gov.cn/article/zdjj/202306/20230603417834.shtml,最后访问时间:2024年6月24日。

④ 参见 G/L/1253,WT/DS558/1,https://www.wto.org/english/tratop_e/dispu_e/cases_e/ds558_e.htm,最后访问时间:2024年6月24日。

贸易组织成员的正当权益。中国已按世界贸易组织规则向美方提出补偿磋商请求，但美方拒绝予以回应，中国不得不采取进一步行动，以平衡美钢铝232措施对中方造成的利益损失，维护自身的合法权益。中国相关措施是维护国家利益和多边贸易体制的必要举措，是正当的，也符合多边贸易规则。①

2023年8月16日，世界贸易组织发布了专家组报告。该报告的裁决结果如下：中国的附加税措施不符合《1994年关税与贸易总协定》第1条第1款、第2条第1款a项以及第2条第1款b项的规定，损害了美国根据该协定应得的利益，建议中国改变相应措施使其符合《1994年关税与贸易总协定》所规定的义务。②中国坚持认为该争端的根源在于美国的保护主义政策，中国采取的反制措施是正当合理的，是为了维护自身的合法权益。中国政府呼吁美国政府尽快取消对中国钢铝产品实施的232号关税，并与中国共同遵守世界贸易组织的规则，在国际上建立起一个以规则为基础的多边贸易体系。中国将对专家组报告内容进行研究，并将按照世界贸易组织规则做好本案后续工作。

（五）欧盟诉中国涉立陶宛贸易限制措施案（DS610）

2022年1月27日，欧盟要求就由中国实施或归因于中国的对从欧盟进口和向欧盟出口货物以及欧盟与中国之间的服务贸易采取的措施在世界贸易组织争端解决机构进行磋商。争议措施包括中国海关当局拒绝立陶宛进口，限制使用立陶宛投入的跨国公司的进口，以及削减中国对立陶宛的出口。欧盟主张中国相关措施不符合《1994年关税与贸易总协定》《服务贸易协定》

---

① 参见《商务部条约法律司负责人就美将我针对美钢铝232措施的应对措施诉诸世贸争端解决机制发表谈话》，中国政府网，2018年7月19日，https：//www.gov.cn/xinwen/2018-07/19/content_5307570.htm，最后访问时间：2024年6月24日。

② 参见WT/DS558/7，WT/DS558/R，WT/DS558/8，https：//www.wto.org/english/tratop_e/dispu_e/cases_e/ds558_e.htm，最后访问时间：2024年6月24日。

《卫生和植物检疫措施》《贸易便利化协定》的相关条款。① 2023 年 1 月 27 日，世界贸易组织争端解决机构成立专家组。2023 年 7 月 4 日，欧盟和中国已根据《关于争端解决规则和程序的谅解》第 25 条就本案达成仲裁程序。②

（六）澳大利亚诉中国大麦反倾销反补贴措施案（DS598）

2020 年 12 月 16 日，澳大利亚就我国对大麦进口加征反倾销税和反补贴税问题在世界贸易组织争端解决机构提出磋商请求。该案主要涉及对澳大利亚大麦采取双反措施与《1994 年关税与贸易总协定》《反倾销协定》《补贴与反补贴措施协定》的相符性问题。③ 2023 年 4 月，中澳就大麦双反措施争端进行了友好协商。④ 2023 年 8 月 11 日，中国和澳大利亚根据《关于争端解决规则和程序的谅解》通知世界贸易组织争端解决机构，双方已就本争端中提出的问题达成共同商定的解决方案。⑤

结　语

2023 年是中国提出"一带一路"倡议十周年，也是中国式现代化扎实推进的一年。中国始终履行发展中大国责任，坚定维护以联合国为核心的国际体系，积极参与国际法规则的编纂与发展。在维护国际和平与安全领域，

---

① 参见 G/L/1426, G/SPS/GEN/1988, G/TFA/D4/1, S/L/435, WT/DS610/1, https：//www. wto. org/english/tratop_e/dispu_e/cases_e/ds610_e. htm，最后访问时间：2024 年 6 月 24 日。
② 参见 WT/DS610/9, https：//www. wto. org/english/tratop_e/dispu_e/cases_e/ds610_e. htm，最后访问时间：2024 年 6 月 24 日。
③ 参见 G/ADP/D135/1, G/L/1382, G/SCM/D130/1, WT/DS598/1, https：//www. wto. org/english/tratop_e/dispu_e/cases_e/ds598_e. htm，最后访问时间：2024 年 6 月 24 日。
④ 参见《商务部：中澳就解决大麦争端达成共识体现互利合作精神》，中华人民共和国商务部网站，2023 年 4 月 12 日，https：//www. gov. cn/lianbo/2023－04/12/content_5750963. htm，最后访问时间：2024 年 6 月 24 日。
⑤ 参见 WT/DS598/R, G/ADP/D135/1/Add. 1, G/SCM/D130/1/Add. 1, WT/DS598/11, https：//www. wto. org/english/tratop_e/dispu_e/cases_e/ds598_e. htm，最后访问时间：2024 年 6 月 24 日。

中国积极参与联合国维和行动，践行全球安全倡议，倡导遵守《联合国宪章》宗旨和原则和平解决国际争端。在传统安全领域，中国致力于维护全球核安全，支持不断强化《禁止化学武器公约》和《禁止生物武器公约》的普遍性、权威性和有效性，推动常规军控领域国际法律机制的完善。在非传统安全领域，中国积极参与打击恐怖主义行动，推进反腐败的全球治理，强化打击各类国际和跨国犯罪的国际合作。中国积极参与人权国际合作，反对人权政治化和"双重标准"。

2023年，中国进一步积极推动"海空天网"领域国际治理。中国致力于维护国际经贸格局，全面推动区域经济伙伴关系，推动双边经贸合作，加强知识产权国际保护，持续深化"一带一路"国际法治合作。中国支持国际法院和国际刑事法院等国际司法机构的工作，积极利用世界贸易组织规则和多边贸易争端解决机制，尊重世贸争端解决裁决，在尊重国际规则的基础上全力维护国家和产业的正当权益。

2024年是中华人民共和国成立75周年，也是实现"十四五"规划目标任务的关键一年。中国将继续坚定维护以联合国为核心的国际体系，坚定维护以国际法为基础的国际秩序，履行负责任大国应尽职责，践行真正的多边主义，推动构建人类命运共同体。

理论贡献篇

B.7
2023年中国促进国际法治：
国际公法学理论贡献

杨泽伟*

摘　要：　2023 年中国国际公法学的理论贡献主要体现在以下四个方面：国际法治、涉外法治与对外关系法的理论探索，空间法的研究成为一个新的亮点，气候变化相关的国际法问题和国际能源法成为研究的热点，国际法基本理论问题的研究仍然是中国国际公法学界感兴趣的领域和关注的重点。

关键词：　国际法治　对外关系法　空间法　气候变化法　国际能源法

2023 年，中国国际公法学的理论贡献主要体现在以下四个方面。

---

*　杨泽伟，教育部长江学者特聘教授、法学博士、教育部重点研究基地武汉大学国际法研究所博士生导师，主要研究领域为国际法基本理论、国际能源法和海洋法。

一 国际法治、涉外法治与对外关系法的理论探索

国际法治、涉外法治、对外关系法的内涵及其相互关系颇为复杂，中国国际法学界对此进行了较为深入的研究和探索。

（一）国际法治

李寿平和刘蔡宽认为，习近平关于国际法治的重要论述是现行全球治理体系在实现全人类共同利益、应对全球性危机失灵的背景下发展起来的，主张变革国际法治来创新全球治理体系。这些论述倡导以人类命运共同体理念引领国际法治变革，以坚持统筹推进国内法治和涉外法治为国际法治变革路径，以国际规则各国共同书写为国际造法原则，以践行《联合国宪章》宗旨和原则为国际法实施之基础规则。国际法治变革不是在现有的国际法治之外另起炉灶，而是以以联合国为核心的国际体系和以国际法为基础的国际秩序为起点，推动国际关系与国际事务更高水平的民主化和法治化，构建公正合理有序的、弘扬全人类共同价值的全球治理体系。习近平关于国际法治的重要论述是中国共产党对于国际法治变革的重要原创性贡献，为国际规则之争提供了中国解决方案，为国际社会推动国际法治变革提供了理念引领和规则澄清，为国际造法提供了路径指引。①

黄进指出，当今世界正经历百年未有之大变局，这对现行国际法与国际法治提出了前所未有的挑战。第二次世界大战后逐渐建立和发展起来的现代国际法与国际法治从总体上讲是进步的，对战后世界和平及安全、国际合作与发展、人权尊重和保障，发挥了不可替代的作用。但现代国际法与国际法治并不完善，无论是国际法规则制度本身还是国际法治的运行，都存在深层次的问题，还有许多不公正、不合理、不符合国际格局演变大势的国际规

---

① 参见李寿平、刘蔡宽《习近平关于国际法治的重要论述对国际法治变革的原创性贡献》，《国际法研究》2023年第1期，第3~21页。

则、国际机制需要改进。当代中国已深度融入全球治理与国际法治体系,从学习者、追随者、受益者发展成为维护者、建设者、贡献者,坚定维护以联合国为核心的国际体系、以国际法为基础的国际秩序、以《联合国宪章》宗旨和原则为基础的国际关系基本准则,并在理念、原则、规则、制度等方面对现代国际法与国际法治贡献了中国智慧和中国方案。面对百年未有之大变局,要立足中国、胸怀天下,与时俱进、守正创新,加强国际法研究和运用,善于运用国际法治思维和法治方式有效应对挑战、防范风险,坚持统筹推进国内法治和涉外法治、协调推进国内法治和国际法治,积极参与全球治理体系改革和建设,积极参与国际规则的制定,推动构建人类命运共同体。①

在廖凡看来,国际法是国际社会通用的话语体系,多边主义是对这种通用性的有力支撑。以国际法为基础的国际秩序是真正多边主义的题中应有之义,而"基于规则的国际秩序"很大程度上反映的是一种有选择的多边主义。真正的多边主义是人类文明发展的成果,是对丛林法则、霸权主义、强权政治的超越和革新,开辟了全球治理理论和实践的新境界。应当以真正的多边主义指引国际法治,维护以联合国为核心的开放性多边体系,捍卫国际法的权威性和统一性,在协商合作基础上为国际社会提供更多制度性公共产品,通过改革和完善全球治理推动构建人类命运共同体。②

(二)涉外法治

针对习近平法治思想关于"坚持统筹推进国内法治和涉外法治"的重要论述,陶凯元等对统筹推进国内法治与涉外法治工作提出了八个方面的对策建议:一是坚持以习近平法治思想为指引,确保涉外法治工作的正确政治方向;二是坚持问题导向,加速构建和完善涉外法治体系;三是坚持改革创新,同步推进涉外立法、执法、司法和法律服务的协调发展;四是坚持目标引领,加快建立海外利益保护和风险预警防范体系;五是坚持合作共赢,开

---

① 参见黄进《百年大变局下的国际法与国际法治》,《交大法学》2023年第1期,第6~19页。

② 参见廖凡《多边主义与国际法治》,《中国社会科学》2023年第8期,第60~79页。

创参与和引领国际规则新局面；六是坚持底线思维，打好法律战、舆论战和认知战；七是坚持人才为本，规划落实涉外法治人才培养大计；八是坚持理论创新，为涉外法治工作提供国际法学智识支撑。[①]

马忠法指出，"涉外"通常指"具有外国因素的现象或行为"，过去主要指涉及外国因素的民商事活动且重点指"引进来"，即外国民商事主体在华投资或进行其他民商事活动等。涉外法治中的"涉外"不仅指上述含义，还包括"走出去"的中国企业或公民在他国或地区进行民商事活动所涉及的国外因素；除民商事活动外，它还涉及有关公法活动如参与国际规则谈判及反恐、反腐败中的合作以及为相关国家提供法律服务等内容，即一般意义上的对外关系法之内容。涉外法治概念的提出及其"涉外"含义的扩充主要是为应对百年变局下某些霸权国家过度扩张其国内法的域外效力、滥用"长臂管辖"以及采取单边制裁等而进行的法治斗争，后者对他国主权带来伤害，对国际法治造成阻碍和扭曲。作为负责任的大国，以"涉外法治"这一桥梁衔接国内法治和国际法治，既能维护本国国家、企业和公民正当合法权益，又能匡扶国际正义，为国际法治的推进和完善作出积极贡献。因此，准确解读"涉外法治"中"涉外"意义十分重大。[②]

何志鹏提出，对于涉外法治，必须采用系统思维，结合全球法治思想和实践发展的大背景、法治中国的大趋势进行研讨，同时根据"量变—质变""否定之否定""对立统一"这三大规律构建涉外法治的辩证思维，即在全球变局中的中国发展、民族复兴这一奋斗进程中把握其地位与意义，在历史的波浪式前进中看到涉外法治概念的提出是法治中国的阶段性总结、反思、升华，看到涉外法治在法律制度、法律观念、法律知识、法律能力、法治人才等方面持续不断的量的积累基础上达成的质的飞跃，将涉外法治的目标、形式、内容通过中国特色与全球共识、斗争模式与合作模式、物质富足与精

---

① 参见陶凯元等《以习近平法治思想为指引统筹推进国内法治与涉外法治建设》，《中国应用法学》2023 年第 1 期，第 1~18 页。

② 参见马忠法《百年变局下涉外法治中"涉外"的法理解读》，《政法论丛》2023 年第 1 期，第 97~109 页。

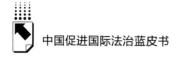

神富足、民族国家利益与人类共同利益、语言与行动、安全与发展等方面的对立统一而予以辩证理解。只有将涉外法治置于国际关系和国家发展、全球治理和国家治理动态发展的时空系统中辩证认知，才能更加明晰涉外法治的战略价值，确立涉外法治的建设目标与步调，贡献于法治中国的发展。①

韩秀丽认为，涉外法治是我国法治体系中的"弱项"，其属性的明确无疑是推进涉外法治的基础和关键。涉外法治具有混合属性，在不同属性之下，涉外法治的完善路径和完善内容亦不相同。国内法治属性立基于国内层面的法治运行，国际法治属性侧重于国际层面的法治活动，交叉属性强调国内法治与国际法治的互动，对外关系法治属性则集中反映了涉外法治的主要内容。不同属性汇聚于涉外法治一身，看似矛盾，但辩证地看，这恰恰反映了涉外法治的混合属性。只有基于混合属性、兼顾不同路径，才能构建完善的涉外法治体系。②

（三）对外关系法

2023 年 6 月 28 日，全国人大常委会表决通过了《中华人民共和国对外关系法》（以下简称《对外关系法》）。作为中国对外关系领域第一部单行性、基础性、综合性法律，该法的通过具有重大历史意义。该法通过后，学者们从不同角度对该法的意义、内容及其实施等问题进行了较为系统的阐释和研究。

黄惠康认为，制定《对外关系法》是对外关系领域贯彻习近平新时代中国特色社会主义思想、坚持统筹推进国内法治和涉外法治、提高对外工作法治化水平的重要成果，也是立法领域加快涉外法治工作战略布局，完善涉外法律体系，增强涉外立法的系统性、整体性、协同性和时效性的重大进展。该法具有鲜明的中国特色和时代特征，既从宏观层面进行顶层设计，形成对外关系法律体系"一体两翼"的基本格局，也从微观层面构筑起"四

---

① 参见何志鹏《涉外法治的辩证思维》，《法制与社会发展》2023 年第 4 期，第 5~27 页。
② 参见韩秀丽《涉外法治：属性解读与完善进路》，《厦门大学学报》（哲学社会科学版）2023 年第 3 期，第 126~137 页。

梁八柱"的法律支撑；既充分体现坚持中国特色社会主义道路的一以贯之，又充满以法治思维和法治方式有效应对风险挑战的与时俱进，守正固本、创新发展的意涵浓郁，堪称中国对外关系立法的系统集成之作和守正创新之作，在涉外法治建设史上具有里程碑意义。①

黄进指出，中国制定《对外关系法》具有历史和现实的必要性，贯彻了习近平新时代中国特色社会主义思想，表明了中国在对外关系、对外交往和参与全球治理中坚定地践行法治的鲜明立场和态度，既是统筹推进国内法治和涉外法治的必然要求，也是推进中国式法治现代化的客观需要。《对外关系法》是宪法相关法，是宪法关于对外关系规定的充实、落实和具体化。《对外关系法》明确了对外关系的基本原则、理念与制度，作为涉外领域基本法在法律体系中占据重要地位，是涉外法律法规体系的基础性、综合性法律，为其他涉外法律法规提供授权和指引。制定《对外关系法》不仅有利于加快形成系统完备的涉外法律法规体系，对完善以宪法为核心的中国特色社会主义法律体系、加强涉外法治体系建设和推进中国式法治现代化也都具有十分重要的价值和意义。《对外关系法》的实施有助于更好地维护中国的国家主权、安全和发展利益，推进高水平对外开放，推动全球治理与国际法治，维护以联合国为核心的国际体系和以国际法为基础的国际秩序。②

张乃根则从"一带一路"视域下专门阐释了《对外关系法》的调整对象问题，令人耳目一新。在他看来，《对外关系法》是中国一项新的立法，该项立法对统筹国内法治与涉外法治、通过共商共建共享方式促进全球治理以及推动构建人类命运共同体都极具意义。对外关系既有合作，也有斗争。"一带一路"视域下的《对外关系法》侧重对外合作关系。"一带一路"倡议实施十年的合作实践是中国特色对外关系的典范，其"合作共赢"以达到

---

① 参见黄惠康《中国对外关系立法的里程碑——论中国首部〈对外关系法〉应运而生的时代背景、重大意义、系统集成和守正创新》，《武大国际法评论》2023年第4期，第1~27页。

② 参见黄进《论〈对外关系法〉在中国涉外法治体系中的地位》，《国际法研究》2023年第4期，第3~18页。

"共同繁荣"的对外合作关系包括政府间关系和非政府间关系，调整手段则以不具有拘束力的"软法"为主。中国《宪法》和《对外关系法》规定的对外关系基本原则与国内立法的调整对象密切相关，与中国加入的国际条约和国际组织也不无联系。以"一带一路"对外合作关系为例的研究，有助于明确《对外关系法》的调整对象，并认识到将统筹推进国内法治与涉外法治、适用共商共建共享的国际合作原则、推动构建人类命运共同体等对外关系大政方针转化为可适用的"软法"乃至条约等规范形式的重要性。①

二 空间法的研究成为一个新的亮点

随着中国科技的进步和综合国力的日益增强，外层空间成为中国国家利益拓展的重要领域，空间法的研究也成为中国国际公法学界的一个新亮点。

（一）空间法的新问题与新进展

王瀚等认为，当前因欠缺临近空间商业飞行乘客损害责任的国际公约，理论界对临近空间商业飞行活动的法律性质认定不统一，法律适用标准也不明确，导致二元共管理论的产生。对临近空间商业飞行乘客损害责任的法律适用，纯粹照搬现有的国际航空法及外层空间法等相关法律规范是龃龉不合的，二元共管理论必然导致法律适用效果的极端迥异。有鉴于此，构建合理可行的临近空间商业飞行乘客损害责任制度规范，正面回应全球新兴法律问题势在必行。制定临近空间商业飞行乘客损害责任制度应以超前立法为立法模式，以独立创新为立法路径，以综合样态为立法目标，严格法律适用标准，规范法律适用主体，明确损害责任制度，引入相关辅助制度，实现国际法规范构建与国内权益保障治理的协调共进。②

---

① 参见张乃根《论"一带一路"视域下〈对外关系法〉的调整对象》，《国际法研究》2023年第4期，第19~38页。
② 参见王瀚、贾乔《临近空间商业飞行乘客损害责任的法律适用：二元共管抑或破旧立新?》，《河南财经政法大学学报》2023年第6期，第42~52页。

李杜提出，在国际层面开放卫星遥感数据已经成为趋势，且已为多个国际合作机制所采纳。但卫星遥感数据开放的不完全性和可限制性给这一政策的具体实施带来了法律可操作性上的困境。这一困境的成因在于卫星遥感数据涉及诸多利益的平衡，且各数据提供者基于不同的利益考量对提供给各国际平台的卫星遥感数据之获取和使用进行了多种限制。这一困境可通过国际协调建立标准许可体系予以纾解。①

刘贺重点分析了《制止与国际民用航空有关的非法行为的公约》（《北京公约》）对国际航空保安公约体系的更新问题。《北京公约》将使用航空器作为武器、运输危险物质等针对民航的非法干扰行为确定为犯罪，补充了三项管辖权，吸收了其他联合国反恐公约中的有益规定，实现了对国际航空保安公约体系的更新。同时，该公约在确立新的罪名、融合规范普通法系和大陆法系规定、妥善处理公约关系方面推动了国际航空保安公约体系的发展。中国全国人大常委会已经审议并批准了该公约，且即将对中国生效。该公约的获批，对进一步保障航空运输安全和维护旅客生命财产安全具有重要意义。②

王国语等探讨了外空自然资源优先权问题。外空自然资源商业开采即将成为现实，但实然法尚未规定具体的相关规则。外空资源活动主体对其发现（探矿勘探）或获取的资源究竟享有何种权利，是待解决的焦点法律问题。2019年海牙外空资源治理国际工作组发布的《发展外空资源活动国际框架的要素（草案）》提出了外空自然资源优先权概念。从应然法角度看，确立外空自然资源优先权概念具有重要意义，但外空法不宜规定外空自然资源的优先探矿权和优先勘探权，外空自然资源优先权应包括"优先采矿权"和"对开采后资源的优先权"两个内涵，前者指在外空资源探矿勘探中作出贡献的相关主体应赋予其就特定矿区和矿种一定份额和一定期限的优先开

---

① 参见李杜《开放卫星遥感数据的法律困境与因应路径》，《国际太空》2023年第6期，第41~46页。

② 参见刘贺《〈北京公约〉对国际航空保安公约体系的更新》，《北京航空航天大学学报》（社会科学版）2023年第1期，第148~156页。

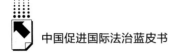

采权，后者指外空采矿主体对开采所得外空资源占有、使用、收益和处分四种积极权能。多个国家或活动主体可能会对同一资源的开采享有不同阶段和不同程度的优先权利，需要结合具体实践考虑外空自然资源优先权的分配和实现路径，建议考虑制定份额换算、优先权转让等具体机制，根据各主体的投入和贡献程度以及国际视野下的利益均衡原则对外空资源活动的收益进行合理配置。[①]

（二）空间碎片

张懿珺等指出，外层空间商业化日益发展，空间碎片的大量存在会对国家外层空间活动造成极大的威胁。可喜的是，越来越多的国家、私人公司和非政府组织已经参与到空间碎片主动移除活动中，然而这些实体进行空间碎片主动移除活动的一大前提便是其空间碎片主动移除的行为能够得到合理的法律保障。因此，确有必要通过明确空间碎片的权利归属、合理限制和规范登记国的权利、明确空间碎片主动移除致损时损害责任承担的具体路径，保障主动移除者的权利。[②]

刘茸和蔡高强认为，空间碎片主动清除是应对空间碎片快速增长问题提出的新兴技术，但由于其所具有的"主动性"和"攻击性"，该种清除行为具有一定的争议性。为了保障清除工作的顺利开展，有效维护外空安全，需要界定空间碎片主动清除的合法界限，引导各国在合法范围内开展空间碎片清除工作。对空间碎片享有管辖权的国家是合法清除主体，满足空间碎片"非功能性"和"危害性"特征的空间物体是合法清除对象，以维护外空安全为目的消除空间碎片的行为是合法清除行为。为了保障依法开展空间碎片清除工作，需要规范空间碎片的识别程序、控制"闲置"空间物体的存在

---

① 参见王国语、郭宇峰《论外空自然资源优先权》，《国际法学刊》2023年第2期，第20~39页。

② 参见张懿珺、曹心怡《空间碎片主动移除者的权利保障问题研究》，《空间碎片研究》2023年第1期，第31~38页。

年限并对空间碎片清除设置一定的监管措施。①

陈岷和李儒琳在剖析空间碎片清除现实困境的基础上，提出了相应的破解方案。人造物体发射到太空标志着航空技术的进步，也造成了更多的"空间碎片"，清理任务也愈发紧迫。由于法律支撑基础薄弱，国家控制管辖权阻碍空间碎片清除，国家间航天水平差异也可能会导致"外空霸权"，空间碎片清理遭遇了现实困境。基于"先清理后制定原则"制定空间碎片国际法律体系、严格规范赋予其他主体空间碎片清除权、设立空间碎片清除监管机构和清除规则可以从不同方面解决问题，为外空探索留下更多可能性。②

三 气候变化相关的国际法问题和国际能源法 成为研究的热点

（一）全球气候治理

陈贻健主张，《巴黎协定》下的国家自主贡献总体上并不构成一项缔约方义务。但为推动缔约方规范并实施其国家自主贡献，《巴黎协定》就国家自主贡献的部分事项为缔约方设定了相关义务，除此之外的其他相关义务设定则主要交由缔约方自主决定。上述义务在来源、内容、性质、约束力等方面均呈现分化特征，由此形成了以国家自主贡献为中心的双重义务模式。该模式有利于化解国际气候合作遭遇的政治僵局，但也在运行中凸显出其内在的规范困境。相应的规范完善包括通过《巴黎协定》缔约方会议的决定对源于条约规范的相关义务进行规则补充，借助国家自主贡献的实践推动缔约方自主决定的相关义务的识别和类型化，以及强化贡献监督机制之促进性功

---

① 参见刘茸、蔡高强《空间碎片主动清除的合法性构建》，《空间碎片研究》2023年第1期，第39~47页。

② 参见陈岷、李儒琳《空间碎片清除的现实困境及其破解》，《长春理工大学学报》（社会科学版）2023年第5期，第40~43页。

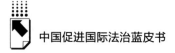

能的有关规则。我国作为《巴黎协定》的重要推动者和积极践行者，应根据国家自主贡献双重义务模式的完善趋势和要求做好法律应对。①

李化另辟蹊径，专门从国际法角度审视了联合国安理会介入全球气候治理问题。在他看来，气候变化是人类面临的共同挑战。迄今为止，联合国安理会举行了七次气候安全公开辩论，这些公开辩论既是对当前全球气候治理的回应，又是适应新情势的结果。全球气候治理危机、安全概念扩张、全球气候治理话语权争夺等多重因素的叠加，促使联合国安理会召集气候安全公开辩论。联合国安理会气候安全公开辩论影响深远，应当辩证地看待全球气候治理安全化趋势及其深度政治化。虽然联合国安理会气候安全公开辩论提供了探寻改进当前全球气候治理的新思路，但是联合国安理会介入全球气候治理缺乏国际法基础。依据《联合国宪章》第24、25条规定，一旦全球气候安全风险发生，联合国安理会介入全球气候安全治理就具有国际法上的正当性。通过联合国安理会决议造法介入全球气候安全治理，可以维护国际气候变化法的权威性和强化国际气候变化法的约束力。②

田苗苗专门论述了气候变化损失与损害的国家责任，并指出国际社会对气候变化损失与损害的概念还没有一个完整且明确的界定，可将气候变化损失与损害定义为：由人类排放温室气体导致气候变化引起的，通过减缓和适应行动无法应对的，对自然、人类及社会系统造成的可避免或不可避免的、实际或潜在的、有形或无形的不利后果。经过对气候变化损失与损害的性质进行分析得出，它应属于跨界损害的一种特殊形式。因而，气候变化损失与损害的国家责任理论上涉及传统国家责任和跨界损害责任两种责任形态。目前气候变化损失与损害之国家责任的实施不仅面临诸多法律障碍，如难以确定责任主体、法律依据不充分、因果关系确定复杂等，还面临严峻的政治障碍，即发达国家的反对与阻挠。面对气候变化损失与损害之国家责任何以可

---

① 参见陈贻健《〈巴黎协定〉下国家自主贡献的双重义务模式》，《法学研究》2023年第5期，第206~224页。

② 参见李化《联合国安理会介入全球气候治理的国际法审视——气候安全公开辩论视角》，《中国地质大学学报》（社会科学版）2023年第6期，第34~42页。

能的问题，立足上述两种责任形态从理论方面探讨气候变化损失与损害国家责任认定的可行进路，或将为该问题驱逐一丝迷雾，并为其早日解决带来曙光。①

林俊指出，气候变化议题下的国际法治理模式呈现多形式特征，但不同治理模式间的协同效应不凸显。由于气候变化产生的广泛安全影响，发展视角下的国际法治理模式呈现出治理乏力的状态：国际气候法治理模式存在应对气候变化问题安全影响关键条款缺失、制度本身强制执行力和履约不足等局限；国际人权法治理模式从属人的角度出发应对气候变化对人的安全的影响，但仍存在着调整范围不足、忽视对气候变化的预防等局限。故而，国际社会开始寻求联合国安理会处理气候变化问题，并探寻安全视角下处理气候变化问题的可行性。但安理会在政治和法律上的行动限度限制了其深度参与气候变化国际治理的进程。三种治理模式由此在实践中形成气候变化国际法治理的困境。究其治理困境的根源，是世界各国应对气候变化问题时对发展与安全两个方面的立场、权利和利益存在差异。②

陈红彦指出，碳中和的本质是要将现代工业文明的化石能源底座整体平移至非化石能源。这种经济基础的深刻变革必然向上传导，使得全球气候治理的国家（地区）间竞争出现重要转向：竞争焦点转向全球绿色经济的规则制定主导权问题；竞争主体转向主要国家（地区）之间；竞争平台则更加多元化，全球经济治理机制的作用显著增强。这些转向使得全球气候治理规则更为复杂：一方面，碳中和促使国际经济规则的低碳化改革加速，但改革体现出的发达国家（地区）导向可能反过来危及气候目标的实现；另一方面，联合国气候规则的核心地位将受到挑战。面对全球气候治理的重要转向，中国应积极促进联合国气候规则的改革，进一步打通气候问题和其他复杂问题的关联性，维护好联合国气候公约的核心地位。同时，面对气候治理

---

① 参见田苗苗《论气候变化损失与损害的国家责任》，《河南社会科学》2023年第3期，第79~86页。

② 参见林俊《应对气候变化国际法治理模式的创新：统筹发展与安全的进路》，《国际经济法学刊》2023年第1期，第1~19页。

中的困境，积极探索主要大国（地区）之间的气候协调规则。在积极参与国际经济规则低碳化改革的进程中，维护发展中国家的合理利益，同时积极构建维护中国绿色产业链的规则体系。①

（二）气候诉讼

边永民专门研究了气候变化诉讼的法律依据问题。她认为，在气候变化多边治理的结果未能实质减缓气候变化的背景下，气候变化诉讼作为一种自下而上的治理方式，在最近十几年里得到各国公众或非政府组织广泛利用。他们根据本国司法制度的特点，依据宪法、环境法、普通法或者国际条约提起了气候变化诉讼，或者与气候变化密切相关的诉讼。法院认定健康环境权包括公民享有能够维持其生命和健康的气候的权利，在对生物多样性的保护上则考虑了未来持续的气候变化可能累积对生物多样性造成的负面影响。这些气候变化诉讼得以成功，还依赖于司法对于气候变化的科学证据的采信。虽然在美国有不少依据普通法提起的气候变化诉讼，但美国法院否认可以根据联邦普通法下的公共妨害罪来提起气候变化诉讼。在国际层面上，国家或国际投资者利用气候变化与经贸活动的密切相关性，依据国际条约分别在世界贸易组织（WTO）和国际投资争端解决中心（ICSID）内提起了十余起针对国家的与应对气候变化相关的诉讼。通过气候变化诉讼，司法机构监督了政府颁布的减排法令及减排措施的合法性，推动各国政府依据他们各自的减排承诺或者在国际条约下的义务制定更加严格的减排法律或者措施。②

杜群等对域外气候变化诉讼进行了实证分析，并指出域外气候变化诉讼呈现从广义到狭义的发展过程，西方发达国家的气候变化诉讼发展较早且诉讼机制较为完善，发展中国家也在不断推进。气候变化实体法由国际法和国内法的法律规范组成，是气候变化诉讼发展重要的、必要的法律基础。但国

---

① 参见陈红彦《碳中和目标下全球气候治理的竞争转向与中国对策》，《法商研究》2023年第3期，第3~16页。
② 参见边永民《气候变化诉讼的法律依据辨析》，《太平洋学报》2023年第3期，第94~106页。

家气候变化的专门立法并非气候变化诉讼发展不可或缺的先决条件，气候变化国际法律文件和国家政策规范体系亦可支持气候变化诉讼。域外气候变化诉讼在诉讼主体、审查理由以及因果关系方面形成诸多显著实证特征和经验，包括提起司法审查诉讼、推动人权保护诉讼、忽略因果关系等。[1]

何志鹏等重点讨论了"双碳"目标下气候变化诉讼的人权之维及中国进路，并强调气候危机作为现代化进程的附着物，正在波及人类对各项基本权利的享有。如果说维护人权诉求带来的是气候变化诉讼的"人权转向"，那么在这一转向的持续作用下，人权维度在气候变化诉讼中更是完成了全方位、全过程渗透，形成一种以"人权方法"为导向的趋势。人权诉求在回应气候治理需求的过程中，尝试超越气候变化诉讼的个案救济范围，向社会整体气候政策变革的方向发展，生成一种基于人权的战略性气候诉讼。当前，此种诉讼产生的溢出效应可能使国际社会部分主体质疑我国的气候政策，并对我国涉外气候司法实践产生现实影响。保证"双碳"目标内外运行畅通的前提是合理疏通。如果说基于人权的战略性气候诉讼将成为一个既定的趋势，那么在与域外气候司法交流碰撞的过程中，我国需要挖掘域内与域外司法的共性并立足于本土气候规范基础与司法需求，将涉外气候变化诉讼作为气候司法嵌入人权考量的锚点。[2]

龚微重点探讨了国际海洋法法庭对气候变化国家义务咨询意见的依据、效力与可能影响问题。他认为，申请国际海洋法法庭对应对气候变化的国家义务发表咨询意见，已经从理论探讨嬗变为司法实践。然而无论在理论还是实践上，国际海洋法法庭全庭发表咨询意见的法律依据仍存在较大争议。各国的气候应对行为义务已有巴黎气候协定规制，而结果义务因国家自主贡献的多样性和自主性无法提出统一法律意见。即使法庭不顾反对坚持能动受理，发表咨询意见也难以对世界各国应对气候变化的现有特定义务产生重大

---

[1] 参见杜群、李子擎《域外气候变化诉讼的实证分析》，《荆楚法学》2023年第3期，第84~94页。

[2] 参见何志鹏、张昕《"双碳"目标下气候变化诉讼的人权之维及中国进路》，《北方法学》2023年第6期，第135~147页。

影响。申请国际海洋法法庭对气候变化问题发表咨询意见可能带来的影响表现为溢出效应显著，有关国际组织和国家希冀借此推动国家在后续进行的国际谈判中提升各自气候承诺的力度。[1]

（三）国际能源法

岳树梅等从微观的角度，较为深入地探究了《能源宪章条约》（ECT）中的公平公正待遇条款现代化问题及中国因应。她们认为，《能源宪章条约》是能源领域唯一具有法律效力的多边协定，在推动能源领域多边合作的进程中作用显著。相较于国际投资的其他标准，《能源宪章条约》公平公正待遇条款修订迟滞，不符合实践需求。该条款业已成为能源投资者提起仲裁的主要依据，但仲裁庭却面临解释和适用上的双重困境。作为《能源宪章条约》的倡导者，欧盟率先制定了《能源宪章条约》现代化建议文本，通过列举式立法方式重置公平公正待遇条款，以五大构成要素界定公平公正待遇内容，能较好地应对现实困境，并为中国经贸协定中公平公正待遇条款的完善提供借鉴。在现代化背景下，结合《能源宪章条约》仲裁案例，解读欧盟关于《能源宪章条约》公平公正待遇条款的现代化方案，能为中国强化能源领域的投资保护提供启示。[2]

杨泽伟以"一带一路"高质量发展为背景着重讨论了建立中国-中亚能源发展伙伴关系的法治路径。他指出，建立中国-中亚能源发展伙伴关系是推动"一带一路"高质量发展的重要一环，也有助于进一步深化中国与中亚国家间的能源合作、保障新形势下中国的能源安全。建立中国-中亚能源发展伙伴关系的法律依据，主要有双边协定、区域安排和以《能源宪章条约》为核心的多边条约。建立中国-中亚能源发展伙伴关系，还应遵守共商共建共享原则以及和平解决国际争端原则等国际法基本原则。中国-中亚能

---

[1] 参见龚微《国际海洋法法庭对气候变化国家义务的咨询意见：依据、效力与可能影响》，《太平洋学报》2023年第9期，第69~81页。

[2] 参见岳树梅、黄秋红《〈能源宪章条约〉中的公平公正待遇条款现代化：欧盟方案及中国因应》，《国际商务研究》2023年第6期，第59~71页。

源发展伙伴关系合作的重点领域，主要包括保障中国-中亚油气管道稳定运行、加快推进中国-中亚天然气管道 D 线建设，开展可再生能源领域合作和推动中国-中亚国家能源合作政策的对接等。进一步推动建设中国-中亚命运共同体、加强机制建设以及增强合作法律文件的"硬"性因素，是建立中国-中亚能源发展伙伴关系的重要路径。[①]

四 国际法基本理论问题的研究仍然是中国国际公法学界感兴趣的领域和关注的重点

（一）国际法的性质与发展

在国际法的性质与发展方面，中国国际公法学界既讨论了国际秩序，也论述了国际法的价值、与意识形态的关系等问题。

蔡从燕认为，近年来一些国家主张"以规则为基础的国际秩序"。但是，这些国家并未明确"以规则为基础的国际秩序"所指"规则"系"国际法"并据此阐述其关于国际秩序的规则观。事实上，这些国家实施的一系列法律实践表明，其很大程度上追求的是国内法凌驾于国际法，区域国际法凌驾于普遍国际法以及将国际法泛政治化的规则观。这种规则观损害了国际法在国际秩序中的作用，违背了完善全球治理和推动建立更加公正合理的国际秩序的时代要求。为纠正这些国家经由主张"以规则为基础的国际秩序"追求自身利益的规则观，中国主张"以国际法为基础的国际秩序"。"以国际法为基础的国际秩序"体现的规则观是，确认以《联合国宪章》为基础和核心的国际法是调整国际关系的权威规则体系，同时不排除不违反国际法的其他规则在国际秩序中的作用。[②]

---

① 参见杨泽伟《"一带一路"高质量发展背景下建立中国-中亚能源发展伙伴关系的法治路径》，《政法论丛》2023 年第 4 期，第 15~25 页。

② 参见蔡从燕《论"以国际法为基础的国际秩序"》，《中国社会科学》2023 年第 1 期，第 24~43 页。

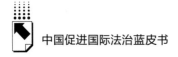

张华则较为详细地讨论了中国当代国际秩序观的法理基础。他主张，中国近年来在多边外交场合积极倡导的"以国际法为基础的国际秩序"与某些西方国家或地区所宣扬的"基于规则的国际秩序"形成鲜明对比。就法理层面而言，基于规则的国际秩序观不仅在内涵与外延方面具有不确定性，而且存在合法性与正当性赤字，同时在实践中有被滥用的法律风险；以国际法为基础的国际秩序规则能够彰显国际法与国际秩序之间的亲缘关系，发扬国际法在国际关系中的规制优势，亦有助于确保国际秩序的多边性、统一性和民主性。就行动层面而言，基于国际法治的指引，各国在国际秩序的构建、运行和维护进程中应恪守相关的国际法基本原则，从而确保"以国际法为基础的国际秩序"的健康发展。①

江河较为系统地论述了国际法的公平价值及其实现进路。他指出，在全球化背景下公平是各国求同存异与合作互利的基础，也是国际法的重要价值，公平的实现是国际法价值在内容和逻辑上得以体系化的前提。和平与发展是国际化的显性价值，没有公平发展的和平只能是消极的和平而非持久的和平，只有解决国际发展问题，人类才能从消极和平迈向积极和平。公平和正义是以文化同质性为基础的隐性价值，其中正义是人类法律的终极价值，而公平和效率等次级价值是正义大厦的主要支柱。国际法的显性价值和隐性价值之间的冲突日趋明显，从消极和平到全球正义是国际法发展的必然趋势。国家之间发展的公平化、国际市场效率的公平化以及可持续发展的代际公平，都将沿着从传统安全到非传统安全的进路推动和平到正义的价值变革，以此实现人类从野蛮状态下的原始安全到和谐状态下的普遍安全的过渡，这种安全共同体依赖于"人类"主体性的萌芽。中国提出的人类命运共同体理念有利于通过"人类"主体性构建公平正义的国际秩序，为促进世界的和平与发展提供新方案。②

张乃根对国际法与意识形态的关系问题进行的研究，令人耳目一新。当前西方学者提出以"民主"和"威权"划分阵营的国际法理论，并打着以康德的

① 参见张华《中国当代国际秩序观的法理基础》，《法商研究》2023 年第 6 期，第 45~60 页。
② 参见江河《论国际法的公平价值及其实现进路：从和平到正义》，《政法论丛》2023 年第 1 期，第 77~86 页。

政治法律哲学为基础的幌子，极具迷惑性，对此应该高度关注。按照唯物史观，现代国际法源起于西方资本主义兴起并向海外扩张初期，具有非神学的意识形态。在国际法从欧洲传播到其他地区时，曾出现过西方意识形态浓厚的"文明国际法"。但是，根据《联合国宪章》，各会员国主权平等，已初步摒弃了这种歧视性意识形态。如今西方又出现与《联合国宪章》背道而驰、具有新冷战思维的"民主国际法"，对此应予以剖析。去除此类国际法的意识形态，阐释符合时代发展的新型意识形态，应该基于《联合国宪章》的当代国际法及其法治的包容性和普适性，尤其是推动构建人类命运共同体的国际法兼容性，坚持和平共处、普遍安全、共同繁荣、开放包容和可持续发展五项国际法原则。①

此外，何志鹏提出，中国国际法理论的探索与建构已取得长足进展，但与中国的国际地位、国际法治的实践需求仍有较大差距。中国国际法学界有必要密切关注、细致观察中国国际法实践的导向，推进中国国际法理论的发展。从中国国际法理论的结构性定位上看，要在百年未有之大变局背景下坚守主权独立、维护世界安全、实现民生幸福、崇尚法律制度、促进开放协调、应对风险挑战，应塑造由公正、和谐、人本、秩序、发展、创新构成的价值体系。中国对世界秩序的倡导和承诺为未来中国国际法理论的基本范畴确立了指引方向与参照体系。可以期待，中国国际法理论会在人民中心、互利合作、多边主义、创新发展、绿色低碳等维度上展开，体现历史厚度与世界视野，展示中国与世界法治及政治的互动。未来的国际法中国理论是既能有效解读和阐释中国，又能充分评价和指引世界法治秩序发展的概念、论断和逻辑体系。②

陈一峰还专门探讨了国际法的论辩主义转向问题。国际法学界长期以来将国际法定义为规则，规则主义也是国际法的主流研究方法。历史地看，规则主义方法的形成，对于确立国际法学科的法律性、科学性与正当性，具有

① 参见张乃根《论国际法与意识形态的关系》，《甘肃社会科学》2023年第4期，第137~145页。
② 参见何志鹏《新时代中国国际法理论的发展》，《中国法学》2023年第1期，第283~304页。

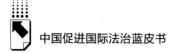
积极意义。但是，规则主义方法过分强调国际裁判的重要性，低估了国际法的不确定性，与大国的国际法实践也不相符合。有必要引入论辩理论来重构国际法研究，从而更好地回应当下中国和平崛起、深度参与全球治理的需要。从论辩角度来看，国际社会的基本规范并非以条约或习惯的形式出现，而主要表现为单方面的国际法主张和决策。国际法是国家用以对抗和竞争的话语体系；运用国际法是争议各方试图寻求和确立优势立场的过程。国际法作为论辩话语，本身是一种稀缺资源，对国际法话语权的竞争正是大国间竞争的重要部分。从规则到论辩的范式转换，有助于中国学者打破规则主义的窠臼，更加有效地参与国际学界的法律论辩进程。①

（二）国际法史论

章永乐重点分析了格劳秀斯、荷兰殖民帝国与国际法史书写的主体性问题。他认为，19 世纪以来，格劳秀斯在西方学术界与舆论界获得了"国际法之父"乃至"和平主义者"的形象。然而，遵循"帝国与国际法"的学术路径进行语境化解读，可以发现格劳秀斯对"自然法"与"万民法"的书写具有强烈的荷兰国家利益本位色彩，并且随着荷兰殖民实践的推进而不断调整。19 世纪以来格劳秀斯形象的重塑，受到美国精英鼓吹、荷兰民族主义盛行以及国际法职业化等多重因素的影响；在这些因素的影响下，通过对格劳秀斯文本"去语境化"的阅读，格劳秀斯与荷兰殖民主义之间的关联被忽略乃至抹去。在正经历百年未有之大变局的当下，中国学者有必要通过对国际法思想家思想文本与语境之间关系的深入探究，揭示国际法思想叙事得以形成的深层逻辑，从而增强中国的主体意识，积极推动当代国际法秩序朝着更为公正的方向演进。②

滕凯炜探讨了一战前后美国法律主义团体对国际秩序的追求。在他看

---

① 参见陈一峰《超越规则：国际法的论辩主义转向》，《北京大学学报》（哲学社会科学版）
2023 年第 1 期，第 162~174 页。

② 参见章永乐《格劳秀斯、荷兰殖民帝国与国际法史书写的主体性问题》，《法学》2023 年第
1 期，第 74~89 页。

来，20世纪初一些美国精英倡导法律国际主义理念，即通过发展国际法和构建一个以国际法院为核心的国际司法机制来维护世界和平。成立于1910年的卡内基基金会，在前国务卿鲁特、国际法学者斯科特等人领导下，迅速发展为法律国际主义的旗舰组织。受到第一次世界大战的冲击，该阵营内部出现分裂。新成立的强制和平联盟（League to Enforce Peace）为法律主义的国际秩序思想引入了集体安全与武力制裁因素，而这正是卡内基基金会所反对的。双方由此展开了激烈的外交大辩论，一度主导了美国国内关于战后国际秩序问题的讨论。但是，随着威尔逊倡导的自由国际主义的兴起，法律国际主义的影响力迅速下降。直到20世纪20年代共和党执政，法律国际主义的影响才再次崛起并塑造了美国对外政策的法律主义取向。[①]

陈晓航研究了国际法学的"历史转向"思潮。他指出，晚近20多年，西方国际法学界出现了一场"历史转向"的学术思潮。国际法学的"历史转向"既是一场在问题意识和方法论上的学术自我批判，也是一项实践指向性的政治行动。国际法学是一门社会科学，即便在方法、对象、范围和主题上与相邻学科的国际法史研究存在竞合，国际法学也仅仅是在自身的问题意识和学科规范基础上部分借鉴了历史学方法。历史学方法无法容纳和吸附"历史转向"的所有理论和实践关切。"历史转向"是国际法学从结构到历史的自我批判的范式转化，不应不加区分地将相邻学科的国际法史学术产出一概纳入"历史转向"的视野。国际法学的"历史转向"有自身独特的诞生谱系和演变经纬，若要理解它为何兼具变革性和保守性的双重特征，就必须回到国际法学本身。辨析"历史转向"在研究范式层面和秩序变革层面的特征和启示，对开展中国自主知识体系下的国际法史研究有借鉴意义。[②]

万立则从全球地方化与地方全球化角度阐释了19世纪至20世纪中期"美洲国际法"的斗争。19世纪至20世纪中期，拉美精英构建的"美洲国

---

① 参见滕凯炜《一战前后美国法律主义团体对国际秩序的追求》，《南开学报》（哲学社会科学版）2023年第3期，第135~146页。

② 参见陈晓航《国际法学的"历史转向"思潮：问题、争论与启示》，《清华法学》2023年第5期，第179~191页。

际法"（American International Law）表明，拉美国家对国际法并非简单地挪移套用，而是有着与国际法欧洲中心主义斗争的表达与实践。拉美政治家、法学家先是在泛美大会等场合将"欧洲国际法"全球地方化，即证明自身的文明地位，以排除欧洲国际法对拉美的恣意干涉；当他们意识到欧洲国际法的结构性歧视后，则试图以美洲国际法的地方全球化，改造欧洲国际法的实质，从而希望能够取得真正独立、平等的国际地位。拉美精英发挥敢于斗争的精神，以美洲国际法挑战欧洲国际法的普遍主义，并推动构建以绝对不干涉原则为中心的国际新秩序，但受到抱持门罗主义的美国干涉，最终丧失多数拉美国家的信任。揭示美洲国际法理念的流变史，可以表明非欧洲国家如何消解欧洲国际法的话语暴力，进而为以中国智慧变革国际法体系并构建更加公正合理的全球新秩序的理论和实践提供参考。①

此外，陈斌分析了大空间重构国际法问题。他指出，德国历史主义是施米特历史观的内在思想谱系。施米特的论思具有深厚的历史意识，然而，这一历史观至今未得到阐明。20世纪上半叶，大国冲突加剧了欧洲震荡。面对新的情势，施米特提出了大空间方案，试图以大空间替代主权国家作为国际法基本单位，进而重构国际法。大空间理论呈现了德国历史主义的国际法向度，是施米特历史主义国家观迈向国家间政治之际的自然延续。从德国历史主义传统来看，大空间是实证化的权力国家观，是世俗化的历史-政治神话，是排他性的文明等级空间，它无力重构国际法。大空间理论是对国际法法理的历史反思，其意义不在于对未来国际格局的理论建构，而在于对国际法历史秩序的深刻解构。立足于中国场景，基于历史视角还原国际秩序生成史，反思性理解国际法体系，同样是有待思考的学术作业。②

（三）国际法的渊源

张乃根从国际"造法"的角度，专门研究了国际法渊源的编纂与发展。

---

① 参见万立《全球地方化与地方全球化——19世纪至20世纪中期"美洲国际法"的斗争》，《法学家》2023年第4期，第71~86页。
② 参见陈斌《大空间重构国际法？——基于德国历史主义的反思》，《开放时代》2023年第4期，第178~194页。

根据《联合国宪章》，国际法渊源可理解为任何可引起国际法义务的依据，包括条约法、习惯国际法和一般法律原则等，联合国国际法委员会负有编纂和发展国际法的职责，尤其是通过编纂现有国际法渊源的规则和起草有关国际公约，起到国际"造法"作用。研究已有国际法渊源的编纂与发展，有助于深入了解和客观评估其实际的国际"造法"效果，这对于推动构建人类命运共同体，尤其是以国际法渊源方式将全球治理的中国主张、中国方案落到实处，成为国际关系的共同准则，具有十分重要的意义。我国应加强相关研究制度的建设，以期更加积极地参与和引导国际法渊源的"造法"。①

严阳则对《国际法院规约》第 38 条做了重新解读。《国际法院规约》第 38 条是国际法院适用法律的规定，国内外学者视其为国际法渊源的权威文本。这是因为，国际法的初级法性质决定了司法路径呈现国际法表现形式的正当性，国际法院的身份地位加深了国际社会对第 38 条的认同，国际法职业共同体在百年以来创造并传承着第 38 条作为国际法渊源权威文本的国际法知识。由此，权威的国际法渊源话语文本形成，其价值在于开启认识国际法之窗、塑造国际法渊源理论体系的基础、提供国际法渊源论辩的语料。经过百年的国际社会流变和国际法发展，第 38 条无法涵盖国际法的其他表现形式，因而，第 38 条的文本具有滞后性，国际法渊源的范畴存在拓展的可能。修改第 38 条是过于理想的解决方式，将其他规范置于第 38 条中解释而赋予第 38 条新含义但超出了条文的深度和广度过于牵强，国际法职业共同体则以第 38 条为中心、第 38 条之外其他规范为外围，建构国际法渊源体系。这些尝试和努力都体现了国际法职业共同体回应第 38 条滞后性的行动，对滞后性问题的回应既反映了国际法职业共同体兴盛国际法研究的"自我追寻"，也反映了国际法职业共同体参与开放包容的全球治理体系并且提供应对国际社会变局策略的"利他追寻"。②

---

① 参见张乃根《论国际法渊源的编纂与发展——基于国际"造法"的视角》，《学海》2023年第 5 期，第 60~71 页。

② 参见严阳《作为国际法渊源权威文本的〈国际法院规约〉第 38 条》，《河北法学》2023年第 10 期，第 117~137 页。

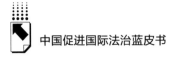

陈曦笛对习惯国际法中的"特别受影响国家理论"的研究，颇有新意。在他看来，在习惯国际法识别过程中，受到拟议规则特别影响的国家应被给予较其他国家更多的考量。然而，这种"影响"和"考量"的实际意义尚未被充分澄清，规则适用效果亦不甚明确。尽管如此，"特别受影响国家理论"已经在国际法院、主要国际组织和国家实践中得到了相当多的关注与运用。在国际法的多个领域中，各方围绕特别受影响国家理论的存废与内容产生激烈论辩，且不同观点之间的分歧仍然较大。特别受影响国家理论问题在国际法范围内的持续讨论，本质上反映了各国对于国家主权平等原则具体内涵的不同看法，体现了差异化的国家利益诉求与国际秩序的想象。中国有必要把握规则发展的"空窗期"，采取平衡的国家立场，提出同"负责任大国"定位相适应的建设性方案。①

结　语

2023 年是中国涉外法治建设的重要一年。一方面，2023 年全国人大常委会先后表决通过了《中华人民共和国对外关系法》《中华人民共和国外国国家豁免法》，这是完善中国涉外法律体系的重要步骤。另一方面，2023 年 11 月中共中央政治局就加强涉外法制建设进行第十次集体学习，中共中央总书记习近平在主持学习时强调要建设同高质量发展、高水平开放要求相适应的涉外法治体系和能力，为中国式现代化行稳致远营造有利法治条件和外部环境。国际法学者黄惠康教授在中共中央政治局第十次集体学习中做了"加强涉外法制建设"专题讲解并提出工作建议。中国涉外法治建设的发展及其成就，必将进一步推进中国国际公法学的进步与繁荣。

---

① 陈曦笛：《习惯国际法中的"特别受影响国家理论"》，《国际法研究》2023 年第 4 期，第 39～56 页。

2023年中国促进国际法治：
国际私法学理论贡献

乔雄兵*

摘　要：　2023年，在中国国际私法学会等学术团体的组织和推动下，中国学者聚焦国际私法前沿理论和司法实践中的热点问题，发表了大量理论成果。他们在冲突法基本理论、法的域外适用、制裁与反制裁及阻断法、《对外关系法》的实施、外国法院判决承认与执行及国际商事仲裁热点问题等方面提出了一些有较强理论意义和现实意义的观点。这些理论成果对推动我国涉外法治体系的完善起到了重要作用。不过，也有一些新的国际私法问题需要学者进一步加强研究。

关键词：　冲突法　域外适用　国际民商事管辖权　外国判决承认与执行　国际商事仲裁

一　冲突法基本理论

有学者对萨维尼"法律关系本座说"发生学探源，对共同构成"法律关系本座说"完整意蕴的"法律关系""本座""法律共同体"三要素进行解构，通过"法律关系"的有机性、"本座"的自由意志性和"法律共同体"的实践性三个方面分析和揭示这些元素在萨维尼整体方法论及系统论

　＊　乔雄兵，法学博士，教育部重点研究基地武汉大学国际法研究所副教授，硕士研究生导师，主要研究方向为国际私法、国际商事仲裁法等。本文写作过程中，2023级硕士研究生刘彤、王琳欣、张韬鸿、张文乐、占洲同学协助进行了资料收集及部分内容撰写，特此致谢！

证背后的正当化依据。①

外国法查明在统筹推进国内法治和涉外法治中发挥着重要作用。有学者逐案研读 97 份载明"运用专业机构进行外国法查明"的裁判文书，发现我国法院在实践中存在对专业机构可采性认定标准不清、专业机构查明费用负担的标准不一及裁判文书对查明意见缺乏释法说理三类主要问题。为完善我国法院运用专业机构查明外国法这一路径，建议明确外国法查明意见的可采性标准，厘清外国法查明义务的分配并强化对外国法查明意见的释法说理。② 有学者通过对与外国法查明相关的 45 份裁判文书进行实证分析，指出我国外国法查明存在法院未依职权查明外国法、将单方意思表示错当双方合意选择准据法、混淆当事人选择准据法与法院依职权查明的范围等问题。实践中存在的问题引发了对我国在外国法查明方面采用"二分法"模式的争议，但"二分法"的证明模式具有存在的必要性与可行性，应当从明确"二分法"适用情形的分类、确立当事人选择准据法下辩论主义的适用、确立冲突法指向准据法下职权探知主义的适用、明确中国法与外国法的适用关系等方面加以完善。③ 另有学者对 2020~2022 年我国涉及域外法查明的 40 起案件进行实证分析，发现许多现存问题。一般制度性问题包括查明规范的体系性不足、查明主体与途径有局限性、查明责任不明确、查明结果缺乏救济；具体实践性问题包括域外法查明与适用的能动性不足、查明意见的结论性较强、域外法适用程序混乱、裁判说理欠缺、查明费用缺位与混乱、依"最密切联系原则"适用中国法牵强等。针对一般制度性问题，应当完善域外法查明制度体系，明确查明主体的职权，根据具体问题分析确定查明责任，并保障和完善当事人针对查明结果的救济途径；针对具体实践性问题，需要充分发挥相关主体的能动性，规范和完善域外法查明与适用的程序，弱

---

① 参见王晓宇《萨维尼"法律关系本座说"发生学探源》，《中国国际私法与比较法年刊》2022 年第 1 期（第 30 卷），第 154~166 页。

② Xiao Yongping, "On the Perfection of Chinese Courts' Use of Professional Institutions to Ascertain Foreign Law", *China Legal Science*, Vol. 1, 2023, pp. 3-26.

③ 参见冯子涵《外国法的证明与适用——基于 45 份民事判决书的分析》，《国际经济法学刊》2023 年第 1 期，第 141~156 页。

化查明意见的结论性并加强法院释法说理。①

法律规避是国际私法中颇具争议的问题。有学者指出我国现行禁止法律规避制度的瑕疵和弊端频现，不仅在要件构成理论上存在逻辑悖论，而且在规则适用上有重大瑕疵，更在法律体系上自我冲突。该制度与现代国际私法潮流相违背，尚处在立法探索期的我国国际私法法典应废除"禁止法律规避"制度，重构"目的—行为"体系，明确私主体的目的动机与行为效力的独立性，全面改革立法目的。② 有学者在梳理我国法律规避制度演进的基础上，检视法律规避制度在司法实践中存在的问题和成因，由于审判路径依赖和构成要件认定复杂，法律规避制度客观性特征阙如、主观性特征遭到消解，成为"直接适用的法"制度的子集，丧失了其作为一般性制度存在的必要性基础。探寻其改良进路，法律规避制度宜继续保留在我国涉外法律体系中，但应创新存在形式，即不再将法律规避制度视为法律适用领域的一般制度，而是在涉外同性婚姻法律适用以及同等规制规避内、外域法行为等典型国际私法场景下以单行立法的方式予以保留。③

公共政策是各国自我保护的安全阀。有学者结合国际条约及各国对公共政策在承认与执行外国判决方面的司法实践，对《承认与执行外国民商事判决公约》（以下简称《海牙判决公约》）中第 7 条关于公共政策的条款进行评析。与该公约的规定相比，我国在公共政策立法中存在"社会公共利益"与"公共政策"名称相异、社会公共利益标准模糊两大问题，在我国法律与该公约对接时应统一公共政策在法律法规中的名称，并借鉴中国在承认与执行外国仲裁裁决中对公共秩序适用的实践经验，审慎使用公共政策。④

---

① 参见杜涛、姚可《我国域外法查明实践的现状、问题与出路——基于 2020—2022 年我国域外法查明案件的实证分析》，《中国国际私法与比较法年刊》2022 年第 1 期（第 30 卷），第 87~118 页。

② 参见王一栋《论"禁止法律规避"制度的废除——兼论我国国际私法法典相关制度的重构》，《政治与法律》2023 年第 4 期，第 130~147 页。

③ 参见唐金翎、马忠法《论我国法律规避制度的演进、实践及其完善》，《福建江夏学院学报》2023 年第 3 期，第 56~67 页。

④ 参见汤莹《论〈承认与执行外国民商事判决公约〉中的"公共政策"条款》，《社科纵横》2023 年第 4 期，第 87~94 页。

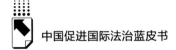

直接适用法构成公法强制性规范在冲突法层面的投射。有学者认为对于直接适用法的判断标准，应当特别发挥解决公私法冲突的转介条款对强制规范的解释功能，实现法律适用过程中的公法和私法、公益和私益的平衡。《民法典》第 153 条第 1 款之类的转介条款自身不构成直接适用法，而是被纳入《中华人民共和国涉外民事关系法律适用法》（以下简称《涉外民事关系法律适用法》）第 4 条这一直接适用法制度中，使之具有一并解决地域法冲突和公私法冲突的复合选法功能。①

最密切联系原则是我国冲突法的核心规则。有学者认为我国的最密切联系原则呈现政策指向性不明、适用规则随意以及法律功能模糊等问题，美国学界对冲突法的研究与重述对我国具有借鉴意义，为我国树立了法律政策思维导向与个案化、去主观化的法律政策分析理论。为纾解困局，我国应在吸收借鉴美国经验的基础上，承继合理内核，明确最密切联系原则"方法论式"的功能定位，引入法律政策分析理念，形成体现中国特色的中国方案。② 有学者对与最密切联系原则形影不离的特征性履行原则进行检视，指出该规则在我国立法中过分灵活，尤其是未妥善处理该原则与最密切联系原则的关系，导致理论界指责声不断，司法实践也较为混乱。我国应汲取国外立法尤其是《罗马条例 I》中的合理成分，制定明确的合同法律适用规则，明晰特征性履行原则的适用顺位及其与最密切联系原则的关系，完善和增补弱者保护规则，续造适用顺位明晰的梯度式规则体系。③ 另有学者从首例公海邮轮侵权案"蓝宝石公主"号案出发，发现《涉外民事关系法律适用法》第 44 条在遭遇特殊涉外侵权纠纷时会出现整体落空风险，倒逼我国法院依据"最密切联系原则"确定准据法，而我国法院在涉外侵权纠纷中适用最密切联系原则时出现了定性不准、未引法条、引发出错、说理不足的问题，建议未

---

① 参见董金鑫《转介条款对强制规范的解释与直接适用法的判断》，《武大国际法评论》2023 年第 2 期，第 38~54 页。
② 参见王一栋《最密切联系原则的困局与纾解：美国法借鉴与中国方案》，《海峡法学》2023 年第 4 期，第 108~120 页。
③ 参见许庆坤《特征性履行原则的理论检视与规则构造》，《法商研究》2023 年第 6 期，第 183~196 页。

来中国国际私法典编纂侵权冲突法一般规则部分时，在《涉外民事关系法律适用法》第44条的基础上，结合《罗马条例Ⅱ》第4条第3款之规定，将最密切联系原则作为侵权行为地法和共同经常居所地法之例外条款。①

意思自治原则是指引准据法的重要原则。有学者基于意思自治范式类型对法律选择协议的性质进行分析，其中意思自治国际主义范式强调法律选择协议性质的事实论，意思自治实体法范式强调法律选择协议性质的允诺论，意思自治跨国主义范式强调法律选择协议性质的法律选择合同论，不同范式类型和法律选择协议性质并无先进与落后之分。通过对历史、法律实践与学说的考察，可以发现我国法中意思自治原则的国际主义范式和法律选择协议性质的事实论的认知路径，其是否需要调整有待进一步思考。②

国际惯例的适用受到学界关注。有学者通过阐明国际惯例在我国司法实践和仲裁实践中的适用方式，探寻《民法典》时代我国适用国际惯例的路径。相较于对现行立法进行扩张解释而使国际惯例得以适用的解释论，立法论更加能够为国际惯例在我国的适用提供明确的法律依据，因此该学者建议在《涉外民事关系法律适用法》中新增有关适用国际惯例的规定，在沿用《民法通则》第142条第3款的基础上进一步明确当事人有权约定适用国际惯例。③ 有学者认为我国司法实践中国际惯例的适用主要有直接适用、约定适用和补缺适用三种方式，但随着《民法通则》的废止以及《民法典》中相关规则的缺失，国际惯例的适用规则在我国出现了立法空白。为弥补缺漏，可适时修订《涉外民事关系法律适用法》，形成正式的国际惯例适用规则，且国际惯例的立法范式应采用复合范式，将当事人意思自治确立为国际

① 参见严凌成《从首例公海邮轮侵权案看最密切联系原则的发展》，《时代法学》2023年第6期，第104~144页。
② 参见王磊《法律选择协议性质论：基于意思自治范式类型的分析》，《中国国际私法与比较法年刊》2022年第2期（第31卷），第92~105页。
③ 参见叶珊珊《〈民法典〉时代国际惯例在我国的适用》，《中国国际私法与比较法年刊》2022年第1期（第30卷），第167~178页。

惯例适用的首要原则，将补缺适用列为次要原则。① 另有学者关注到国际商事惯例的定性存在事实抑或法律的理论争议。国际商事惯例的历史嬗变显示国际商事惯例不应陷入形式概念主义之争，我国应从功能主义出发，借助"法源理论"破局，克服定性矛盾，完善国际商事惯例立法体系，优化条文内容，完成国际商事惯例的本土化构造。②

未生效条约的定性对其适用有重要意义。有学者梳理未生效条约在我国的适用在理论与司法实践中的不同观点，对其适用主要分为作为准据法适用和作为合同条款适用两种模式，把当事人选择的未生效条约定位为合同条款而非准据法，更符合未生效条约效力的本源、准据法的内涵及我国司法解释的本意，我国《最高人民法院关于适用〈涉外民事关系法律适用法〉若干问题的解释（一）》将未生效条约定位为合同条款有其合理性。③

二 涉外民商事关系的法律冲突及解决

在涉外侵权法律适用方面，有学者以首例邮轮旅客公海人身损害赔偿案为视角，指出《涉外民事关系法律适用法》第 44 条在属人法问题上对跨境法人经常居所地的认定规定不清，在属地规则上对侵权行为地的认定缺乏明确指引，难以适用于新型复杂侵权案件。作为我国侵权冲突规范，第 44 条应当进一步完善和明确，对欧盟法中跨境法人经常居所地的解释规则本地化处理，并借助推定规则与排除事由应对侵权行为地的竞合问题。④ 还有学者关注到了多种特殊侵权形式。对于互联网跨境人格权侵权，有学者认为我国

---

① 参见何其生《国际惯例适用规则的立法范式研究——以我国司法实践为出发点》，《法学研究》2023 年第 6 期，第 206~222 页。
② 参见王克玉、李晨《"法源理论"视野下的国际商事惯例：定性辨正与适用阐微》，《国际经济法学刊》2023 年第 3 期，第 77~97 页。
③ 参见于飞、许少彬《准据法抑或合同条款：论未生效条约在我国的适用——基于实践的检视》，《中国国际私法与比较法年刊》2022 年第 1 期（第 30 卷），第 121~135 页。
④ 参见金彭年、陶杨《论我国侵权冲突规则的适用——以首例邮轮旅客公海人身损害赔偿案为视角》，《浙江大学学报》（人文社会科学版）2023 年第 4 期，第 113~127 页。

司法实践中通常适用《涉外民事关系法律适用法》第 44 条而忽视或放弃第 46 条的做法不妥，不仅与特别规则优于一般规则的适用原则相矛盾，也偏离了单独规定互联网跨境人格权侵权冲突规则以强调弱者利益保护原则的立法初衷。当前，法院裁判时应厘清第 44 条与第 46 条的适用边界，规范冲突法裁判思维与说理过程；未来，我国人格权侵权法律适用制度可通过梯次选择性冲突规则的设计、有限意思自治原则的引入、最密切联系原则的合理运用、人格权侵权法律适用范围的调整等方式进行完善。①

对于涉外人工智能侵权，有学者结合 2020 年欧盟《人工智能民事责任条例（草案）》第 2 条的具体内容，采取文义解释和比较研究方法，分别论述涉外人工智能侵权主体地位、涉外人工智能财产权侵权、涉外人工智能人格权侵权以及涉外人工智能其他侵权的冲突规范。欧盟涉外人工智能侵权冲突规范相较于《罗马条例Ⅱ》，存在条文数量单一、针对人工智能财产侵权和人格侵权的连结点同一、调整范围受限等问题。涉外人工智能侵权冲突规范宜由单边冲突规范修正为选择性冲突规范，并采取区别制，对人工智能侵权的不同方面分别适用不同的法律选择连结点。②

对于临近空间商业飞行乘客损害，有学者认为目前欠缺相关国际公约，理论界对其法律适用的标准也不明确，因而产生了对航空活动行为和航天活动行为分别适用不同法律的二元共管理论，但该理论会导致法律适用结果的极端迥异。有鉴于此，应当构建合理可行的临近空间商业飞行乘客损害责任制度，严格法律适用标准，规范法律适用主体，明确损害责任制度，并引入相关辅助制度。③

对于涉外环境侵权，有学者考察域外涉外环境侵权法律适用，如瑞士和欧盟均制定涉外环境侵权的专门冲突规范，其法律适用涉及侵权行为地法原

---

① 参见徐伟功、张亚军《从单一到多元：互联网跨境人格权侵权法律适用制度之反思与重构》，《国际法研究》2023 年第 2 期，第 99~122 页。

② 参见刘阳《欧盟涉外人工智能侵权冲突规范的新发展》，《天津法学》2023 年第 1 期，第 33~44 页。

③ 参见王翰、贾乔《临近空间商业飞行乘客损害责任的法律适用：二元共管抑或破旧立新?》，《河南财经政法大学学报》2023 年第 6 期，第 42~52 页。

则、受害人利益保护原则、共同属人法原则以及当事人意思自治原则。对于我国相关立法，《涉外民事关系法律适用法》关于一般侵权的冲突规范不乏先进性，但上述规定无法一概适用于涉外环境侵权领域，应当设置专门的冲突规范加以调整。涉外环境侵权应适用侵权结果发生地法律，但受害人选择适用侵权行为实施地法律的除外；当事人事后合意明示选择侵权行为实施地、侵权结果发生地或法院地法律的，按照其协议。① 另有学者以气候变化民事诉讼为视角探寻跨国环境侵权法律选择规则的中国进路。《涉外民事关系法律适用法》并未专门设置环境侵权法律选择规则，而一般侵权规则由于存在"侵权行为地"概念模糊、单方意思自治缺位及最密切联系原则空白等问题，也无法针对性调整该特殊事项。基于中国现状及域外经验，中国应单独设置环境侵权法律选择规则，具体规则设计应兼顾"人权保护"与"环境保护"的立法理念，允许当事人嗣后合意选择适用法院地法，附条件采用"侵权行为地"之单一含义，引入单方定向意思自治，并充分发挥例外条款的作用，最终实现"预防为主、损害担责"的环境保护目标。②

在涉外婚姻家庭法律适用方面，有学者探讨涉外婚姻家庭领域中意思自治与弱者保护的关系，涉外婚姻家庭关系既建构于民事主体基于平等地位享有的意思自治因素，又受限于亲缘关系处于不平等家庭地位所寻求的弱者保护情形。在二者共同调整涉外婚姻家庭关系的情况下，为实现实质正义，应落实有限制的意思自治，一方面扩大意思自治的受限制范围，将夫妻财产关系纳入意思自治与弱者保护的范畴，另一方面明确弱者的认定标准与认定范围。③ 另有学者关注跨境代孕问题，认为跨境代孕亲子关系应由法定，代孕协议的约定无效，该法律冲突的解决应诉诸属人法，继而逐一分析跨境代孕亲子关系三方当事人的属人法。子女属人法在跨境代孕案件中的国籍、惯常

---

① 参见董金鑫、王亓艳《比较法视野下涉外环境侵权的法律适用》，《中国石油大学学报》（社会科学版）2023年第4期，第78~85页。

② 参见陈南睿《跨国环境侵权法律选择规则的中国进路：以气候变化民事诉讼为视角》，《中国海商法研究》2023年第3期，第103~112页。

③ 参见梅傲、李淮俊《涉外婚姻家庭法律适用中的意思自治与弱者保护考辨》，《中国国际私法与比较法年刊》2022年第2期（第31卷），第75~91页。

居所、出生地等连结点均难以发挥作用；代理孕母属人法在理论类比与现实层面均难言突出；委托夫妇属人法目前尚存争议，但该属人法目前是最优解，在具体案件中可适用委托夫妇共同属人法或一方属人法。① 有的学者发现在国际私法的离婚冲突法方面，中国法院通常按照民法的理解方式将离婚财产分割识别为离婚问题，但是实际上在《涉外民事关系法律适用法》的框架下，将其识别为夫妻财产关系更为合适。《涉外民事关系法律适用法》第 24 条关于夫妻财产关系的冲突规则存在一定的立法缺陷，虽然没有对条文使用造成负面影响，但应明确其意思自治的效力不能及于第三人。②

在涉外遗嘱继承法律适用方面，有学者对我国法院援引《涉外民事关系法律适用法》第 32 条和第 33 条处理有关涉外遗嘱继承纠纷的 114 份裁判文书进行实证研究，发现存在法律适用过程中涉外因素认定不当、意思自治适用错误、准据法确定不规范、遗嘱继承法律适用不一致、裁判文书说理不充分等问题。为完善相关制度，应在立法上构建"继承—遗嘱"模式下的涉外遗嘱继承法律适用体系，在司法上以是否对法律适用有实质性影响为标准正确认定涉外因素，并遵循条文本意准确适用法律。③

在涉外知识产权法律适用方面，有学者选取 50 个涉外知识产权相关案例进行分析研究，发现法院在运用《涉外民事关系法律适用法》第 50 条审理涉外知识产权侵权纠纷时，对该规定的理解与适用存在回避、混淆被请求保护地的界定，法律适用不当，意思自治时间限制过于严格的问题。在立法领域，我国可以考虑将当事人选法的自由扩大至侵权行为发生前，并在司法解释中对"被请求保护地"法律进行非穷尽列举式界定；在司法领域，法

---

① 参见杜焕芳、阮浩翔《跨境代孕亲子关系的属人法选择》，《中国国际私法与比较法年刊》2022 年第 2 期（第 31 卷），第 39~53 页。
② 参见王诣博《涉外离婚财产分割的法律适用》，《国际法研究》2023 年第 5 期，第 122~137 页。
③ 参见乔雄兵、李晓涵《中国涉外遗嘱继承法律适用问题实证研究》，《中国国际私法与比较法年刊》2022 年第 2 期（第 31 卷），第 54~74 页。

院应选择正确的冲突规范并正确理解与适用准据法。① 也有学者关注到了网络知识产权问题,网络侵权存在主体不易识别、事实和侵权行为地难以认定的问题。目前我国涉外网络知识产权侵权法律适用制度仍比较落后,有关部门应加快网络侵权法案统一立法,正确界定"被请求保护地",引入新的连接因素,推动网络知识产权立法。②

在涉外劳动关系法律适用方面,有学者对欧盟涉外劳动合同法律适用中的当事人意思自治原则、特征性履行方法及优先性强制性规定进行分析总结,指出我国相关规则存在的强制性规定认定宽泛与功能错位、冲突规范关系模糊与适用混乱等问题,进而在借鉴欧盟经验的基础上提出完善路径。我国应谦抑适用强制性规定,允许优先适用当事人协议选择的法律,并细化现有客观连结点的内涵,同时将最密切联系原则作为例外条款。③

在涉外保险法律适用方面,有学者认为相较于欧盟法将保险相对人纳入"弱者"范畴加以保护,我国冲突法的保护性规则并未惠及保险纠纷中的弱势当事人。在意思自治原则不能化解保险合同原生性的不对等,以及消费者保护规则不能满足保险纠纷在冲突法下特殊需要的情况下,我国也应将弱者保护原则覆盖至保险领域,并在欧盟经验的基础上,通过审慎的立法方式实现保护弱者与尊重当事人意思自治之间的良性平衡。④

在涉外不当得利法律适用方面,有学者关注到为避免在适用不同法律时对原因关系作出不同的认定,不同于世界大多数国家的立法,我国《涉外民事关系法律适用法》另辟蹊径采用意思自治原则处理这一问题。但引入当事人意思自治原则仍然不能避免不当得利准据法与原因关系准据法产生冲

---

① 参见陈露《涉外知识产权侵权法律适用问题研究——以〈涉外民事关系法律适用法〉第 50 条为中心》,《河南科技》2023 年第 6 期,第 127~131 页。

② 参见郭闻君《我国涉外网络知识产权侵权法律适用问题研究》,《中阿科技论坛》2023 年第 10 期,第 168~172 页。

③ 参见班小辉、丁怡涵《欧盟涉外劳动合同法律适用研究:规则、实践与启示》,《国际法学刊》2023 年第 1 期,第 32~59 页。

④ 参见翁怡《冲突法下保险纠纷中弱者保护原则的规则化——欧盟五十年经验反思及中国法上的选择》,《安徽大学学报》(哲学社会科学版)2023 年第 2 期,第 95~103 页。

突的情形，且会导致法院将当事人协议选择的法律混淆适用于不当得利和原因关系。为完善相关制度，应当在立法与司法层面对意思自治原则进行适当限缩，并在能力建设层面加强对涉外法治人才的培养。①

有的学者注意到了跨境担保合同的演进。早期我国为实现有效管理，曾规定未经外汇管理部门审批的跨境担保合同无效。2010年，国际私法意义上的强制性规定经由《涉外民事关系法律适用法》入法，成为司法裁判者处理涉外担保纠纷时的必要手段。如今，随着人民币走向自由兑换，跨境担保合同的审批要求在国内和涉外司法实践中都不再被认定为影响合同生效的强制性规定。②

针对《涉外民事关系法律适用法》中的"有利于"条款，有学者提出该法颁布之时的一大亮点是规定了"有利于"条款，但从审判实践看，法官在适用此类条款时面临运用"法条主义"选法方法无法证明法律选择实质合理性和可接受性的困境。为破解适用"有利于"条款的"法条主义"之困，应当将"法条主义"选法方法和后果主义论证方法有机融入"有利于"条款的适用过程，强化法官法律选择实质合理性的说理义务，细化后果主义论证过程并设置相应的检验方法。③另有学者对我国法院援引《涉外民事关系法律适用法》第25条、第29条和第30条的74件案例进行分析，发现法院存在不当扩大"有利于"条款的适用范围、未厘清"有利于"条款之间的关系及对冲突规范理解不清等问题。为落实上述条款保护弱者权益的立法目的，应厘清"有利于"条款之间的界限，加强外国法查明，尊重弱势方当事人的法律选择及考虑客观因素。④

① 参见孟令浩《请求权竞合下涉外不当得利法律适用的不足与完善——以统筹推进国内法治和涉外法治为视角》，《社会科学动态》2023年第3期，第103～110页。

② 参见许迪《我国跨境担保合同的效力认定演进——强制性规定的缘起、笼罩与身退》，《金融法苑》2023年第9期，第74～81页。

③ 参见翁洋《论后果主义推理方法在〈涉外民事关系法律适用法〉"有利于"条款适用中的应用》，《中国国际私法与比较法年刊》2022年第1期（第30卷），第136～153页。

④ 参见张新新《我国法院适用"有利于"条款的实证研究》，《甘肃政法大学学报》2023年第1期，第119～133页。

有学者评析了《最高人民法院关于适用〈涉外民事关系法律适用法〉若干问题的解释（一）》中"涉外民事关系"的兜底性条款。该兜底条款的适用应遵循同类解释方法和目的解释及反向排除方法以期实现"同案同判"。[①] 还有学者发现涉外信托冲突规范是《涉外民事关系法律适用法》唯一"零"适用的规定。学者通过分析涉外信托关系司法识别的成因及理论窘境，提出我国应该落实立案登记、精准分割识别并趋同法律适用，以完善涉外信托冲突规范。[②]

有学者以冲突法为视角对我国国际货物多式联运网状责任制进行研究，提出《中华人民共和国海商法》（以下简称《海商法》）第 105 条中的"调整该区段运输方式的有关法律规定"若被视为货损地法律，则与相关冲突法立法存在矛盾，可见我国《海商法》忽视了该制度与冲突法规则之间的关联。我国相关规定应体现网状责任制的国内实体法属性，尊重冲突法规则的优先适用，并适当发挥网状责任制对界定最密切联系地的作用。[③]

三　国内法域外适用的理论与实践

近年来，为了保障我国公民及企业的合法权益，加快建设中国法域外适用的法律体系成了当前国内法治改革的迫切需要，这一领域也受到诸多国际法学者的关注和研究。

在国内法域外适用法律体系的整体构建方面，有学者在"条约—互惠"关系的语境下，分析了中国法域外适用体系构建中立法模式与司法模式的两种进路，审视了立法模式的效力和制度风险，同时阐述了司法模式的制度优势，提出通过司法模式的改良与探索，包括遵循善意文明执行的基本理念以

---

① 参见严帅东、许军珂《中国民商事案件涉外性评判的兜底条款研究》，《河北北方学院学报》（社会科学版）2023 年第 3 期，第 44~49 页。

② 参见谢艺兰《涉外信托关系的司法识别窘境与解决路径——我国涉外信托冲突规范"零"适用的实证再检视》，《金融文坛》2023 年第 4 期，第 42~46 页。

③ 参见许庆坤、陈雨《冲突法视野下我国国际货物多式联运网状责任制之检视》，《中国国际私法与比较法年刊》2022 年第 1 期（第 30 卷），第 179~189 页。

及递延启动域外判决审查、采用诉讼化审查形式、丰富审查结论等举措，扩张我国判决在域外的既判力，从而实现中国法域外效力的延伸。①

还有学者对部门法的域外适用问题进行了研究。在金融法领域，有学者探讨了银行法域外适用的理论基础和规则建构问题，主张以银行法修改为契机，借鉴他国经验、遵守国际法基本原则，构建具有正当性、合理性且与我国金融实力相适应的银行法域外适用体系。② 在反垄断法领域，有学者分析了反垄断法域外适用的国际实践和国内困境，提出了我国反垄断法域外适用体系优化的可行路径，即以"效果原则"和"国际礼让原则"为理论指导，在规范构建方面，围绕我国《反垄断法》的核心条款及时补充司法解释、整合融通现有法律规则、补缺民事救济制度、创设法律适用新连结点等；在规范实施方面，以国际软法促进硬法效用，以国际执法合作提升国内执法能力，以重点领域为核心积极推进合作措施之落实。③ 在反海外腐败法领域，有学者通过分析美国《反海外腐败法》域外适用的实践及影响，主张我国应从立法、执法和司法三个方面建立我国反海外腐败法律域外适用制度，以对抗美国的"长臂管辖"，完善我国涉外法治体系。④ 在数据法领域，有学者梳理了国内外数据立法域外适用的研究成果，在此基础上探讨大数据时代数据立法域外适用引发的法律冲突问题及成因，并提出了中国的解决方案：单边层面，构建攻防兼备的数据立法域外适用制度；双边层面，加强数据领域域外执法与司法领域的双边合作和国际礼让；多边层面，在数据流动的多边规则构建和全球治理中发挥引领作用。⑤ 在证券法领域，有学者在分析美

---

① 参见陈坚《中国法域外适用体系的构建：立法模式与司法模式的理性审视与理论阐述》，《中国应用法学》2023年第1期，第188~200页。

② 参见张西峰《银行法修改中域外适用的理论基础与规则构建》，《甘肃社会科学》2023年第2期，第174~183页。

③ 参见魏婷婷《我国反垄断法域外适用体系的优化》，《江淮论坛》2023年第2期，第151~160页。

④ 参见郭镇源《美国〈反海外腐败法〉域外适用的制度镜鉴》，《河南财经政法大学学报》2023年第2期，第91~103页。

⑤ 参见文淑《数据立法域外适用引发的法律冲突与中国解决方案》，《云南师范大学学报》（哲学社会科学版）2023年第6期，第96~108页。

国证券法域外适用的演进以及加密货币证券诉讼的司法实践后，提出我国应在遵循国际法原则的基础上，从立法、司法和执法三个维度优化证券法域外适用制度，扩大证券法的适用范围，以应对加密货币等新兴金融科技产品的跨境监管挑战。① 在财税法领域，有学者从理论、立法、执法、司法等多重维度探讨了财税法能否发生域外效力、如何发挥域外效力等问题，并主张针对欧美发达国家扩张其本国财税法域外效力的现象，中国应坚持合作共赢，借力国际税收征管平台、广泛建立财税双边合作机制、加强国内法治域外效力的立法，建立财税法域外效力扩张机制，维护中国在国际竞争中的国家利益与税收主权。② 有学者研究了我国财政法律域外适用的现状、基本逻辑以及可能面临的外部冲突，并从实践层面、规范完善层面以及外部冲突的协调层面提出了我国财政法律域外适用制度构建的未来选择。③ 在对外经济制裁法领域，有学者以《中华人民共和国反外国制裁法》（以下简称《反外国制裁法》）第 14 条为中心，从逻辑起点和逻辑要求两方面论证了中国对外经济制裁法域外适用的实践逻辑，确定了中国对外经济制裁法域外适用模式、适用对象以及管辖依据，并提出建立起宽严相济的"原则+例外"实施路径。④

四　制裁与反制裁及阻断法问题

当前世界正经历百年未有之大变局，单边主义、保护主义以及西方霸权主义行径导致经济全球化遭遇逆流。美国"长臂管辖"不断突破国内法的

① 参见陈南睿《加密货币与美国证券法域外适用：实践及中国因应》，《上海金融》2023 年第 2 期，第 2~12 页。
② 参见刘力、徐鹏博《基于合作共赢的财税法域外效力研究》，《税务研究》2023 年第 10 期，第 77~82 页。
③ 参见张亚军《反思与选择：我国财政法律的域外适用》，《河北法学》2023 年第 9 期，第 158~182 页。
④ 参见张耀元《中国对外经济制裁法域外适用问题研究——以〈反外国制裁法〉第 14 条为中心》，《甘肃政法大学学报》2023 年第 4 期，第 31~50 页。

藩篱，以经济制裁作为长臂执法管辖权主要的表现形式，严重扰乱了国际经济秩序，阻碍全球治理。为应对美国的"长臂管辖"及单边制裁，各国相继制定或更新本国的阻断立法。我国也构建起了以《反外国制裁法》为统领、以《阻断外国法律与措施不当域外适用办法》（以下简称《阻断办法》）和《不可靠实体清单规定》为辅助的反制裁法律体系。不少学者针对美国制裁及我国阻断其次级制裁问题进行了研究。

在反制裁法律体系的整体构建方面，有学者梳理了我国在阻断和反制裁方面的立法和实践经验，在借鉴欧盟《阻断条例》、俄罗斯《反制裁法》立法和实践经验的基础上，提出从统筹推进阻断和反制裁"一体化"、明确阻断的外国法律与措施清单、限制国家豁免的范围、解决外国主权豁免问题、捍卫阻断禁令的强制力、切实保障我国跨国企业的经济利益等方面完善我国阻断和反制裁立法体系；通过探索案件管辖、受理条件、国际司法协助等程序机制，研究案件审理的基本原则、举证责任、法律适用、损害赔偿责任、免责条款的效力等实体规则，完善我国阻断和反制裁的司法适用制度。① 有学者分析了美国"长臂管辖"的起源、域外扩展及其产生的恶劣国际影响。对此，我国应进一步完善阻断法体系，推进域外法律适用体系的建设，加强国际合作，逐步"去美元化"，以消解美国"长臂管辖"对我国的影响。②

有学者对"制裁"的概念进行界定，并论述了对反制裁法进行功能定位的必要性，进而指出我国反制裁法具有斗争、救济和预防三项功能，但由于现有规则的不足，实现这些功能仍存在障碍。基于此，该学者从宏观和微观结合的层面提出了完善建议。宏观上，以反制裁法的功能定位为指引，遵守比例原则，维护国家、社会和个人利益；微观上，增强斗争层面规则的可操作性与合法性，确保救济层面规则的确定性，补足预防层面规则的缺失。③ 有

---

① 参见沈励《我国阻断和反制裁的立法完善及司法适用探究》，《法律适用》2023年第8期，第120~133页。
② 参见王慧、周博文《论美国长臂管辖的域外扩张与影响消解》，《华北理工大学学报》（社会科学版）2023年第2期，第13~19页。
③ 参见杜玉琼、黄子淋《论我国反制裁法的功能及其实现路径》，《河北法学》2023年第6期，第90~112页。

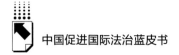

学者对"外国制裁"的定义、现状和合法性进行探讨，比较借鉴了"事前预防"、"国际争端解决"以及"国内反制立法"等域外反制裁实践经验，提出我国应在统筹推进国内法治和涉外法治的过程中加快反制裁法律制度和规则的建设，从立法、执法、司法等方面提高反制效能，维护国家主权、安全和发展利益。① 有学者分析了美国"长臂管辖"的本质、实施基础和实施条件，指出美国主要通过出口管制、经济制裁以及《反海外腐败法》等方式对华实施"长臂管辖"，并提出我国应从政治和外交层面、立法执法司法等法律层面、科技和经济层面以及相关实体的具体应对层面，构建起攻防兼备的反制机制。②

有学者在涉外法治视野下，对我国反制裁的概念、法律制度和重要实践进行了阐述，论证了我国实施反制裁在国际法和国内法领域的合法性，分析了我国实施反制裁执法效能不足问题以及次生的国际私法问题，提出我国应坚持统筹国内法治和涉外法治，从立法、执法及司法方面完善反制裁实施机制，建立反制裁措施有效评价和调整机制。③ 有学者对以美国为首的西方国家"支点+原理"的制裁模式进行分析，提出我国应确立德法并用的制裁理念，在党的领导下构建中国特色反制机制：在战略层面，对依赖性进行分类梳理并通过依赖性的塑造、转移和替代，构建安全可控的依赖性体系；在战术层面，针对美国制裁的特点进行断链行动，对其法律问题进行政治还原、对其单边执行进行法理批判、对其制裁手段进行攻防应对并对其阵营方式进行合理分化。④ 有学者分析了典型单边制裁措施的国际法合法性，并指出了我国对外制裁法在实体法和程序法上合法性建设的不足，提出我国在对外制

① 参见霍政欣、陈彦茹《反外国制裁的路径演化与中国选择》，《社会科学》2023 年第 2 期，第 179~192 页。
② 参见蒋正翔《构建攻防兼备的美国"长臂管辖"反制机制》，《重庆社会科学》2023 年第 10 期，第 121~138 页。
③ 参见张亮、陈希聪《涉外法治视野下中国反制裁研究》，《辽宁公安司法管理干部学院学报》2023 年第 2 期，第 2~14 页。
④ 参见张春良《论美国国际制裁新模式与中国特色反制体系》，《国际观察》2023 年第 5 期，第 82~108 页。

裁实体法方面应进一步明确制裁目的、制裁对象、制裁类型和制裁程度等问题，程序法方面应建立通报磋商程序，适时调整与解除有关措施，积极运用国际争端解决程序并建立国内行政救济制度，由此来完善我国对外制裁体系的国际法合法性。①

在反制裁具体制度设计和具体问题应对方面，有学者从司法维度探讨了反外国制裁法治体系的运行逻辑，分析了外国制裁的定性问题并结合各国司法实践对涉制裁的民事诉讼属于违约还是侵权之诉展开研究，并讨论了此类诉讼的法律适用问题，提出应明确和发挥人民法院在我国反制裁体系建设中的功能和作用，保障立法、执法与司法的一致性和连贯性。② 有学者认为反外国制裁司法救济机制区别于一般民商事诉讼，是涉及外交事务的特别诉讼，因此应坚持中央事权原则、威慑原则和比例原则展开该特别程序。在程序层面，应对管辖法院、立案审查、时效和送达等事项作出专门安排，并与外国法院判决和国际商事仲裁裁决的承认与执行进行协调；在实体层面，应当要求当事人明确请求权基础，适当认定歧视性限制措施和合同中制裁条款的效力以及损失赔偿等问题。③

有学者提出追偿诉讼制度是我国反制裁法律体系中的重要制度，但该制度在实施过程中面临诸多挑战。为应对风险挑战，该学者建议：在追偿诉讼与行政执法的衔接方面，采取法院直接受理模式；在法院管辖权的确立和行使方面，立法确立"适当联系"条款以填补我国法院在追偿诉讼中可能面临的管辖空白；在判决的承认与执行方面，开展跨国司法合作并注重本国营商环境的保护。④ 有学者结合俄罗斯"反制裁"专属管辖权的立法和司法实

---

① 参见冯慧敏《我国对外制裁法的国际法合法性构建》，《武大国际法评论》2023 年第 5 期，第 82~95 页。
② 参见霍政欣、陈锐达《反外国制裁的司法维度展开》，《世界社会科学》2023 年第 2 期，第 165~193 页。
③ 参见肖凯《论我国反外国制裁司法救济机制之完善》，《武大国际法评论》2023 年第 3 期，第 85~102 页。
④ 参见刘桂强《我国反制裁追偿诉讼制度面临的挑战与应对》，《环球法律评论》2023 年第 3 期，第 211~224 页。

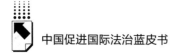

践，对管辖权作为反制裁工具的实效和风险进行了评析，建议设定"反制裁"专属管辖权，作为我国应对外国单边制裁的有力工具。①

有学者分析了欧盟成员国面对"是否承认外国经济制裁措施在域内的强制性适用效力"问题的态度以及我国法院适用外国经济制裁措施的现状，提出我国应积极开展司法外交，针对不同制裁类型针对性赋予不同域内适用效力，冲突法方法和实体法方法并行适用，以构建外国经济制裁措施的域内适用体系。② 有学者讨论了美国制裁措施的影响以及欧盟在反制裁领域法律的实践，提出我国应探索检察机关在反制裁领域的工作进路，包括调整民事检察公益诉讼范围、与民事检察支持起诉制度衔接以及帮助进行中国法律的查明等工作，以此充分发挥检察机关在国家海外利益保护和反制裁工作中的作用，完善我国反制裁法律体系。③

有学者阐述了欧盟《阻断条例》的出台背景、主要内容、司法适用的具体实践以及美国法院对此的回应，揭示了《阻断条例》的实施困境，并以此为基础提出我国《阻断办法》应明确第 4 条"工作机制"的具体内涵，丰富第 11 条"政府给予必要支持"的具体内容，对豁免制度的实质条件和程序条件进行规定，探索救济制度的可行性，扩大适用情形和适用范围并明确外国当事人的权利义务。④ 有学者探讨了当前单边金融制裁泛化的趋势及表现，指出应对单边金融制裁存在国际法缺位、适用法律标准不明以及法律工具有限等困境，提出我国应在国际立法层面积极倡导对单边金融制裁的启用、明确措施实施限度，并为实施程序设定条件和限制，同时完善国内反制裁法律体系并强化其执行效力，加强国内企业和个人对单边金融制裁的防范

---

① 参见苏超《论专属管辖权的反制裁功能——基于俄罗斯"反制裁"专属管辖权的立法和司法实践研究》，《甘肃政法大学学报》2023 年第 5 期，第 95~112 页。

② 参见陈南睿《外国经济制裁措施在法院地国的适用》，《中国国际私法与比较法年刊》2022 年第 2 期（第 31 卷），第 239~353 页。

③ 参见郭烁《检察机关参与：反外国制裁工作的另一种进路》，《政治与法律》2023 年第 10 期，第 81~93 页。

④ 参见沈伟《利器还是钝器？欧盟〈阻断条例〉的实施困境和借鉴》，《德国研究》2023 年第 4 期，第 42~66 页。

能力，明确遭受制裁后的救济途径，以应对和消解单边金融制裁泛化的影响。① 有学者通过分析美国域外单边制裁的演变路径以及我国阻断法体系的形成过程及不足，指出了中国企业合规面临的困境和成因，并提出我国可从完善阻断立法、利用外国主权强制原则、落实豁免申请制度、推进形成救济制度、促进企业守法合规积极应对等方面着手，探索我国企业合规在单边制裁和阻断立法背景下的出路。②

有学者对欧盟和美国个人信息跨境流动中的"长臂管辖"制度进行了剖析，揭示了其给国家利益、商业利益保护和个人隐私保护带来的挑战，主张我国应坚持主权平等和独立原则、合作共治原则，以安全为前提，推进相关法律制度构建，并参与个人数据跨国流通的全球规则制定，把握规则制定的话语权，以应对个人数据跨境流动"长臂管辖"带来的风险和挑战。③ 有学者指出美国商业秘密法存在着域外适用扩张趋势，而 2023 年颁布的《2022 年保护美国知识产权法》更是扩张了美国商业秘密法域外适用范围，强化了商业秘密域外执法权，给中国高科技产业和基础制造业的国内法治以及涉外法治建设带来新挑战。对此，在国家层面，我国应探索中国商业秘密法的规则设计，优化反制裁法律体系，建设多元开放的金融体制以增强自身韧性、抵御外部冲击；在市场层面，市场主体应从事前预防、事后救济和多方合作等方面化解风险。④ 有学者指出美国单边金融制裁违反国际法基本原则、管辖权原则以及国际人权法和人道法原则，在国际法上缺乏合法性。针对美国单边金融制裁措施，我国可从国际法基本原则、管辖权原则以及国际人权法和人道法原则中寻找抗辩依据，合理利用司法手段进行质疑，同时应

---

① 参见徐昕《单边金融制裁泛化的法律应对》，《理论探索》2023 年第 5 期，第 121~128 页。
② 参见马光《单边制裁与阻断立法下中国企业合规困境与应对策略》，《武大国际法评论》2023 年第 2 期，第 17~37 页。
③ 参见欧福永《个人数据跨境流动规制中的"长臂管辖"及我国的对策》，《时代法学》2023 年第 1 期，第 97~105 页。
④ 参见李雨峰、刘明月《美国商业秘密法域外适用的扩张与中国应对——以〈2022 年保护美国知识产权法〉为中心》，《知识产权》2023 年第 8 期，第 106~126 页。

在建立反制裁体系时注重国际法上的合法性。[①]

此外，2021年6月10日颁布的《反外国制裁法》，也引起了诸多学者的关注和研究。有学者从行政执法、司法适用和反制措施的遵守三个环节梳理了《反外国制裁法》的实施机制，指出了该法在实施过程中存在的问题，在考察欧盟制裁与反制裁立法中实施机制的基础上，提出我国应通过健全反制裁主管机构制度、设置完备的反制裁实施程序、出台制裁合规指导性规则，从立法、执法、司法方面完善《反外国制裁法》的实施机制，更好地实现反制裁目的。[②] 该学者还专门分析了《反外国制裁法》执法机制的现状和存在的问题，提出我国应建立切实有效的反外国制裁工作协调机制，细化《反外国制裁法》的执法程序并出台《反外国制裁法》法律责任的配套规定，以完善其执法机制，保障执法工作有序开展，更好地维护我国国家主权、安全和发展利益。[③] 有学者以"新疆棉"事件为视角，分析了对瑞士良好棉花发展协会（BCI）抵制行为进行反制的前提，明确了利用《反外国制裁法》进行反制的必要性和可行性。同时，学者提出相关部门应依法将BCI列入反制清单并采取反制措施、我国受损公民和组织可依法向人民法院提起诉讼请求停止侵害并赔偿损失的救济路径，为我国应对此类事件以及完善涉外法治体系提供借鉴。[④]

五 《对外关系法》的理论与实践

《中华人民共和国对外关系法》（以下简称《对外关系法》）经第十四

---

① 参见白雪《美国单边金融制裁在国际法上缺乏合法性》，《中国国际私法与比较法年刊》2022年第1期（第30卷），第340~353页。

② 参见陈喆、韦绮珊《〈反外国制裁法〉实施中的法律问题与完善》，《武大国际法评论》2023年第5期，第59~81页。

③ 参见陈喆、韦绮珊《〈反外国制裁法〉实施中的执法问题》，《国际商务研究》2023年第3期，第46~58页。

④ 参见刘俊梅《抵制与反制：反外国制裁法境外实体的法律适用———以"新疆棉事件"的法治破局为例》，《吉首大学学报》（社会科学版）2023年第6期，第103~112页。

届全国人大常委会第三次会议表决通过，自 2023 年 7 月 1 日起施行。这是中国第一部基础性、纲领性、综合性对外关系法律，是我国涉外法治体系建设的里程碑，具有重大历史意义。不少学者对《对外关系法》的相关问题进行了研究和解读。

有学者对《对外关系法》产生的时代背景、重大意义、基本框架和立法中的守正创新进行了总体性阐述，指出该法在宏观层面形成"一体两翼"的基本格局，在制度层面构筑"四梁八柱"的法律支撑，在立法过程中坚持守正创新，对于坚持全面依法治国、坚持统筹推进国内法治和涉外法治、完善涉外法治体系建设具有重大意义。[1] 有学者通过探讨《对外关系法》制定的必要性、其在涉外法律体系中的地位以及对加强涉外法治体系建设的价值和意义等问题，系统阐释了《对外关系法》在中国涉外法治体系中的重要地位，指出该法深入贯彻落实习近平新时代中国特色社会主义思想的重要举措，是我国推进高水平对外开放，维护国家主权、安全和发展利益的客观要求，也是中国统筹国内法治与涉外法治的关键一步。[2] 有学者阐述了习近平外交思想和法治思想的融合，分析了在习近平外交思想的引领下中国涉外法律体系的布局及构建路径，同时提出《对外关系法》作为习近平外交思想的法律表达，保持了政策与法律的平衡，是习近平外交思想的法治化，有利于涉外法律体系构建，更好地维护国家主权、安全和发展利益。[3] 有学者阐述了《对外关系法》的立法发展意义、时代意义、法治意义以及立场和观念宣示意义，提出该法巩固了统筹推进国内法治和涉外法治建设的基本格局。在立法过程中，立法者一方面坚持中国特色社会主义制度和道路、维护国际公平正义、维护以国际法为基础的国际秩序的"守正固本"立场，另一方面又在对外关系立法形式、理念、职权配置和制度设计等方面

---

① 参见黄惠康《中国对外关系立法的里程碑——论中国首部〈对外关系法〉应运而生的时代背景、重大意义、系统集成和守正创新》，《武大国际法评论》2023 年第 4 期，第 1~27 页。

② 参见黄进《论〈对外关系法〉在中国涉外法治体系中的地位》，《国际法研究》2023 年第 4 期，第 3~18 页。

③ 参见许军珂《习近平外交思想与中国涉外法律体系构建——兼论〈对外关系法〉》，《外交评论》2023 年第 6 期，第 1~22 页。

展现创新。① 有学者在全球治理观的语境下，提出《对外关系法》阐明了"人类命运共同体"的全球治理"法方法"、确立了共商共建共享的全球治理观、阐释了"维护国际和平与安全秩序""开展国际人权保护与人道主义行动""促进人类可持续发展"的全球治理目标任务、提出了改革全球治理体系的倡议，为我国参与全球治理提供国内制度支撑与政治保障。② 有学者从"分配功能"理论的视角出发，从目的考量、内容设计、方法评价等方面深刻探讨了《对外关系法》的"统筹"意涵，并指出该"统筹"意涵回应了"全面依法治国"的根本要求，凸显了我国涉外立法的科学性，为构建人类命运共同体的法治保障贡献了中国智慧。③ 有学者在"一带一路"视域下着重论述《对外关系法》所调整的合作关系，比较分析了对外关系与国际关系、跨国关系的异同，并结合"一带一路"对外关系实践论证《对外关系法》的调整对象包括政府间和非政府间对外关系，可适用"软法"及相关条约。此外，该学者还梳理了国内外有关对外关系法调整对象的研究成果，分别探讨了在统筹国内法治与涉外法治、共商共建共享全球治理和推动构建人类命运共同体等三个领域《对外关系法》调整对象的中国特色及其重大意义。④

六　国际民商事管辖权

国际民商事管辖权问题历来是学者所关注的问题。2023 年我国颁布了新修订的《民事诉讼法》，有学者对该法有关涉外民事诉讼的制度修改

---

① 参见赵骏《〈对外关系法〉与中国对外关系法治的新进展》，《武大国际法评论》2023 年第 4 期，第 28~48 页。

② 参见银红武《中国〈对外关系法〉的全球治理观阐释》，《湖南师范大学社会科学学报》2023 年第 6 期，第 83~92 页。

③ 参见范子豪《〈对外关系法〉"统筹"意涵的展开——以"分配功能"理论为视角》，《武大国际法评论》2023 年第 4 期，第 63~80 页。

④ 参见张乃根《论"一带一路"视域下〈对外关系法〉的调整对象》，《国际法研究》2023 年第 4 期，第 19~38 页。

进行了评述，指出涉外编修订主要包括以下内容：一是管辖的相关规定，适度扩大我国法院对涉外民事案件的管辖权；二是对平行诉讼、不方便法院原则等作出规定；三是完善涉外送达的规定；四是增设域外调查取证的相关规定；五是完善外国法院生效判决、裁定承认与执行的基本原则。①有学者以我国《民事诉讼法（2023年修正）》第281条为中心，研究国际平行诉讼规则，指出新法明确国际平行诉讼处理规则兼采"先受理法院原则"与"更适合法院方法"，并在比较法视野下进行评析。该学者从法院扩大涉外管辖范围的现实需求、有利于中国法院保护管辖权的原则出发，设计先受理法院原则的区分化适用方案，实现进一步完善国际平行诉讼制度的目的。②

有学者介绍了《关于涉外民商事案件管辖若干问题的规定》（以下简称《规定》）的起草背景，总结了该规定的主要内容。在一般程序方面，该规定明确了基层人民法院、中级人民法院和高级人民法院管辖第一审民商事案件的相关规则，以及必要情况下基层人民法院、中级人民法院对第一审涉外民商事案件实行跨区域集中管辖的规则。针对特殊问题，如与开放型经济关系密切的特定民商事案件归口办理，以及此前已经报批过的具有涉外管辖权的中级人民法院和基层人民法院在《规定》生效后如何处理等，该规定也进行了说明。③

在国际民事诉讼程序问题法律适用方面，有学者指出，法院地法原则仍然具有正当性，同时应为法院地法原则创设出两类例外，包括必要时适用实体问题的准据法上的程序规则，以及必要时创设出关于程序问题的双边冲突规则，法律适用第二阶段应当特别考虑程序问题如何适用法院地法。④ 有学

---

① 参见沈红雨、郭载宇《〈民事诉讼法〉涉外编修改条款之述评与解读》，《中国法律评论》2023年第6期，第70~80页。

② 参见郭镇源《论国际平行诉讼的海牙公约方法与中国因应——以新〈民事诉讼法〉第281条为中心》，《国际经济法学刊》2023年第4期，第28~41页。

③ 参见沈红雨、郭载宇《关于涉外民商事案件管辖若干问题的规定的理解与适用》，《人民司法》2023年第4期，第34~37页。

④ 参见林强《国际民事诉讼程序问题法律适用论纲》，《法学》2023年第8期，第172~191页。

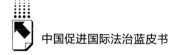

者通过实证分析指出,我国法院适用兜底条款主要存在三种误区:一是不当扩张兜底条款的适用范围;二是援引兜底条款的说理存在瑕疵;三是运用最密切联系原则的方法具有片面性。法院应当采用数量和质量综合分析的方法确定最密切联系地,并通过最高人民法院发布指导性案例的方式为各级法院正确适用兜底条款提供参照。①

在禁诉令大战背景下,有学者通过辨析国际礼让原则和禁诉令等相关概念,分析禁诉令与国际礼让的价值冲突,比较不同国家法院的禁诉令实践,指出国际礼让原则在跨国禁诉令实践中的弱约束作用。该学者提出在发布禁诉令时,应当采取反禁诉令推定适用的方法,仅当符合国际礼让原则例外情形的具体案件出现时,法院才可以考虑发布禁诉令。② 有学者分析禁诉令在国际投资仲裁中的运用,指出仲裁庭应当采取"建议"与"邀请"等温和的方式协调国内、国际两种法律程序,尽量避免颁发禁诉令;而与仲裁争端相关的国内法律程序,特别是刑事程序则可能会受到仲裁庭的干预,折射出国际法体系与国内法体系的割裂。③ 还有学者指出,禁诉令与行为保全具有构成要件的相似性,以及立法附属的局限性,但由于两者的形式差异和实质差异无法兼容,应当采取独立立法模式并将其安排于涉外管辖问题的特别规定之中,并从禁诉令制度的类型化分析和个案中禁诉令适用的自由裁量空间切入,合理安排实体规则内容。④ 在国际民事诉讼中的单方救济措施方面,有学者指出单方救济措施具有以下三个要件:一是实体诉求的可争辩性,二是救济形势的紧迫性,三是担保提供的充分性。我国现行临时救济立法未区分单方及双方临时救济,实践中适用该机制容易导致诉讼当事人地位不平

① 参见邹国勇、李昱辰《涉外民事关系法律适用兜底条款的司法检视:误区及矫正》,《国际法学刊》2023 年第 3 期,第 19~41 页。
② 参见杜焕芳、段鑫睿《跨国禁诉令中国际礼让的角色和适用》,《中国高校社会科学》2023年第 4 期,第 110~157 页。
③ 参见宁红玲、魏丹《论禁诉令在国际投资仲裁中的运用》,《国际法研究》2023 年第 4 期,第 127~145 页。
④ 参见季澄珏《禁诉令成文立法模式探讨——以国际民事诉讼管辖冲突为背景》,《财经法学》2023 年第 3 期,第 178~192 页。

衡，我国应当突出单方临时救济的特殊要件构造及制衡机制，构建均衡合理的单方临时救济，针对禁诉令的适用引入更严格的独立要件。①

有学者分析美国适用不方便法院原则的"三步分析法"，结合美国航空产品责任领域适用不方便法院原则的典型案例，总结中美两国不方便法院原则的异同及其原因，指出《最高人民法院关于适用〈民事诉讼法〉的解释》第530条对不方便法院原则在新时代背景下的价值认识不足，立法门槛设定过高，对不方便法院原则的规定缺乏逻辑层次，可以参考"三步分析法"，对合适的替代法院的判断要同时满足可用性和充分性。②

在涉外雇佣合同方面，有学者从公平理论、密切联系理论和公共利益理论的角度论证涉外雇佣合同管辖权的法理基础，同时，从具体规范构成出发，结合域外规定论述涉外雇佣合同管辖权规则的区别制，比较针对雇主诉雇员案件和雇员诉雇主案件的管辖权规则差异。该学者提出我国可以增补涉外雇佣合同管辖权的单独规定，明确中国涉外雇佣合同管辖权的特别管辖权性质及例外，完善雇佣合同客观性管辖权连结点和主观性管辖权连结点。③

在涉外知识产权的国际管辖权方面，有学者分析基于"超地域管辖"所产生的管辖权冲突，指出地域限制规则具有正当性，法院对于涉外知识产权诉讼应当遵循地域限制规则，采取"更密切联系"标准是不可取的。《民事诉讼法》或其司法解释可以加入地域限制规则的条款，以权威示范法的相关规定作为参考，从而维护公平和谐的国际民商事司法秩序。④

在跨境网络侵权诉讼的国际管辖权方面，有学者从国际管辖权分配的三种理念，以及国际管辖权的二阶分配理念出发，比较欧美国际管辖权规则体系的构建与发展，提出在尊重网络主权原则的基础上，遵循价值位阶，平衡

---

① 张文亮：《国际民事诉讼中单方救济措施研究》，《法学家》2023年第6期，第117~195页。

② 参见潘馨怡《航空制造强国建设背景下不方便法院原则在我国的适用》，《〈法学前沿〉集刊2023年第1卷——航空法研究文集》，第159~171页。

③ 参见刘阳《论中国涉外雇佣合同国际民事裁判管辖权规则之重构》，《国际法研究》2023年第3期，第87~106页。

④ 参见阮开欣《涉外知识产权诉讼管辖权的地域限制——以标准必要专利纠纷管辖权冲突为切入点》，《清华法学》2023年第2期，第162~178页。

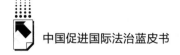

国际管辖利益，通过立法论与解释论的倡导，细化国际管辖权审查规则。①

在数据跨境流动中的数据管辖权方面，有学者结合代表性案件指出，欧盟、美国和中国三方均以"数据来源地"标准作为管辖依据，表现出本地主义倾向。但在行使数据管辖权的政策目标方面，各国依据各自的价值诉求，建立不同的法律治理架构。② 也有学者分析个人数据治理域外管辖权扩张的现实样态，提出个人数据治理域外管辖权的国际协调应当强调共同利益、相互关系与大国协商，以统一实体法和冲突法为理想，结合现实循序推进，引导和细化礼让原则的适用。可以从分层设定域外管辖的实施条件、分类确定适当连结点和限制使用管辖权行使原则等路径实现域外管辖权的协调。③

有学者指出，国际商事诉讼呈现仲裁化趋势，包括协议选择管辖的主导性、诉讼程序规则的自治性、复合型审判人员的选任三个方面。国际商事诉讼的仲裁化具有意定管辖权与司法管辖国际化、当事人自治权与诉讼程序自由化、法官选任与司法审判专业化的特征。在国际商事诉讼仲裁化趋势下，我国《民事诉讼法》涉外编应当完善涉外商事诉讼管辖权的国际化导向配置，实现商事诉讼程序规则的自由化导向调整。④

有学者指出，涉港澳台案件的民事诉讼程序规则参照适用一般规则的规定具有局限性，有必要作出独立规定，同时涉港澳与涉台民事诉讼具有共性，应当认识到此类案件的特殊性，贯彻涉港澳台民事诉讼的基本原则，积极健全特别规则的制度体系，以尊重涉港澳台民商事案件的特性为中心，设计具体的诉讼制度与诉讼程序。⑤

---

① 参见林洧《跨境网络侵权诉讼的国际管辖权分配规则研究》，《国际法学刊》2023年第3期，第108~132页。
② 参见徐冬根《论数据跨境流动中的数据管辖权与本地主义倾向》，《中国国际私法与比较法年刊》2022年第2期（第31卷），第3~20页。
③ 参见薛清嘉《个人数据治理域外管辖权扩张、冲突与协调》，《中国国际私法与比较法年刊》2023年第1期（第30卷），第291~306页。
④ 参见吴永辉《论国际商事诉讼的仲裁化——兼评我国〈民事诉讼法〉涉外编修改》，《现代法学》2023年第4期，第156~170页。
⑤ 参见汤维建、林洧《涉港澳台民事诉讼程序特别规则的体系建构》，《法律适用》2023年第9期，第26~41页。

七 外国法院判决的承认与执行

外国判决承认与执行一直是学者关注的热点话题。有学者对本年度国际民事诉讼实践的发展进行了综述：在国际民事诉讼规则层面，《海牙判决公约》生效在即，欧盟《布鲁塞尔条例Ⅱa（重订版）》全面适用，海牙管辖权项目取得新突破；在实践层面，欧盟法院着重对惯常居所、"利益中心"、分支机构等管辖权连结点进行阐释，美国联邦最高法院和英国最高法院也分别在冲突规范的援用和案件的可辩论性上发展了新的判例。①

有学者指出 2019 年《海牙判决公约》规定被请求国法院在特定情况下拒绝承认与执行其他公约成员国法院判决的主要理由，并讨论该条约第 7 条所规定的拒绝承认或执行外国法院判决的五种情形及其理由。② 也有学者围绕"公共政策"条款在承认与执行外国法院判决领域的适用进行研究，指出中国在立法方面存在诸如"社会公共利益"与"公共政策"的概念混淆、"社会公共利益"的标准模糊的问题，应当统一公共政策在中国法律法规中的名称，借鉴中国在承认与执行外国仲裁裁决中对公共秩序适用的实践经验，在中国法律文书中避免对公共政策进行抽象解释，以有效对接《海牙判决公约》。③ 还有学者探讨《海牙判决公约》中的非实质性审查条款，系统阐述了其起源、内在缺陷，认为我国应厘定非实质性审查条款概念、廓清非实质性审查条款范围、构建新型的启动方式，促进非实质性审查条款的适用和外国判决在国际民商事审判领域高效流通。④

---

① 参见范子豪、何其生《国际民事诉讼年度综述（2021~2022 年）》，《中国国际私法与比较法年刊》2022 年第 2 期（第 31 卷），第 130~148 页。
② 参见徐国建《论拒绝承认与执行外国法院判决的情势——2019 年〈海牙判决公约〉相关制度与规则探讨》，《国际法研究》2023 年第 3 期，第 124~144 页。
③ 参见汤莹《论〈承认与执行外国民商事判决公约〉中的"公共政策"条款》，《社科纵横》2023 年第 4 期，第 87~94 页。
④ 参见陈计《〈海牙判决公约〉非实质性审查条款：起源、缺陷与完善》，《唐山师范学院学报》2023 年第 5 期，第 120~124 页。

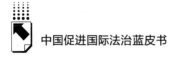

互惠原则是承认与执行外国法院判决的重要依据。有学者总结分析互惠原则实践中的具体情况与问题后指出，除具有法律性质的协议互惠外，法律互惠和附条件的承诺互惠均属于事实，但附条件的承诺互惠为相对免证事实，故只有法律互惠存在当事人证明之问题。是否互惠原则符合应当属于法官职权调查事项，法院应选择辩论主义配套的判决资料提供方式，法律互惠应在辩论主义模式下由申请人承担举证责任。[1] 有学者以"一带一路"倡议为背景，指出互惠原则能够协调国家间法律，为中国司法国际公信力提升提供可靠选择，是当事人利益实现的重要路径。我国适用互惠原则承认与执行外国判决的立法缺乏系统性和现实操作性，同时具有严格适用事实互惠标准的司法惯性，应当推动构建"一带一路"司法合作机制，灵活处理国际民商事司法协助中的互惠原则。[2] 内地首例适用法律互惠承认外国破产程序并提供救济的案件，即北京市第一中级人民法院（以下简称"北京一中院"）承认德国亚琛地方法院破产程序裁定案，引发多数学者热烈讨论。有学者指出北京一中院依照是否存在歧视性规定、是否违反我国对于管辖的规定和是否损害我国利益三个标准，根据互惠原则审查德国法院作出的裁定，并分别总结法律互惠原则对相同法系和不同法系国家的积极意义。同时，该学者建议完善我国反向查明机制，以及建设我国互惠原则审查机制，以促进国际司法协助。[3] 也有学者从本案出发，指出承认外国程序的法律依据为《中华人民共和国企业破产法》（以下简称《企业破产法》）第5条，总结跨境破产案件中适用互惠原则进行审查的具体条件，以及认定双方存在互惠关系的情形，同时探讨承认外国破产程序的其他审查条件和程序性事项。[4] 有学者通过对案例争议焦

① 参见冯子涵《外国判决承认与执行中互惠原则的证明研究》，《国际法学刊》2023年第2期，第131~153页。
② 参见张益刚、王圣跃、王小玉《互惠原则在承认与执行外国法院判决中的适用研究——以"一带一路"倡议为背景》，《山东警察学院学报》2023年第2期，第18~28页。
③ 参见李佳桦、康旭《我国承认与执行外国判决中互惠原则新发展——以亚琛破产案为视角》，《秦智》2023年第4期，第5~8页。
④ 参见常洁、刘琦《承认外国破产程序的审查标准——以我国内地首例适用法律互惠承认外国破产程序案为例》，《法律适用》2023年第9期，第126~138页。

点的深入研讨，指出判断英国法院是否承认中国的判决，不应当以承认的形式为标准，只要英国法院在审查此问题时，遵循普通法中承认外国法院判决的规则即可。应当更好地利用互惠原则，加快从事实互惠向法律互惠的转变，加快互惠原则的转变和完善，推动国际司法交流。① 有学者指出判决承认与执行中的互惠制度具有事实互惠、法律互惠和推定互惠等多种模式，且具有条约互惠、承诺互惠和司法互惠等多元路径。从博弈论角度出发，在无限次重复的判决博弈中，互惠制度凭借自身善良性、反击性、更高宽容性与清晰性成为促进国际合作的最优策略。在逆全球化潮流中，我国应在缺乏合作先例时主动合作，保留必要时反击的权利，详细规定互惠原则的实施细节。②

在跨国追赃没收裁决承认与执行法律机制方面，有学者指出，逐步确立与广泛适用便利当事国原则和优化没收后的资产分享机制的特点正成为国际化革新趋势。国内立法新趋势集中在撤销程序的革新和没收裁决承认与执行方式的革新两方面，国内司法新走势集中在未定罪没收裁决的承认与执行制度的革新和冻结、扣押等保障机制的健全与完善两方面。该学者针对我国跨国追赃没收裁决承认与执行法律机制的立法和司法现状进行评析，并提出了相应的完善措施。③

在承认与执行外国破产判决方面，有学者指出我国《企业破产法》第5条第2款发挥的功能有限，外国破产判决的承认与执行规则的适用缺乏现实背景和理论基础。我国应当采纳公平集体性，顺应国际趋势，排除相似性，以确定外国破产程序范围，同时考察法律依据是否与破产法具有紧密联系，以明晰外国破产判决与外国破产程序的关联，对破产判决采取狭义解释，界分破产判决与一般民商事判决的范围。④

① 参见丛梦颖《承认和执行外国法院判决的互惠原则》，《百科知识》2023年第3期，第25~26页。
② 参见李小林《逆全球化潮流中的判决互惠制度：一个博弈论的视角》，《中国国际私法与比较法刊》2022年第2期（第31卷），第149~168页。
③ 参见蒋新苗《跨国追赃没收裁决承认与执行法律机制的革新走势》，《湖南师范大学社会科学学报》2023年第3期，第86~95页。
④ 参见黄旭《论我国承认与执行外国破产判决范围的困境及破解》，《中国国际私法与比较法年刊》2022第1期（第30卷），第261~274页。

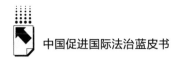

八 区际及国际民商事司法协助

有学者指出，中国内地与香港之间正在建立以临时措施协助法院诉讼程序的互助机制，并首先在海事领域试点。在制定具体法律文书之前应当解决的主要问题包括海事管辖权的协调、海事请求的划界、临时措施的确定以及在批准或执行临时措施时审查标准的修订。[①] 在粤港澳大湾区劳动争议仲裁方面，有学者指出劳动争议仲裁区际司法协助机制的缺失，导致仲裁裁决书无法得到港澳法院的认可和执行，调查取证、文书送达等程序无法得到港澳法院的协助。为构建具体机制，学者提议赋予劳动争议仲裁机构以区级司法协助机构的主体地位，直接对接港澳法院。同时可以引入当事人主义司法理念，完善调查取证和文书送达等程序规则，开展财产和证据保全司法协助，实现裁决互认和执行。[②]

有学者指出《海牙取消认证公约》的核心机制——附加证明书制度的适用与我国部分法律存在冲突，为衔接我国法律体系与《海牙取消认证公约》，我国应修改《领事认证办法》名称，加入"附加证明书"专章并详细规定相关内容，以补充《海牙取消认证公约》附加证明书制度。[③]

九 国际商事仲裁基本理论

国际商事仲裁是通过独立第三方仲裁机构或仲裁员，在国际商业纠纷中解决争议的法律程序，主要目的在于为国际商业交易提供一种高效、可信赖、跨境执行的争端解决机制。对于国际商事仲裁基本理论的研究，有助于

---

① 参见邢立娟《中国内地与香港海事诉讼保全措施司法协助的先行问题解析（英文）》，《中国法学（英文版）》2023 年第 5 期，第 32~60 页。
② 参见喻术红、高栋《粤港澳大湾区劳动争议仲裁区际司法协助问题研究》，《中国国际私法与比较法年刊》2022 年第 2 期（第 31 卷），第 223~238 页。
③ 参见沈敬容《〈海牙取消认证公约〉附加证明书制度及其在我国的适用探析》，《国际经济法学刊》2023 年第 4 期，第 17~27 页。

推动相关法律发展、提高仲裁实践水平，对维护国际商事交往的稳定性和公平性有着至关重要的意义。

国际商事仲裁中的"可仲裁性"是指，按照应当适用的法律，哪些争议可以通过仲裁来解决。有学者指出，近几十年来，国际商事仲裁的可仲裁事项范围不断扩张，主要原因包括当事人意思自治的扩展，国际商事仲裁相较于国际民事诉讼和国际商事调解的竞争优势，国家支持仲裁的政策导向和域外立法的影响。虽然仲裁事项范围不断扩张总体上符合国际商事仲裁发展和国际商事争议解决的需要，但涉及公共政策或强行法适用时难免会产生诸如侵蚀国家司法主权、损害国家公共政策、减损仲裁裁决的合法性和降低争议处理结果的确定性等负面影响。对此，我国应当在适当扩大涉外仲裁和国际仲裁的可仲裁事项范围的基础上，坚守不可仲裁事项的边际，加强对公共政策和强行法适用的司法审查。[1]

单边经济制裁在国际经济贸易中越来越常见，涉及国际商事仲裁领域，同样引发了一系列问题和相应的思考。有学者提出了单边经济制裁在国际商事仲裁中的适用问题，讨论了国际商事仲裁中的当事人主张适用单边经济制裁的场景和单边经济制裁制度本身的特殊性。学者认为仲裁庭应负考量使用单边经济制裁的义务，但对是否适用和适用方式保留自由裁量权。对于准据法所属法域的单边制裁应当优先适用，对于非准据法所属法域的单边制裁，则应当在认定其为"法律的"基础上构建直接适用单边制裁的框架。[2] 有学者讨论了单边经济制裁在国际商事仲裁实践中如何定性，指出仲裁庭是否认可单边经济制裁应当取决于仲裁地对外国制裁持有的态度以及合同准据法所属国家。[3] 还有学者从仲裁员、仲裁庭、准据法、仲裁裁决承认与执行四个方面论述了经济制裁产生的影响，并指出为了减轻负面影响，应完善我国反

---

① 参见李姗姗《国际商事仲裁可仲裁事项的扩张与中国的策略选择》，《云南民族大学学报》（哲学社会科学版）2023 年第 4 期，第 152~160 页。

② 参见韦艳茹《论单边经济制裁在国际商事仲裁中的适用》，《中国国际私法与比较法年刊》2022 年第 2 期（第 31 卷），第 270~288 页。

③ 参见张建《单边经济制裁在国际商事仲裁中的性质界定及适用路径》，《中国海商法研究》2023 年第 3 期，第 70~81 页。

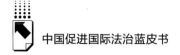

制裁立法体系，明确制裁与反制裁司法裁判规则，继续坚持支持仲裁的司法政策并加强仲裁机构改革。①

有学者讨论了国际投资仲裁中非法证据排除规则的适用，从规则层面和理论层面论证了非法证据排除规则在国际投资仲裁中的可适用性，并对具体案例进行分析研究，指出非法证据排除规则的适用应当基于利益衡量，考量非法取证的危害性和证据采纳的价值，以平衡各方利益并提高国际投资仲裁程序的可预见性。②

有学者指出仲裁协议的法律适用在国际商事仲裁实践中的重要意义。发展我国仲裁协议制度，必须辩证地看待独立性原则，明确适用仲裁协议独立性原则的前提是适用主合同准据法则仲裁协议无效；明确法院地法的地位；同时将"有利于有效原则"转化为具体法律规则，在尊重当事人意思自治的基础上，合理拓展仲裁协议的选法范围，在仲裁协议法律适用立法上采用无条件的选择性冲突规范的模式。③

在国际商事仲裁领域，费用担保制度已得到众多仲裁机构、仲裁地法的支持。有学者对仲裁庭发布费用担保令的权力来源和考量因素进行分析，指出申请人的经济状况、被申请人胜诉的可能性、仲裁程序的紧迫性应当纳入仲裁庭的综合考量标准。中国宜将费用担保制度引入《仲裁法》和各仲裁机构的仲裁规则，这不仅有助于防止当事人滥诉，保证国际商事仲裁的实质公平，也有助于确保仲裁裁决的承认与执行。④

随着国际商事仲裁的不断发展及仲裁机构内部监督的不断强化，部分国际商事仲裁机构在履行传统职能的基础上，愈发通过"强制性规则"赋予

---

① 参见杜涛、叶子雯《论经济制裁对国际商事仲裁的影响》，《武大国际法评论》2023 年第 3 期，第 69~84 页。

② 参见崔起凡《论国际投资仲裁中的非法证据排除规则的适用：理念和方法》，《中国国际私法与比较法年刊》2022 年第 2 期（第 31 卷），第 171~188 页。

③ 参见陈迈、徐伟功《论我国仲裁协议法律适用制度的完善》，《商事仲裁与调解》2023 年第 2 期，第 38~47 页。

④ 参见唐红林、徐舒晗《论国际商事仲裁中费用担保制度的考量标准与适用》，《长江论坛》2023 年第 2 期，第 70~78 页。

自身多项主动管控、干预仲裁庭及仲裁程序的权力。有学者从规范主义和功能主义的视角论述了国际商事仲裁机构程序管理权扩张的正当性。从规范主义视角来看，仲裁机构程序管理权的扩张与国际商事仲裁意思自治原则的适用并不冲突，又与《纽约公约》相适配；从功能主义视角来看，仲裁机构程序管理权的扩张与其功能的演变相适应，是提高仲裁系统效益、确保仲裁裁决的可执行性、提高仲裁裁决的执行率的有效策略和重要路径，具有现实必要性。①

国际仲裁界对于推行快速仲裁程序已经形成了普遍共识，《联合国国际贸易法委员会快速仲裁规则解释性说明》对快速仲裁程序延长作出了具体规定。有学者探讨了快速仲裁程序肆意延长可能带来的程序风险，不仅影响快速仲裁程序的效益价值，违背正当程序原则，甚至有被拒绝承认和执行仲裁裁决的风险。因此，仲裁机构应当进一步完善快速仲裁规则，立法机关应当完善《仲裁法》中的仲裁裁决执行问题，仲裁庭需平衡裁决程序价值冲突，在确保有效仲裁的同时充分行使监督职能，实现程序的公正性。②

十　国际商事仲裁裁决承认与执行

由于国际仲裁裁决的承认与执行往往存在实践困境，出于资金融通的需求，国际仲裁裁决转让市场应运而生。有学者立足国际仲裁裁决转让的理论与实践，分析了国际仲裁裁决转让的法律风险以及中国可以采取的应对策略。学者指出，政府可以从立法和司法层面出台措施，在明确仲裁裁决转让行为效力的基础上，对转让后裁决的可执行性作出规定，同时在程序上对裁决转让的时间节点、次数和金额加以限制，对转让裁决协议的真实性和效力加以审查；当事人则应当保证转让交易结构合法并达成有效的

---

① 参见王怡然《论国际商事仲裁机构程序管理权扩张的正当性》，《北方法学》2023年第2期，第138~149页。

② 参见王雨昕《论快速仲裁期限延长的价值冲突和程序风险——以〈联合国国际贸易法委员会快速仲裁规则〉为例》，《商事仲裁与调解》2023年第2期，第125~137页。

裁决转让协议。①

有学者提出互惠原则通过双边协调妥善处理两国仲裁监管冲突问题的可能性。一方面，互惠原则将解决司法冲突的方式从整体协调转向个案协调，由涉及案件的当事国双方决定如何处理司法冲突。如果双方之间存在互惠关系，被撤销的仲裁裁决可能会直接得到承认和执行，否则可能需要进入审查程序。另一方面，在普遍适用的审查标准尚未确立的情况下，当事国法院可以根据互惠原则建立双边的审查标准。近年来，涉及我国的类似案例不断出现，互惠原则有望提升仲裁监督和司法合作的水平。②

有学者以 1996 年《仲裁与调解法》为依据，从仲裁协议效力、纠纷可仲裁性和公共政策例外三个方面，研究印度拒绝执行仲裁裁决的法律依据和司法实践。学者认为印度拒绝执行仲裁裁决制度符合现今国际商事仲裁的发展趋势和实践特点，建议中方明确 1996 年《仲裁与调解法》中印度国内仲裁裁决、国际商事仲裁裁决和外国仲裁裁决的关系，以确定应当适用何种仲裁规则。③

有学者以新加坡国际商事法庭作出的 CUG 案判决为切入点，通过比较各国仲裁实践案例，探讨通过禁反言原则扩张仲裁协议效力，以保证仲裁协议有效性的相关问题。学者指出通过禁反言原则将仲裁协议扩张至非签约方时，必须考量仲裁双方的合意性；对于实体争议的判断，法院应当尊重仲裁庭的裁决，适用仲裁协议独立性原则。④

十一　国际商事仲裁新发展

在国际商事仲裁禁诉令制度的发展过程中，构建并完善法院对其协

---

① 参见欧福永、黄思瑞《国际仲裁裁决转让的法律风险及中国对策》，《中国国际私法与比较法年刊》2022 年第 1 期（第 30 卷），第 227~243 页。

② 参见刘畅《互惠原则下被撤销的国际商事仲裁裁决的承认与执行》，《商事仲裁与调解》2023 年第 5 期，第 94~108 页。

③ 参见杨陶、张炯《印度拒绝执行仲裁裁决制度研究》，《中国国际私法与比较法年刊》2022 年第 2 期（第 31 卷），第 356~369 页。

④ 参见陈挚《禁反言原则与仲裁协议效力扩张：以持续履行和参与谈判为视角》，《商事仲裁与调解》2023 年第 4 期，第 21~37 页。

助与监督的体系和路径至关重要。有学者通过分析探究国际仲裁规范中禁诉令制度的立法规制现状和域外司法实践，指出我国司法中法院对国际商事仲裁禁诉令的协助规范和监督规范的不足。学者认为应当在确保尊重当事人意思自治的前提下，维护最低限度的司法公正和法秩序的价值追求。①

随着共建"一带一路"国家之间经贸合作的不断发展，仲裁在"一带一路"国际商事争端解决机制中的作用不断增大，相关话题也成为业内学者关注的重点问题。有学者注意到"一带一路"自然文化遗产视域下，涉"非投资义务"管辖权限制或扩张，自然和文化遗产法与投资条约的法律适用冲突以及"非投资义务"的"国际强行法"效力位阶等问题日益凸显。对此，仲裁庭应当在确认二者先后顺序的基础上，利用"协调解释"找到可能被认定为影响投资者权利的行为和国家合理规范管理的行为之间的平衡，"一带一路"投资条约也应当在投资领域外纳入更多与"非投资义务"相关的考量因素。在涉及"非投资义务"所涉赔偿费用分摊问题时，应由外国投资者和东道国共同承担。② 有学者着眼于国家间仲裁与司法程序并行的问题，尝试以布鲁塞尔体系下仲裁独立性的重塑为研究蓝本，为共建"一带一路"商事仲裁合作提供优化路径。"一带一路"仲裁合作可以参考欧盟的经验，以实现仲裁自主和司法主权之间的平衡，同时确保国际礼让和仲裁效率之间的平衡。具体来说，一方面，强调当事人的自治权，减少司法审查的介入；另一方面，增进司法互信，同时不过度坚持依赖禁止诉讼的绝对仲裁独立原则。③ 还有学者提出，在共建"一带一路"过程中，中国涉外商事仲裁立法改革应以建设"一带一路"国际商事仲裁中心为根本目标，遵循国际化趋势，提升国际化水平。坚持公正与效率兼

---

① 参见林泂《国际商事仲裁禁诉令之司法协助与监督：逻辑、实践与路径》，《中国国际私法与比较法年刊》2022年第1期（第30卷），第244~260页。

② 参见李伟《"一带一路"投资仲裁中的"非投资义务"的适用进路——以世界自然与文化遗产保护为视角》，《中国国际私法与比较法年刊》2022年第2期（第31卷），第189~204页。

③ 参见李天生、伍方凌《布鲁塞尔体系下仲裁独立性的回归及其对"一带一路"仲裁合作的启示》，《江苏大学学报》（社会科学版）2023年第3期，第76~86页。

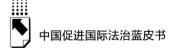

顾、自治与干预结合的原则，树立支持涉外商事仲裁理念，扩大可仲裁范围，放宽涉外仲裁协议有效性及适用限制；在立法上明确仲裁的契约性，减少强制性规定。①

有学者指出"东道国发展要素"已经纳入国际投资协定（IIAs）的"投资"定义条款，使之成为仲裁庭投资适格裁决的重要考量标准，并对投资仲裁庭确定管辖产生了一定的影响。语词选择方面，IIAs缔约国在实践中采取"促进东道国可持续发展"措辞更有利于"筛选"高质量投资。对于中国而言，应当将"东道国发展要素"通过选择性列举的方式并入本国投资定义条款，并对其衡量标准加以细化。②

在友好仲裁方面，有学者讨论了中国国际商事友好仲裁制度在自贸区实践过程中面临的难题，包括公平善意原则的概念与标准以及国际商事友好仲裁裁决公共政策的司法审查问题。为解决上述问题，学者从四个方面给出建议：首先，对《仲裁法》进行修订，新增专门针对国际商事友好仲裁的条款；其次，明确定义公平善意原则，凸显其在保护弱势群体利益方面的作用；再次，可以借鉴《国际商会法国工作组的友好仲裁报告》，汲取先进经验，为公平善意原则确立具体标准；最后，明确公共政策的内涵和外延，合理运用公共政策对国际商事友好仲裁裁决进行司法审查。③

由于现代信息技术在国际商事仲裁领域的广泛应用，仲裁信息泄露的风险也大大增加。有学者对现有仲裁信息安全措施制度进行比较分析，讨论了仲裁信息安全事项的提出时间、决定主体、修改和违反后的"兜底机制"。针对中国信息安全措施制度体系缺失或不完备、规制范围过窄以及措施实施单一的问题，学者提出应当建立完备的仲裁信息安全措施制度，拓宽仲裁信息安全措施的客体和主体范围，建立以合理性原则为指导的仲裁信息安全措

① 参见李姗姗、石现明《论中国涉外商事仲裁立法国际化改革——以建设"一带一路"国际商事仲裁中心为目标视角》，《学术探索》2023年第5期，第88~93页。
② 参见张金矜《论国际投资协定"投资"定义中的"东道国发展"要素》，《中国国际私法与比较法年刊》2022年第2期（第31卷），第205~220页。
③ 参见王淑敏、李银澄《中国自贸区开展国际商事友好仲裁的问题与对策》，《中国海商法研究》2023年第3期，第59~69页。

施确定框架。①

伴随着数字化发展，远程庭审在国际商事仲裁领域大量适用。有学者提出，数字化在促进庭审模式向低成本、高效率转变的同时，也给当事人权利带来挑战，导致远程庭审立法与仲裁规则缺位、当事人与仲裁庭的远程庭审决定权冲突、当事人程序权利受限等问题。为规范远程仲裁实践，应当完善立法与优化仲裁规则，明确远程庭审的合法性；规范仲裁庭自由裁量权，保障当事人意思自治原则；健全当事人程序权利制度，增强仲裁程序的公正性。②

可再生能源的投资仲裁案件受到各国高度重视，有学者将其置于"双碳"背景下，以"投资者合理期待"为切入视角，梳理仲裁庭的裁判逻辑与说理，推进可再生能源在国内外治理层面的良性互动。③

国际商事仲裁合作是高效公正解决国际商事纠纷的重要途径之一。有学者提出国际商事仲裁合作机制的构建面临仲裁立法相对滞后、仲裁管理改革动力不足和仲裁合作平台缺乏的现实困境。在立法层面，应当确立临时仲裁制度，完善网上仲裁制度，明确外国仲裁机构在中国开展业务的权利与义务；在管理层面，应当改革仲裁机构的管理机制，建立统一化的法人治理模式、去行政化的仲裁管理机制以及灵活的人事管理机制；最后，应当加强区域司法与仲裁的交流合作，构建区域化互联网仲裁平台，构建面向《区域全面经济伙伴关系协定》的区域化"国际商事仲裁合作中心"。④

体育仲裁一直都是热点问题。部分学者分析体育仲裁中管辖权和可受理性理论以及实践方面差异，发现争议的真正症结是可仲裁性、可上诉决定和可上诉期限三个问题，而可仲裁性属于管辖权问题，可上诉决定和可上诉期

① 参见李昱辰《国际商事仲裁视角下仲裁信息安全措施制度研究》，《商事仲裁与调解》2023年第5期，第58~80页。
② 参见陈丽平、夏夕晴《国际商事仲裁远程庭审对当事人权利的挑战与应对》，《长江论坛》2023年第4期，第55~63页。
③ 参见梁丹妮、唐浩森《"双碳"目标下的可再生能源投资仲裁研究》，《武大国际法评论》2023年第4期，第119~140页。
④ 参见黎群《论国际商事仲裁合作机制的构建》，《法商研究》2023年第3期，第144~157页。

限属于可受理性问题。只有弄清问题分类才能更好地维护当事人权益，促进体育仲裁良性发展。① 部分学者以冬奥仲裁为中心，阐明国际体育仲裁院解释规则的变迁轨迹及节点先例，提出我国应立足规则解释的仲裁制高点，准确掌握解释规则，实现我国在竞技体育赛内赛外双赢的局面。② 部分学者分析国际体育仲裁庭的裁决，发现判例具有推动体育仲裁统一性、提升体育法治的可预测性及尊重和保障体育自治性的实现的特殊价值。我国可以此为鉴，在实践中统一体育仲裁机构，提升仲裁裁决质量，实现仲裁裁决公开透明化。③ 兴奋剂问题持续受到关注。部分学者厘清世界反兴奋剂治理体系的变革历史，聚焦治理体系的现实困境，提出构建平衡、公平反兴奋剂权力架构，"公私结合"发挥国内法律体系的补缺和矫正功能。④

十二　其他热点问题

2023 年，有学者关注国际私法的新发展，撰写《国际私法国际前沿年度报告》，将目光投向海外国际司法的新发展，阐述了人工智能、管辖权、婚姻家庭、物权、合同、非合同民事责任、知识产权及跨国司法合作等方面的发展以及法国《国际私法典》草案的几点创新。⑤

有学者聚焦涉外民商事裁判的选法难题，论证准据法的一般逻辑，指出当前我国涉外民商事裁判中选法推理存在的常见缺陷。司法实践中选法逻辑瑕疵的症结在于目的功能性、体系制度性、观念思维性和理解认知性四个因

---

① 参见李蓉倩《管辖权问题抑或可受理性问题？——CAS 上诉仲裁中的可仲裁性、可上诉决定与上诉期限》，《体育科研》2023 年第 5 期，第 47~58 页。

② 参见黄晖《论奥运会赛事仲裁的解释规则——以冬奥仲裁为中心的考察》，《中国国际私法与比较法年刊》2022 年第 2 期（第 31 卷），第 289~306 页。

③ 参见徐路梅《论先例在体育仲裁院中的适用》，《中国国际私法与比较法年刊》2022 年第 2 期（第 31 卷），第 307~319 页。

④ 参见刘永平、李智《构建更加公正合理的世界反兴奋剂治理体系》，《中国国际私法与比较法年刊》2022 年第 2 期（第 31 卷），第 320~335 页。

⑤ 参见杜涛、朱德沛、叶子雯《国际私法国际前沿年度报告》，《国际法研究》2023 年第 5 期，第 138~160 页。

素。为解决上述问题，我国立法、司法机关应运用人类命运共同体理念指导实践，完善国际私法的立法及法律适用制度，加强类案检索及案例指导制度建设，提高外国法查明的准确性，增强涉外司法机关的专门化程度，为构建国际民商事交往新秩序贡献中国智慧。①

有学者提出以国际商事专家委员会这一首创性制度为突破口来缓解我国国际商事法庭建设运行中的问题。对此，我国国际商事专家委员会应做到以下三点：一是明确国际商事专家委员为专职调解员，促进诉、仲、调深度衔接；二是服务当事方诉讼咨询，化解上诉救济矛盾；三是类别化聘任和管理，扩大国际商事法庭受案范围。②

有学者溯源国际私法本体，提出国际私法的本体是解决国内外民商事冲突，包含冲突、实体和程序三个方面。本体的定位为国际私法的变革指明了"和平崛起"的趋势导向，这对国际私法建设具有重大意义。③

2022年韩国公布了新修订的《国际私法》。我国学者研究了韩国国际管辖权规则的立法演进，分析了新《国际私法》规定的国际裁判管辖权规则，认为韩国新《国际私法》虽然存在实施并不完全明确等问题，但总体而言大幅提升了条文的适用性，有助于跨国争议的快速解决。④

环境问题格外受到关注。还有学者看到了国际核能源投资仲裁中公共利益保护缺失的困境和成因，并提出通过保证仲裁员的公正与独立、提高仲裁透明度和合理运用国家安全例外条款加以解决。⑤ 转基因农作物越境转移会对输入、输出国造成巨大损害。在法律责任问题上，传统观点认为该种损害应排他性适用民事责任，但该观点具有很大的局限性。为了化解转基因农作物越境

---

① 参见颜林《我国涉外民商事司法中的选法推理谬误及其矫正》，《法治现代化研究》2023年第5期，第162~176页。
② 参见黄晖、刘家玮《国际商事专家委员会效能提升论》，《西华师范大学学报》（哲学社会科学版）2023年第6期，第40~47页。
③ 参见薛静《国际私法本体溯源述论》，《云梦学刊》2023年第2期，第66~72页。
④ 参见苏晓凌、李燕《论韩国国际裁判管辖权规则的确立和发展——以2022年韩国〈国际私法〉为中心》，《中国国际私法与比较法年刊》2022年第1期（第30卷），第354~372页。
⑤ 参见罗维昱《国际核能源投资仲裁中公共利益保护缺失的困境与破解》，《国际法学刊》2023年第2期，第106~129页。

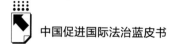

损害责任困境，学者提出引入国家责任和民事责任的二元责任体制的建议。①

网络仍旧是法律发展的重点领域。部分学者把目光投向了元宇宙，提出在元宇宙中构建国际私法管辖权的问题。元宇宙的去中心化理论以及无边界、主体数字化属性，使传统的司法管辖原则陷入困境。为此，学者主张在保留中心化监管的基础上实现去中心化治理，以自治为主、法治为辅，通过国际合作与协调保障元宇宙世界的稳定发展。② 还有学者发现数据跨境流动对跨境电商的发展至关重要，而国内相关体制尚不健全，国家需要加快相关立法工作，企业也应做好数据跨境合规管理。只有国家、社会及企业形成合力，电商经济才能快速、安全发展。③

条约在我国的适用也格外受到关注。有学者发现大多数民商事条约在我国都可以优先适用，但我国法院在适用条约时存在未遵循条约的直接适用模式、不当排除公约适用、说理不充分以及裁判逻辑混乱的问题。为此，我国应明确国际民商事条约在我国的法律地位、修改现行法律关于民商事条约的规定，充分发挥案例指导制度的作用并加强涉外民商事审判队伍建设。④ 部分学者研究《联合国国际货物销售合同公约》的谈判历史与保留效果，得出国内法院应以国际私法的指定为前提，裁定案件时适用国内私法条约而非国际公法条约的结论。⑤

跨国代孕问题也受到了普遍关注。有学者观察到跨国代孕面临的现实问题，通过比较法国、乌克兰及中国代孕相关法律和案例，总结提出我国应充分肯定事实抚养关系在亲子关系认定中的重要性，以儿童最大利益原则为指

---

① 参见刘春一《转基因农作物越境损害责任的省察与重构》，《法律与政治》2023 年第 9 期，第 162~176 页。

② 参见周紫薇、郑远民《元宇宙视域下国际私法管辖权规则适用的困境及纾解》，《南海法学》2023 年第 2 期，第 117~124 页。

③ 参见张泳、闫芊伊《数字时代下跨境电商数据流动规制》，《中国国际私法与比较法年刊》2022 年第 2 期（第 31 卷），第 21~36 页。

④ 参见周薇薇、何燕华《国际条约在我国涉外民商事审判中的适用》，《湖南行政学院学报》2023 年 3 期，第 115~124 页。

⑤ 参见段媛昳《论国际民商事条约适用与国际私法的关系》，《西部法学评论》2023 年第 3 期，第 95~114 页。

导并限制公共秩序保留的适用，积极参与跨国代孕国际公约的制定。[①] 有学者基于跨境代孕中的公共秩序保留的表现形式和适用研究跨境代孕的现状，提出在国内视角上将客观结果说与跨国公共秩序理论相结合，在国际视角上以《海牙跨国收养公约》为蓝本，制定跨境代孕公约来保护儿童权益。[②]

作为《新加坡调解公约》签约国，我国着手制定《商事调解法》。中国社会科学院国际法研究所"中国商事调解立法"研究课题组分析我国商事调解立法必要性及立法路径，提出我国商事调解的立法内容应充分借鉴国际法先进经验、兼顾我国商事调解发展特点，立法体例应当综合考虑我国国际发展现状，注重与《新加坡调解公约》相衔接。[③]

美国开创的国家主权豁免恐怖主义例外也引发了国内学者的讨论。美国允许本国公民对恐怖主义资助国进行民事索赔。这一制度在抽象层面虽然没有违反国内外法律，但条款具体内容的演变、法院适用及判决执行却违反了美国宪法和国际法。[④]

结　语

本年度中国学者在国际私法研究方面取得了较为丰硕的成果。不过，2023 年我国学者的研究也有一些需要强化的领域，主要包括我国法域外适用体系的构建、《国家豁免法》及《对外关系法》的实施问题、国际私法实践创新及自主知识体系构建等。期望在未来一年我国学者能继续聚焦热点问题，进行深入研究，为我国涉外法治体系的完善贡献自己的力量。

---

① 参见张梅梅《跨国代孕中的亲子关系认定问题研究》，《医学与法学》2023 年第 2 期，第 93~98 页。

② 参见单娟、李敏《跨境代孕中限制公共秩序保留的路径探析》，《中国卫生法制》2023 年第 2 期，第 48~65 页。

③ 参见中国社会科学院国际法研究所"中国商事调解立法"研究课题组《论我国商事调解立法的必要性、立法路径及立法框架》，《人民调解》2023 年第 1 期，第 31~35 页。

④ 参见郭玉军、陈毅颖《美国〈外国主权豁免法〉恐怖主义例外的正当性考察》，《中国国际私法与比较法年刊》2022 年第 2 期（第 31 卷），第 339~355 页。

B.9
2023年中国促进国际法治：
国际经济法学理论贡献

漆彤 刁苗*

摘　要： 国际经贸体制重构和法律风险加剧背景下的国际经济法新问题、新挑战及中国应对是2023年度中国国际经济法学研究的主题。在新的战略环境下，中国面临着国际经贸秩序变革所带来的风险，也迎来了参与全球经济治理的重要机遇。"一带一路"合作机制的升级、单边制裁的法律应对、世界贸易组织主要议题的谈判、数字贸易领域规则的制定、国际投资争端解决机制的改革，构成2023年中国国际经济法学研究的重要特色。在国际经贸规则体系的再均衡过程中，如何深刻把握规则走向、开展理论创新并指导相关实践，仍需中国国际经济法学界的不懈努力。

关键词： 国际经济法　"一带一路"　国际经贸法律风险　中国方案

当今世界正经历百年未有之大变局，逆全球化思潮肆虐，地缘冲突加剧，经贸摩擦频发，单边制裁和"长臂管辖"泛滥，世界贸易组织（WTO）上诉机构继续停摆，世界和平与发展面临严峻挑战，国际经贸规则体系面临深刻调整和重构。在此背景下，党的二十大报告提出"加强重点领域、新兴领域、涉外领域立法，统筹推进国内法治和涉外法治"。2023年中国国际经济法学界围绕法治"一带一路"建设、单边制裁与阻断立法、WTO改

---

* 漆彤，法学博士，教育部重点研究基地武汉大学国际法研究所教授、博士生导师，主要研究领域为国际经济法；刁苗，武汉大学法学院2023级硕士研究生，主要研究领域为国际经济法。

革、数字贸易治理、国际经贸协定、国际投资争端解决机制、人民币国际化等热点问题均有较为集中的研究，取得了一定的理论突破。在数字经济蓬勃发展的背景下，人工智能、元宇宙等新兴科技领域的法律治理研究也方兴未艾。

一　国际经济法基础理论问题

（一）"一带一路"倡议下国际经济法理论的发展

2023 年是共建"一带一路"倡议提出十周年，在"一带一路"国际规则的建构方面，有学者指出要对现有的法治环节进行针对性强化，充分释放"一带一路"涉外法治在增进文明互鉴、维护发展利益和贡献国际法治方面的重要潜力。推进国内法治和涉外法治的统筹发展；促进涉外法治与国际法治的高标准对接；推动涉外法治对国际法治作出深层贡献。[①] 也有学者认为"一带一路"倡议作为全球治理的中国方案，最终必须建立在制度化的基础之上，我国应以人类命运共同体作为合作机制构建的指导思想，以共商共建共享作为合作机制构建应遵循的原则，从"一带一路"建设的实际需求出发，构建新的国际合作机制，将共同的外部风险转化成"一带一路"合作机制的内生动力，推进国际合作机制从"融入型"向"内生型"转变，加快"一带一路"国际合作机制的建设。[②] 有学者指出，在"一带一路"国际规则建构中，应以"软法"为切入点，推进共同关注的跨国企业社会责任的制度化；不断完善双边投资立法和投资合作，为妥善解决投资争端进行规则安排；推进共建国家双边、区域法治示范区的建设；统筹推进"一带一路"规则构建中的国内法治与涉外法治建设，推动全球治理变革和人类

---

① 参见孟令浩《充分释放"一带一路"涉外法治潜力》，《中国社会科学报》2023 年第 6 期。
② 参见孔庆江《高质量发展背景下的"一带一路"国际合作机制建设与创新的理论展开》，《政法论丛》2023 年第 4 期，第 26~35 页。

命运共同体构建。①

在国际经贸规则变革背景下，有学者认为，当前的国际经贸规则总体上与高质量推进"一带一路"建设不相匹配，需要立足现有机制和规则进行创新与完善，以实践为导向，大力推进"一带一路"贸易便利化，完善"一带一路"融资机制，落实债务可持续性保障机制，坚持包容性可持续发展原则，推动共建"一带一路"高质量发展。② 也有学者指出，中国与广大发展中国家应积极运用"一带一路"倡议、双边和区域贸易合作机制，主动推进建设"公平、公正与合理"的国际经贸规则的实践进程。③ 有学者首次提出"跨体系国家"的概念，并以国际经济秩序构建依循的基本逻辑或基本准则为主线，引入"体系内改进者"和"体系外变革者"的类型化方法。该学者指出，中国作为"体系外变革者"，应坚持以规则法治为基础，始终在各种先行国际规则和法律范围内开展合作，通过"一带一路"平台推动和引领创建有关国际经济法律制度。④

（二）世界百年未有之大变局背景下的国际经济法理论发展

国际经济法顺应经济全球化而产生和蓬勃发展，党的二十大报告提出了一系列新理念、新思想和新战略，从而为国际经济法的发展指明了方向，也为我国国际经济法学的研究提出了新的使命。⑤ 就党的二十大报告关于"形成同我国综合国力和国际地位相匹配的国际话语权"的要求，有学者从应用国际政治经济学理论，结合多边国际贸易法制的历史演进，对相关议题进

---

① 参见彭德雷《涉外法治视野下"一带一路"国际规则的建构》，《东方法学》2023年第5期，第16~27页。
② 参见孔庆江《"一带一路"建设与国际经贸规则创新和完善》，《亚太安全与海洋研究》2023年第2期，第56~74页。
③ 参见赵宏《新时期国际经贸规则变革的国际法理论问题》，《中国法律评论》2023年第2期，第66~85页。
④ 参见徐崇利《中国"体系外变革者"角色与"一带一路"倡议》，《政法论丛》2023年第4期，第3~14页。
⑤ 韩龙：《党的二十大与我国国际经济法学的新使命》，《中国社会科学报》2023年3月31日，第6版。

行讨论，指出我国应在维持现有多边贸易成果前提下尽量包容现在的国际贸易法制，秉持构建人类命运共同体理念和共商共建共享合作共赢的主导价值观，参与多边贸易法制的变革。与此同时，针对我国在 WTO 中话语权不足的问题，提出扩大我国在国际贸易法制中话语权的具体路径建议。① 近年来，党和国家旗帜鲜明地提出加快推进我国法域外适用法律体系建设的行动目标，并将其作为统筹推进国内法治和涉外法治的重要抓手。② 有学者认为，我国应不断强化国内法治与国际法治的有机衔接并持续推动中国法的域外适用法律体系建设，加快出台《对外关系法》，将中国奉行的对外关系基本立场、方针政策以法律形式予以体现；进一步完善国家安全重点领域立法，加大对境内外危害国家安全行为的惩罚力度；加强反制裁、反干涉立法，出台配套措施以确保相关立法发挥功效；在对外经贸领域相关立法中积极采纳高标准国际经贸新规则。③

在世界处于百年未有之大变局的情势下，国际经济法也必将发生变革。18 世纪中期以来，国际经济法一直以经济自由主义作为其理论基础。近年来，公司社会责任理论、可持续发展理论、代际公平理论、反全球化思潮均对自由主义形成冲击。有学者认为，国际经济法的变革需要新的理论支撑。未来国际经济法的理论基础很有可能从传统的自由主义转向以节制资本为主要特征的"有限制的自由主义"。④ 在当代世界格局和中国处境的激荡中，以国际法的知识和基本语言体系为基础进行理论创新具有可能性。有学者提出将这种可能性转成现实性的切实建议，即充分利用中国独特的实践资源激发理论创新、提升对于全球化各层次表现与规律的理论自觉、促进对全球化各层次问题的反

---

① 参见孔庆江《提高中国在国际贸易法制中话语权的路径研究》，《政法论坛》2023 年第 3 期，第 14~28 页。

② 参见廖诗评《中国法域外适用法律体系视野下的行政执法》，《行政法学研究》2023 年第 2 期，第 55~67 页。

③ 参见刘敬东《加强涉外领域立法的理论思考与建议》，《国际法研究》2023 年第 2 期，第 3~17 页。

④ 参见车丕照《制度变革与理论解说——国际经济法基础理论的嬗变》，《中国法律评论》2023 年第 2 期，第 102~115 页。

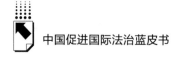
思性探索，从而在全球变局中实现国家发展、民族复兴和世界进步的伟大目标。①

随着国际体系中权力的扩散和转移，国际经济秩序也面临着新的挑战。有学者认为，完善全球经济治理，需要准确把握当前全球经济治理和国际经济秩序的特点、模式，准确识别由于国际体系中权力的扩散和转移，多边主义合作模式所面临的新挑战、新发展以及需要解决的新问题，包括各行为体参与治理的方式和范式的发展，以及全球治理目标与当前国际经济秩序所存在的张力。在此基础上，应积极推进全球治理规则民主化、法治化，积极推动国际硬法与软法结合，努力使全球治理体制更加合理地反映大多数国家的意愿和利益。② 近年来为了应对新安全挑战，各国普遍在对外经贸领域采取国家安全措施，存在"安全泛化"的趋势。有学者梳理了国际经济法中出现的国家安全泛化和安全困境的成因和后果，从博弈论角度为国际经济规则中扩张的安全措施提供分析框架，提出国际经贸规则中的安全困境可以在结构—平衡—总体之间寻求解决方案，应稳定现有国际经济规则与国家安全规则之间的二元平行结构、平衡传统国际经贸规则对经济自由化的片面追求、关注国际经济治理中的利益攸关者和总体安全。③

面对国际经贸规则的强势变革，有学者从国际经贸格局调整的趋势、影响全球经贸关系稳定性和确定性的变量、全球经贸关系面临的机遇和挑战三个维度来考察地缘经贸关系及其对国际法治的深刻影响，从而认识和把握国际法在地缘经贸关系中的作用。在此基础上，应本着国际法规则"底线论"思维，寻求全球各主要经济体在国际经贸规则方面达成最大共识，提出国际经贸规则清单对话方案，推动建立各主要经济体就该建议方案的多边对话平台，并共同谋划实现规则最大共识的具体实施路径，为构建人类命运共同体

---

① 参见何志鹏《全球化、逆全球化、再全球化：中国国际法的全球化理论反思与重塑》，《中国法律评论》2023 年第 2 期，第 116~128 页。

② 参见宋晓燕《全球治理视野下的国际经济秩序发展与法治化》，《东方法学》2023 年第 2 期，第 99~109 页。

③ 参见沈伟《国际经济法的安全困境——基于博弈论的视角》，《当代法学》2023 年第 1 期，第 28~43 页。

作出更大的贡献。① 有学者认为，在信息技术革命与全球价值链扩张的背景下，国际贸易市场深度融合，带来国家实力格局的变迁以及国内社会矛盾的加剧。对此，国际贸易法体系需要通过碎片化结构满足双重需求：一方面通过世界贸易组织的建制性功能维护多边贸易秩序的韧性；另一方面通过多元贸易协议疏解更复杂的矛盾分歧。② 也有学者从政治经济学角度对国际经贸规则的变革进行分析。基于对国际经贸规则变革态势的客观评估，学者运用马克思主义的唯物史观，从政治经济学角度深入思考和分析引起这一变革的经济基础、作为上层建筑的国际经贸规则及其变革的政治主张，以及后者对于推动或影响经济基础变化的正反两方面作用。③

聚焦到中美贸易摩擦，拜登政府继续以国家安全等为由加大对中国相关产业，特别是高科技产业打压的力度，并借助盟友伙伴和国际组织的力量来围堵和遏制中国。针对中美特殊的经贸关系，有学者对美国贸易政策及法律策略的发展历程进行了总结，认为美国在国际和国内两个层面贸易收益分配状况的迭变，带来其贸易政策及法律策略的重大转变。虽然这三届美国政府采取了不同的贸易政策及法律策略，但其实施对中国都具有最大的指向性。厘清晚近美国贸易政策及法律策略转变的样态和机理，是进一步探讨中国应对之道的前提。④

随着全球经济治理结构暴露出越来越多的缺陷，中国海外利益面临着日益严峻的风险与挑战，但与之对应的海外利益保护法律体系并不完善。有学者认为，构建中国海外利益保护法律体系需以人类命运共同体为指导理念，贯彻国际权力观、共同利益观、可持续发展观和全球治理观四个基本价值

---

① 参见刘敬东《全球经贸关系演变中的国际法治危机及其应对》，《中国法学》2023年第3期，第285~304页。

② 参见郑蕴《国际贸易法体系的碎片化结构：历史性变局、主要矛盾与中国对策》，《国际经济法学刊》2023年第3期，第61~76页。

③ 参见张乃根《国际经贸规则变革的政治经济学思考》，《中国法律评论》2023年第2期，第86~101页。

④ 参见徐崇利《美国贸易政策及法律策略之变：样态与机理》，《中国法律评论》2023年第2期，第129~142页。

观；以法治、互利共赢、可持续发展、积极参与全球治理为基本原则；以统筹国内法治和涉外法治，统筹立法、执法、司法、守法，统筹使用法律工具和非法律工具为基本路径。① 也有学者提出，应通过国际合作缓解国籍国与所在国的主权冲突，运用国际条约协调国籍国与所在国的保护竞合，注重通过司法协助化解国籍国与所在国的管辖之争；同时，应完善各层次立法、增强系统性解决机制建设、通过制度创新解决期待与实际保护之间的矛盾，共同构建并完善海外中国公民权益保护的法律机制。②

（三）单边制裁与阻断立法背景下的国际经济法理论发展

当今社会，以美国为代表的霸权主义国家愈加频繁地通过金融、贸易等单边制裁手段迫使目标国家及实体改变行为，以达成自身国家安全和政治经济利益目标。有学者指出现行特别国际法对于单边制裁的规制不足。从联合国安理会决议来看，某些明显具有单边性质的制裁在法律性质上可能被辩解为执行联合国安理会多边制裁决议；从条约法来看，对国际条约相关例外条款的不当解释和适用可能为非法单边制裁的实施提供借口；从习惯国际法来看，超出反措施制度范围的单边制裁，尤其是受害国以外国家反措施的合法化则可能导致单边制裁的滥用。我国应加快完善反制裁法律体系，加强对执行安理会制裁决议的规范。③

为应对单边制裁手段，我国相继颁布《阻断外国法律与措施不当域外适用办法》（以下简称《阻断办法》）和《中华人民共和国反外国制裁法》（以下简称《反外国制裁法》）来维护本国主权与正常经贸活动交往。有学者指出单边制裁与我国阻断法对抗张力下我国企业正在面临的现实难题，并指出中国阻断立法体系本身应进一步完善，在设置严格实施程序的前提下允

---

① 参见漆彤、范晓宇《论中国海外利益保护法律体系的构建》，《思想战线》2023 年第 4 期，第 129~141 页。
② 参见蒋新苗、刘杨《海外中国公民权益保护法治化探究》，《武大国际法评论》2023 年第 2 期，第 1~16 页。
③ 参见张悦《单边制裁的非法性解析及法律应对》，《政治与法律》2023 年第 5 期，第 103~116 页。

许豁免申请并补充指导与支持制度，企业自身应当关注立法动向，将诉讼作为对内对外利益维护的有效武器，由此形成在单边制裁与阻断立法冲突困境下的全方位的体系化出路。① 有学者专门从国际贸易规则角度审视涉华贸易制裁，指出虽然我国制定了《反外国制裁法》《不可靠实体清单规定》等一系列法律和部门规章作为反制的法律依据，但是上述对策的实际效果仍有待观察，上述措施执行机构的法律地位值得商榷。② 与此同时，有学者提出我国可以适当吸纳欧盟对外经济制裁体系建构与运作过程中的经验。欧盟对外经济制裁体系已基本成型并有效运作，内嵌有基础及配套立法、决策程序、执行程序及各类制裁与反制裁机制。该学者提出从国内国际两条进路加强反制裁制度体系建设。一方面，持续完善自身反制裁立法及配套制度机制，成立制裁与反制裁专门主管部门；另一方面，加强对国别制裁制度体系的研究，善用境内外司法手段及他方制裁体系自有漏洞进行"非对称"反制，持续运用 WTO 等国际争端解决机制检验他方制裁措施的合法性。③

关于我国《反外国制裁法》的研究，有学者聚焦于该法第 12 条第 2 款的规定，从《民法典》侵权责任编的角度展开研究，认为我国《反外国制裁法》中执行和协助执行歧视性限制措施的行为，具有民法上侵权行为的基本特征，构成含有帮助行为的共同侵权行为，其中外国公主体是实行人，外国境内的私主体是帮助人，二者承担相应的责任且有可能构成紧急避险。作为被侵害人的我国公民或组织，就其受损害的合法权益（包括财产或人身自由权益）具有损害赔偿请求权。④ 也有学者以《反外国制裁法》第 14

① 参见马光、毛启扬《单边制裁与阻断立法下中国企业的合规困境与应对策略》，《武大国际法评论》2023 年第 2 期，第 17~37 页。

② 参见胡加祥《涉华贸易制裁的国际规则缘由与中国应对》，《环球法律评论》2023 年第 4 期，第 192~208 页。

③ 参见王达坡、彭德雷《欧盟对外经济制裁体系及其镜鉴》，《德国研究》2023 年第 2 期，第 102~123+147~148 页。

④ 参见杨永红、杨运涛《论我国〈反外国制裁法〉第 12 条中的侵权行为及其责任》，《国际经济法学刊》2023 年第 2 期，第 139~156 页。

条为基准，就我国制裁法的域外适用问题提出建议。首先，明确该法第 14 条中"任何人和组织"的范围界定应以与我国存在"连接因素"为前提，明确主张使用传统管辖依据，同时考虑特殊管辖依据在特定情形下的适用。其次，完善第 14 条的法律责任规定，在责任原则方面对义务主体适用严格责任原则；在责任类型上规定行政处罚或刑事处罚措施；在追责方面引入积极执法理念。最后，建立第 14 条的配套实施机制，包括严格追责机制与合法性审查机制、个案控制机制、行政和解机制、豁免制度、权利救济机制等，为域外适用的实施提供弹性空间。①

在反制裁追偿诉讼制度方面，有学者指出目前有关追偿诉讼的规定过于原则化，可操作性不强，导致其预期功能的实现面临着诸多挑战。在追偿诉讼与行政执法程序的衔接方面，应明确采取法院直接受理模式，并加强人民法院与行政机关的协调，确保二者在反制裁法律适用问题上的立场一致性。在人民法院管辖权的行使方面，《中华人民共和国民事诉讼法（修正草案）》提出的"适当联系"条款蕴含着保护性、防御性和竞争性功能，有助于完善我国涉外民商事管辖权制度，有必要在立法中予以确立。在判决的承认与执行方面，可适当借鉴英国基于"反对者同盟"开展判决互惠执行的做法，通过司法协助的方式加强追偿诉讼判决的承认与执行。②

在国际商法领域，有学者分析了经济制裁对国际商事仲裁产生的影响。制裁可能给仲裁机构、仲裁员、仲裁准据法以及仲裁裁决的承认与执行带来法律风险，我国应尽快完善反制裁立法体系和司法裁判规则；仲裁庭应充分尊重当事人意思自治，不应像法院一样将经济制裁纳入准据法范围；我国法院应坚持支持仲裁原则，审慎采用公共政策保留，拒绝承认与执行涉及经济制裁的外国裁决。③ 也有学者就经济制裁对中国国际商事合同履行产生的影

---

① 参见张耀元《中国对外经济制裁法域外适用问题研究——以〈反外国制裁法〉第 14 条为中心》，《甘肃政法大学学报》2023 年第 4 期，第 31~50 页。

② 参见刘桂强《我国反制裁追偿诉讼制度面临的挑战与应对》，《环球法律评论》2023 年第 3 期，第 211~224 页。

③ 参见杜涛、叶子雯《论经济制裁对国际商事仲裁的影响》，《武大国际法评论》2023 年第 3 期，第 69~84 页。

响进行分析，分别从法定不可抗力免责条件和约定不可抗力免责条款两方面讨论了经济制裁成立不可抗力所需满足的要件。最后从防范制裁风险、化解经济纠纷的角度为中国法院的司法实践和中国企业的合同订立提出建议，力求为中国法院在司法实践中运用事实分析路径提供更大的灵活性，即法院可以根据经济制裁的来源以及性质采取宽严相济的个案分析方法。①

二　国际贸易法律制度

（一）世界贸易组织法律制度

与 1995 年成立时的高光时刻相比，当前的 WTO 存在"摇摇欲坠"之势。有学者指出 WTO 面临的危机既有其自身的原因，也有自身之外的一般性原因。作为国际条约，世界贸易组织规则与其他国际规则之间存在特殊与一般、对立又统一的关系。作为政府间国际组织，WTO 的运行受到成员意志的影响，各成员存在维护自身条约利益的需要。WTO 的共识决策机制，以及上诉机构的存在，具有削弱成员独立意志的可能。国家作为国际社会的基本构成单位，最终决定着国际组织的发展走向。世界贸易组织制度构成了国际贸易秩序的基础，但需要与时俱进。②

由于美国持续阻挠 WTO 启动上诉机构成员遴选程序，上诉机构停摆已四年有余。上诉机构以及多方临时上诉仲裁安排（multi-party interim appeal arbitration arrangement，MPIA）仍是当前的研究焦点之一。有学者梳理了从 2016 年上诉机构成员张胜和连任受到阻扰一直到美国提起对上诉机构"六宗罪"指控的详细发展过程，并指出 MPIA 作为临时替代安排开始发挥作用，虽然可能会产生体制性影响，但仍然无法替代上诉机构的功能。③ 有学

---

① 参见刘佳宸、刘瑛《论经济制裁影响国际商事合同履行时不可抗力的适用》，《国际法研究》2023 年第 4 期，第 84~104 页。
② 参见韩立余《世界贸易组织的一般国际法考察》，《清华法学》2023 年第 6 期，第 145~163 页。
③ 参见杨国华《世界贸易组织上诉机构的危机过程与未来发展》，《经贸法律评论》2023 年第 3 期，第 37~58 页。

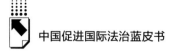
者对 MPIA 的创设和运行展开分析,探讨其对现行上诉审议机制的可借鉴性,并认为,尽管 MPIA 仲裁可以为争端方提供具有约束力的上诉争议解决结论,但其在设计初衷、管辖、普遍性与上诉审议程序上的差异,均决定了 MPIA 仲裁不会代替上诉审议程序。MPIA 仲裁实践可以具体检验规则优化的运用效果,开展情境化规则创新,并凝聚 WTO 上诉审议机制改革的共识,以此促进上诉审议机制改革。① 也有学者指出 WTO 成员应增强谈判的灵活性,考虑以并行共存为特点的折衷方案,在现行争端解决机制框架内构建"认可并尊重可不选用上诉程序"的机制性安排,以推动 WTO 争端解决机制恢复良好运作。②

有学者以欧盟诉哥伦比亚冷冻薯条案③作为研究对象,指出就 WTO 争端解决机制改革而言,应积极灵活运用 MPIA 创新性设置的程序性和实质性措施提议机制;在先例问题上,明确偏离上诉机构裁决应遵循"强有力理由"标准,但可以谨慎通过澄清方式偏离并完善部分上诉机构裁决;此外还应在针对涵盖协定条款作出法律解释或发表看法时优化 WTO 裁决的表述方式。④ 有学者从欧盟诉土耳其有关药品生产、进口和销售措施案⑤入手,认为该案首次以临时上诉仲裁的方式成功解决双方经贸争端,是国际经贸争端解决路径的一大突破。一方面,该案首次将临时上诉仲裁争端解决路径应用于实践;另一方面,该案在审理期限、裁判效率等程序方面回应了此前一些 WTO 成员对上诉机构裁判实践的质疑。该案以及后续上诉仲裁实践将为部分成员间争端解决提供一种路径选择,在 WTO 争端解决进程中具有

---

① 参见刘瑛《MPIA:WTO 上诉审议机制改革的规则和实践试验》,《法学评论》2023 年第 3 期,第 174~186 页。
② 参见纪文华《WTO 争端解决机制改革研究:进展、挑战和方案建构》,《国际经济评论》2023 年第 6 期,第 1~17 页。
③ "DS591:Colombia-Anti-Dumping Duties on Frozen Fries from Belgium,Germany and the Netherlands",WTO,https://www.wto.org/english/tratop_e/dispu_e/cases_e/ds591_e.htm, accessed:2024-05-20。
④ 参见胡建国《多方临时上诉仲裁安排第一案对 WTO 争端解决机制改革的意义》,《武大国际法评论》2023 年第 3 期,第 115~137 页。
⑤ "DS583:Turkey-Certain Measures concerning the Production,Importation and Marketing of Pharmaceutical Products",https://www.wto.org/english/tratop_e/dispu_e/cases_e/ds583_e.htm,accessed:2024-05-20。

历史性意义。①

WTO 前总干事帕斯卡尔·拉米（Pascal Lamy）称"非关税措施为 21 世纪真正的贸易问题"，国内规制的冲突也随之成为热点问题之一。有学者批判分析了 WTO 框架内针对国内规制的有限纪律和隐含的国内规制合作，认为区域贸易协定下的规制合作将缓解规制冲突带来的负面影响。中国既需要在 WTO 框架内积极推动参与国际规制的立法，又需要主动进行国内经济和政府管理制度的改革，形成中国制度优势和"良好规制实践"。② 2022 年 12 月 20 日，中美欧等 WTO 成员正式启动以开放式诸边谈判模式达成的第一份谈判成果——《服务贸易国内规制参考文件》（Reference Paper on Services Domestic Regulation）的生效程序。有学者指出，《服务贸易国内规制参考文件》虽不直接涉及服务市场开放，但通过增强参与成员在服务贸易国内规制措施上的透明度、提高服务许可和资质审批效率、降低提供者跨境交易成本等方式，为数字经济时代的服务贸易发展明确良好监管纪律，并改善服务业营商环境。③

WTO 安全例外条款是近年来国际贸易政策研究的焦点问题。有学者对相关专家组报告进行分析，指出专家组报告既肯定了援引方对于"安全例外"范围的自主决定权，又肯定了专家组的裁判性。与此同时，针对近年来逐渐兴起的非违反之诉或旨在重建平衡的专门救济机制，该学者认为其回避了安全例外援引的正当性，不能取代违反之诉。中国可根据争端解决领域的新发展，与倾向于约束安全例外的其他成员加强协调，推动严格援引安全例外的纪律，完善反外国制裁法律体系。④ 在供应链安全方面，也有学者对供应链安全问题进行分析，指出鉴于供应链安全规范针对特定国家的特点，

---

① 参见彭德雷、周围欢、胡加祥《国际经贸争端解决路径的新实践及其时代价值——基于 WTO 上诉仲裁第一案的考察》，《国际贸易》2023 年第 5 期，第 38~47 页。
② 参见孔庆江《国际贸易中国内规制壁垒的应对和解决》，《清华法学》2023 年第 4 期，第 106~124 页。
③ 参见石静霞《数字经济视角下的 WTO 服务贸易国内规制新纪律》，《东方法学》2023 年第 2 期，第 18~31 页。
④ 参见李晓玲《WTO 安全例外条款：实践演进、路径选择与中国因应》，《国际法研究》2023 年第 3 期，第 25~48 页。

中国应当充分运用 WTO 争端解决机制，利用公力救济途径维护本国权益，通过敦促他国撤销不符合 WTO 规则的供应链安全规范来破解"安全困境"。同时，在他国尚未自行纠正不合法的供应链安全措施时，中国可采用安全例外抗辩，以私力救济的方式主动适用抵消型供应链安全规范来消除他国措施的不利影响，适用对抗型反制裁规范来维护供应链安全。①

在补贴规则方面，无论是欧盟的反补贴实践与立法动向，还是美式经贸协定中非商业援助条款的纳入，均表明传统补贴纪律呈现从贸易领域向跨境投资扩张的趋势。投资补贴规制存在逻辑不自洽、歧视性立法和"竞争保护主义"等倾向，是欧美制度输出与规则博弈的表现。② 有学者指出，美国跨境补贴制度将会对原产于中国的中间产品出口、海外中资企业带来巨大负面影响，进而影响中国企业"走出去"并减缓"一带一路"倡议实施进程；还可能引发其他国家或地区仿效，从而破坏全球供应链。未来的跨境补贴多边规则应公平合理，避免对特定国家的歧视性适用。③ 也有学者指出，从 WTO 规则的角度来看，跨境补贴规制背后是"全球发展"和"市场扭曲"叙事的博弈以及贸易、投资和竞争规则的交融。在跨境补贴议题上，中国政府应当坚持 WTO 改革框架下兼顾各方利益的谈判立场，推动跨境补贴相关争议得以妥善处置和预防，同时以公平竞争理念指导产业补贴和国有企业改革。④

（二）区域贸易协定法律制度

《区域全面经济伙伴关系协定》（Regional Comprehensive Economic Partnership，RCEP）于 2023 年 6 月 2 日对 15 个签署国全面生效。有学者认

① 参见沈伟、陈徐安黎《WTO 规则视角下供应链安全规范检视及应对》，《国际经济评论》2023 年第 6 期，第 1~25 页。
② 参见殷维《投资补贴规制路径与逻辑的多维审视》，《太平洋学报》2023 年第 3 期，第 14~28 页。
③ 参见胡建国、陈禹锦《美国跨境补贴反补贴制度：历史演进、WTO 合规性与中国因应》，《国际法研究》2023 年第 1 期，第 58~84 页。
④ 参见龚柏华、杨思远《跨境补贴的规制路径及中国的应对》，《国际经济评论》2023 年第 5 期，第 157~176 页。

为，特殊与差别待遇是 RCEP 的基本原则，公平原则是特殊与差别待遇条款的法理基础。公平原则在 RCEP 特殊与差别待遇条款中主要体现在对发展中国家的义务条款、发展中国家的权利条款、对发展中国家的特别优惠条款三方面。只有在 RCEP 的特殊与差别待遇条款实践中进一步发展和完善公平原则理念，才能促进 RCEP 更加高质量地健康发展。① 近年来，"权威解释"条款被广泛规定于国际自由贸易协定中。有学者指出，与其他区域自由贸易协定相比，RCEP 争端解决机制更加突出成员方之间的实质性磋商，因而实现"权威解释"条款的有效发挥有利于推动该目的的实现。可从争端解决机构的效力，规定作成的权威解释的生效时间以及考虑单一决策方式的升级三个方面，对 RCEP 权威解释条予以完善。②

新一代国际经贸规则的代表者——《全面与进步跨太平洋伙伴关系协定》（Comprehensive and Progressive Agreement for Trans-Pacific Partnership, CPTPP）也是研究热点之一。有学者指出，CPTPP 采取负面清单列表模式，并在跨境服务贸易章节纳入当地存在规则等新义务，在电子商务领域规定数字产品的非歧视待遇、跨境数据流动及禁止本地化等具有约束力的高水平纪律，体现了晚近国际服务贸易规则变革的主流趋势。③ 也有学者对 CPTPP 非商业援助条款展开研究，认为该条款中有关信息收集的程序较《补贴与反补贴措施协定》有较大变动，存在削弱专家组自由裁量权之嫌。非商业援助条款将补贴的适用范围扩大至服务贸易和投资，降低了补贴认定的门槛。同时，非商业援助条款也以穷尽的方式列举了有限的受约束的补贴类型，而其余的补贴类型应视为不可诉。鉴于此，中国应统筹推进国内法治

---

① 参见殷敏《公平原则在 RCEP 特殊与差别待遇中的适用》，《法律科学》（西北政法大学学报）2023 年 5 期，第 189~201 页。
② 参见岳树梅、顾潇《RCEP 协定文本中的"权威解释"条款的法律问题研究》，《国际经济法学刊》2023 年第 1 期，第 70~82 页。
③ 参见石静霞《中国加入 CPTPP 谈判中的服务贸易重点问题》，《中外法学》2023 年第 4 期，第 845~864 页。

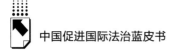

与涉外法治，建设性地参与非商业援助条款的建构发展。①

《技术性贸易壁垒协定》（Agreement on Technical Barriers to Trade，TBT）协议合规要求的升级，实际上反映了全球供应链时代各国贸易政策法律深度一体化的需求。有学者分析了高标准国际经贸协定 TBT 规则设计背后的市场拓展机理和制度竞争机理，并梳理比较了 CPTPP、RCEP 和《美墨加三国协定》（The United States-Mexico-Canada Agreement，USMCA）三大高标准经贸协定中 TBT 章节的设计侧重，指出发达国家主导下的 TBT 规则升级遵循了国际标准严格适用、技术贸易措施实施程序一致和透明度机制强化的市场跨境融合路径，但在国际标准的具体选取、技术贸易措施实施过程的境外参与、通报纪律和公布内容要求上却遵循着便利本国企业参与的制度竞争路径。②

环境问题现在已成为贸易中的一个主流问题，为了从国际贸易法层面共同应对气候变化、生物多样性丧失和环境污染这三重全球危机，有学者梳理了三十年来区域贸易协定的环境条款。区域贸易协定环境条款的实体法与程序法有机契合模式，消除了缔约方"环境义务"和传统的"贸易义务"之间的差异，成为保护环境更有效的国际条约典范。但是，"冲突条款"并未有效澄清多边环境协议与区域贸易协定环境条款之间的条约关系，"不减损条款"及"有效执行条款"可能导致主权侵蚀风险，区域贸易协定"环境争端解决条款"效力有待实践检验。我国应秉承可持续发展理念，构建具有中国特色的区域贸易协定环境条款范式。③

（三）数据贸易法律制度

数字经济时代下，数据跨境流动的重要性日益凸显，各区域贸易协定中

---

① 参见任宏达《CPTPP 非商业援助条款解析思辨及中国的应对》，《国际法研究》2023 年第 2 期，第 78~98 页。
② 参见周国荣《技术性贸易壁垒协议设计机理：基于 CPTPP、USMCA 和 RCEP 的比较分析》，《国际经济评论》2024 年第 1 期，第 1~25 页。
③ 参见郑玲丽《区域贸易协定环境条款三十年之变迁》，《法学评论》2023 年第 6 期，第 143~155 页。

往往制定有专门的章节对其进行规定。有学者指出 RCEP 确立了数据跨境自由流动原则，同时规定了公共政策目标和基本安全例外。在我国现有立法下需满足 RCEP 对数据跨境流动监管的要求，应推动数据立法完善，在明确例外条款适用标准的基础上，强调数据跨境自由流动原则，统一相关概念的界定，健全数据分级分类监管规则。① 《数字经济伙伴关系协定》（Digital Economy Partnership Agreement，DEPA）为数字贸易在多边机制下的治理提供了一些思路。在数字贸易核心规则上，DEPA 明确规定了数字产品的免关税与非歧视待遇、数据自由流动与去本地化等议题。此外，DEPA 还就金融科技、人工智能、中小企业及数字包容等新议题进行了规则探索。在争端解决方面，DEPA 提供了较为完整详尽的调解和仲裁程序规则，并强调磋商程序在争端预防与解决中的作用，但排除了相关机制对数字产品、数据跨境合作等相关争端的适用。我国应以加入 DEPA 谈判为契机，在数字贸易核心议题上通过国内立法加以对接，推进数字争端解决机制的选择与运用，实现数字经济发展与国家核心利益的平衡。②

有学者指出多元化、高标准应是晚近经贸协定规制数据跨境流动的发展趋势，并通过考察 CPTPP、RCEP、USMCA、DEPA 等晚近经贸协定，从数据监管的基本态度、对数据跨境流动的具体规则要求、正当公共政策目标例外三方面进行了分析。该学者认为，我国数据跨境流动规则要在顺应多元化、高标准趋势的基础上进一步完善：强化数据监管主权，坚持与我国数字经济发展水平相符合的数据跨境流动规则标准，实现与经贸协定中例外条款的衔接。③ 也有学者提出了"新型数字经贸协定"的概念，涵盖了 RCEP、CPTPP、USMCA、DEPA 等相关电子商务内容。在此基础上，比对分析相关协定的主要特征、规则制定的关键问题和各经济体的政策立场。鉴于数字贸

---

① 参见张晓君、刘泽扬《RCEP 数据跨境流动基本安全例外条款与中国方案》，《郑州大学学报》（哲学社会科学版）2023 年第 4 期，第 36~42 页。

② 参见石静霞、陆一戈《DEPA 框架下的数字贸易核心规则与我国的加入谈判》，《数字法治》2023 年第 1 期，第 107~129 页。

③ 参见郭德香《晚近经贸协定对数据跨境流动的规制及中国因应》，《武大国际法评论》2023 年第 1 期，第 75~90 页。

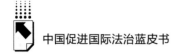

易对中国外贸增长和经济发展具有重要意义，我国应制定数字贸易发展战略和目标、完善数字贸易领域的"中国规则"、积极引领数字贸易规则制定，并以此推动制度型开放和数字中国建设。① 也有学者对数据跨境调取路径展开分析，指出特定情况下的数据跨境调取需要在传统的司法互助协定方式基础上补充其他路径。在坚持以双边司法互助协定和互惠原则为主要方式的基础上，中国应从国家安全和个人信息保护两个角度出发，探索更多灵活、便捷的数据跨境调取路径。②

欧盟近年来在数据治理领域频频出台新立法。有学者指出，以数据治理所涉领域的体系化分类为基础，欧盟立法在数据治理方面有诸多进展，主要体现为促进对数据的合理利用与共享、强化大型网络服务提供者的义务规范、维护公平的数字市场竞争秩序。欧盟数据治理立法中的新动向，可为我国构建有中国特色的数据治理体系以及积极参与数据治理的国际合作提供借鉴。③ 也有学者对欧盟《一般数据保护条例》（General Data Protection Regulation，GDPR）展开研究。就立法而言，GDPR 在域外效力的扩张和限制之间非常谨慎地寻求管辖的合理边界，力求确立管辖的正当性。就执法而言，基于对域外执法可行性的考量，欧盟通过多种途径的国内和双边机制安排，促进 GDPR 域外效力的实施。我国应借鉴欧盟相关经验，结合我国实际，做好配套执法措施的制度设计、明确执法思路、逐步建立长效跨境执法合作机制，为我国《个人信息保护法》域外效力的执行落地提供有力支撑。④

---

① 参见梁国勇《全球数字贸易规则制定的新趋势与中国的战略选择》，《国际经济评论》2023年第 4 期，第 139～155 页。

② 参见魏求月《中国数据跨境调取路径探析——以数据相关主体和存储路径为视角》，《国际法研究》2023 年第 3 期，第 73～86 页。

③ 参见夏菡《国际法视野下欧盟数据治理立法发展及对中国的启示》，《武大国际法评论》2023 年第 4 期，第 106～118 页。

④ 参见田晓萍《欧盟 GDPR 的域外效力：管辖依据、实施路径、制度效应及启示》，《国际经济法学刊》2023 年第 1 期，第 20～36 页。

三　国际投资法律制度

（一）国际投资法治发展相关问题

近年来，国家安全在国际经济法中的武器化趋势严重损害了国际经济秩序的稳定性和可预期性。有学者通过回顾国际投资仲裁庭及 WTO 专家组涉国家安全争端判决，对华为诉瑞典仲裁案进行深入分析。该学者指出，华为以中瑞双边投资协定为依据，利用《投资者与国家争端解决机制》（以下简称"ISDS 机制"）主张其作为外国投资者在东道国的合法权益，进而遏制部分西方国家以国家安全为借口限制中国跨国企业走出国门的企图，意义重大。[1] 有学者指出厘清"国家安全"条款适用国际法边界的重要性。"国家安全"条款属于例外条款，适用该条款不但应遵循"例外条款"适用的国际法普遍性原则，还应当符合国际投资领域中的具体规则。[2] 也有学者对在美中概股公司所面临的管制性风险进行分析，并提出应对建议。美国通过泛化的国家安全审查、歧视性的审慎监管以及频繁的出口管制和金融制裁，滥用各类管制性措施，破坏了中概股公司外部运营环境的稳定性及可预见性。对企业而言，赴美上市公司须做好风险规避方案，在美中概股公司应做好回流准备，受影响企业可积极利用美国国内法所提供的救济途径。[3]

也有学者指出我国应从总体国家安全观出发，结合中国双向投资利益需求，明确自裁判权、采纳"明确列举+兜底"的安全内涵表述方式、纳入引导性判断标准、强化缔约方联合解释权及重视序言的配套作用，强化根本安全利益条款的"安全阀"作用。构建"中国式"根本安全利益条款并积极

---

[1] 参见杜明《国家安全的国际经济法回应——以华为诉瑞典仲裁案为例》，《国际法研究》2023 年第 5 期，第 3~27 页。

[2] 参见刘敬东《"国家安全"条款的适用边界及发展动向评析——以国际贸易投资规则为视角》，《法学杂志》2023 年第 2 期，第 121~138 页。

[3] 参见漆彤、王茜鹤《在美中概股公司管制性风险分析与应对》，《经贸法律评论》2023 年第 2 期，第 26~43 页。

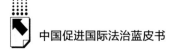

对外推广，为引领更均衡的新一代国际投资规则提供智识支撑。① 也有学者以总体国家安全观为视域对《外商投资安全审查办法》框架下的审查标准进行检视，指出其设置存在过于抽象而欠缺可操作性、实质涵盖范围有限、参考因素列举不完备、与产业政策和国际投资规则不协调等问题。完善审查标准应以总体国家安全观为统领，以"安全优先，兼顾效率"为价值取向，把握"严而细"的立法要求；采取"列举+概括"模式尽可能完备列举安全审查参考因素。②

适格投资是界定国际投资协定适用范围和仲裁庭属事管辖权的重要依据。东道国数据规制措施是否受国际投资协定约束，取决于该措施是否与适格投资有关。有学者梳理了需要探讨数据规制措施是否与国际投资协定适格投资有关的五种场景，并总结出两个值得重点关注的问题。一是数据是否构成适格投资。二是东道国境外数据处理活动中的资产是否满足适格投资的空间要件。因此我国应坚守国际投资协定与国际贸易协定适用于数据规制措施的边界，进一步对投资协定适格投资条款进行完善。③

近年来，投资者社会责任义务成为国内学界的热点话题。有学者分析了近10年国际投资协定以直接或间接的方式纳入企业社会责任条款的法律意义及存在问题，指出我国现有生效的国际投资协定正文中并未纳入企业社会责任条款，仅少数在序言中提及该义务，滞后于国际投资协定发展的新趋势。我国应加快制定并推广中国模式的企业社会责任准则，并考虑在未来修订或签署的国际投资协定中纳入企业社会责任条款。④ 有学者指出，企业社会责任本身的软法性质和其弹性的模糊概念，使其在投资条约中的规定范式

---

① 参见梁咏《安全视域下投资条约根本安全利益条款的中国范式》，《环球法律评论》2023年第2期，第18~38页。

② 参见肖海军、李茜《外资安全审查标准：缺憾、价值取向与进路——以总体国家安全观为视域》，《湖南大学学报》（社会科学版）2023年第5期，第134~143页。

③ 参见宋俊荣《国际投资协定对数据规制措施的可适用性：以适格投资为中心》，《环球法律评论》2023年第2期，第39~54页。

④ 参见刘俊梅《晚近国际投资协定中的企业社会责任条款：国际趋势及中国因应》，《武大国际法评论》2023年第1期，第134~157页。

各异且无太强的约束力。为了强化企业社会责任，国际投资条约需要加强企业社会责任规范的"硬法"性质，投资争端解决机制也应当适度平衡投资者与东道国之间的权益，在裁量相关争端时考虑投资者企业社会责任的承担问题。① 也有学者对投资协定下的劳工权展开分析，指出《中欧全面投资协定》草案未特别提及核心劳工权的具体内容，也未强制要求缔约双方必须批准第87、98号国际劳工组织公约，从而增加了违反欧盟一级立法的风险。为此，可以借助欧盟-韩国专家小组的部分意见和欧盟第2/15号意见的部分内容，通过条约解释的途径，承认草案第4.3.5条赋予核心劳工权约束力的法律地位。②

（二）国际投资便利化相关问题

2023年7月6日，WTO投资便利化谈判召开大使级会议，会上正式宣布《投资便利化协定》文本谈判成功结束。《投资便利化协定》是中国在WTO框架内主动设置、积极引领的首个谈判议题。有学者从结构性权力理论分析WTO投资便利化谈判进程。③ 有学者分析了《投资便利化协定》的进一步推进与WTO规则相衔接、平衡WTO成员各方利益等问题，并基于目前正在展开的服务贸易国内规制、电子商务、塑料污染与环境可持续塑料贸易三个议题，对中国设置和引领议题的路径进行论证，指出最优路径应以联合声明倡议这一方式为主导，针对生产结构优势明显、其他结构能够提供有效支撑的议题引领谈判。同时适时动态调整谈判以保持灵活性，并最终实现谈判的目的。④

---

① 参见黄世席《论国际投资条约中企业社会责任条款的强化》，《法学》2023年第3期，第178~192页。
② 参见范继增、罗淑娴《欧盟法框架下〈中欧全面投资协定〉草案劳工权保障标准的合宪性分析》，《武大国际法评论》2023年第1期，第109~133页。
③ 参见张磊、马仁如《WTO投资便利化谈判与中国选择》，《国际商务研究》2023年第6期，第1~11页。
④ 参见张磊、卢毅聪《结构性权力视域下中国引领议题的路径研究——以WTO投资便利化谈判为例》，《国际经济评论》2023年第5期，第85~103页。

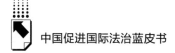
在自贸区投资便利化的推进方面，有学者对上海合作组织投资便利化问题展开分析，指出成员国应进行双边投资条约修订或谈判，包括在序言中统一可持续性发展表述，推行国际投资"单一窗口"条款，增设程序简化条款；制定《上海合作组织自贸区协定》，为建成上海合作组织自贸区提供法律保障；发挥中国立法的引领作用，修订《外商投资准入特别管理措施（负面清单）》，完善在透明度和可预测性背景下的国家安全审查部门规章。① 也有学者对我国自贸试验区的投资便利化路径进行分析，指出为了对接更高标准的投资便利化水平，中国自贸试验区还应积极对接正在形成的WTO《投资便利化协定》下的规则。对此，中国自贸试验区可着力提升外商投资营商环境的透明度措施，协调更简化和更便捷的投资行政管理程序，在追求便利化的同时兼顾安全化。②

以可持续发展为内涵的投资便利化议题为投资争端的处理提供了崭新思路。有学者提出"争端前机制"概念，指出投资便利化通过"争端发生前"阶段的投资争端预防，构建起一套"争端前机制"，不仅运用一系列投资政策、投资工具以及投资程序的制定与优化，加强对于东道国规制及服务投资的能力建设，而且通过构建投资争端预防机制，处理投资者意见及申诉，以减少潜在的投资争端。③ 也有学者指出，可基于多边平台提出的投资便利化议题，以"建设性"的可持续发展为内涵，通过争端前、争端中以及替代性解决方案等模式，调和投资治理中的原有主体间"对抗性"的内生矛盾，向多边投资机制改革贡献更加可持续的全球治理方案。④

---

① 参见王淑敏、张乐《上海合作组织投资便利化的法律问题》，《国际商务研究》2023 年第 1 期，第 26~39 页。

② 参见龚柏华《论中国自贸试验区投资便利化的法治路径》，《东方法学》2023 年第 5 期，第 49~59 页。

③ 参见毕莹、俎文天《投资便利化框架下"争端前机制"的发展进路及中国参与》，《国际贸易》2023 年第 6 期，第 64~74 页。

④ 参见毕莹、俎文天《从投资保护迈向投资便利化：投资争端解决机制的"再平衡"及中国因应》，《上海财经大学学报》2023 年第 3 期，第 123~137 页。

（三）国际投资争端解决机制相关问题

国际投资争端解决中心（ICSID）于2016年启动规则现代化改革，新规则于2022年7月1日生效。有学者指出，本次改革是投资争端解决机制现代化改革中的重要里程碑，有助于缓解ISDS机制的合法性危机，保持ICSID在投资争端解决领域的领先地位；有助于发展和凝聚国际共识，进而推动ISDS机制改革的深化；在提高透明度、扩大《附加便利规则》管辖范围等方面的制度创新将对国家和其他利益相关者的实践产生显著影响。但是本次改革主要限于程序性事项，在解决ISDS机制系统性不足方面的作用相对有限。[1] 有学者对国际投资仲裁中比例原则适用情况展开分析。从合法性看，对源自国内行政法的比例原则，仲裁庭并未清晰阐明其在国际投资仲裁法律体系中的法源定位，国内法和国际法的场域边界造成该原则在国际投资仲裁中的适用存在合法性障碍。从合理性来看，仲裁庭适用比例原则时参照了人权法院的判例，但因缺乏与人权法院等效的环境要素，导致规范效果难以契合投资仲裁的需求。针对比例原则在国际投资仲裁适用中面临的双重困境，东道国可以考虑在对外签订投资协定时明确规定比例原则的适用模式或引入相关利益优先条款。仲裁庭在适用比例原则裁判时需要综合考量东道国的社会背景，避免过于主观的价值评判。[2]

投资者私人利益和东道国公共利益的冲突是贯穿国际投资协定发展的基本矛盾。有学者提出投资者资格认定成了缓和各方利益冲突的突破口，在研究涉华投资者资格认定标准的过程中，要重视涉华投资者资格认定标准的现状，包括国籍和永久居留权冲突时投资者资格认定标准不统一、自然人投资者有效或主要国籍标准逐渐弱化、合理期望说在条约选购案例中

---

① 参见漆彤《投资争端解决机制现代化改革的重要里程碑——评2022年ICSID新规则》，《国际经济评论》2023年第3期，第51~67页。

② 参见何焰、谷放《比例原则在国际投资仲裁中的适用反思：场域边界与规范张力》，《武大国际法评论》2023年第2期，第138~157页。

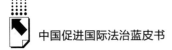

未发挥标准效应，以及母国国家责任给涉华国有企业投资者资格认定带来风险等。① 也有学者分析了善意原则对国际投资协定公私利益平衡的调节可能。具体而言，仲裁庭适用善意原则限定投资保护范围，平衡东道国对投资的保护和合法性规制；仲裁庭适用善意原则区分非法征收、合法征收和征收例外，平衡东道国征收权和投资者财产权；仲裁庭借助善意原则明确公平公正待遇的适用，平衡投资者公平公正待遇和东道国利益。善意原则在投资仲裁中的适用顺应了晚近国际投资协定重视投资者义务和东道国利益的转型。②

在禁诉令的运用方面，有学者提出应综合考虑投资仲裁机制创设的初衷以及当前投资仲裁机制所面临的合法性危机。禁诉令对于维护仲裁程序的完整性、保护投资者诉诸仲裁的权利是必要的。但与此同时，投资仲裁庭应注重与国内法院建立良性互动关系，重视禁诉令与一般临时措施的差异，区别不同的争端类型，谨慎辨别拟维护的权利种类，避免私人投资者将投资仲裁机制作为逃避东道国法律责任的工具。③

ICSID 仲裁在解决国际投资争端中占据领先地位，但 ICSID 仲裁也存在过分保护投资者利益、裁决不一致、透明度缺失、仲裁员选任方式不合理以及仲裁成本过高等问题，引发国际社会对其合法性与正当性的质疑。有学者指出国际投资仲裁庭能动司法对国家规制主权形成的过度干涉，是导致投资仲裁制度"正当性危机"的重要因素。基于司法谦抑理念所具备的约束司法裁量权、调整仲裁庭和国家间权力关系的功能，在国际投资仲裁中引入该理念可以针对性地缓解这类危机。国际投资仲裁庭秉持司法谦抑理念具有法理上的可行性和必要性依据。实践中，仲裁庭可在管辖权认定、条约解释、

---

① 蒋莉苹：《国际投资仲裁中涉华投资者资格认定及利益平衡》，《武大国际法评论》2023 年第 5 期，第 137~157 页。

② 张庆麟、黄幽梦：《论善意原则对国际投资协定公私利益平衡的调节——以投资仲裁中善意原则的适用为视角》，《时代法学》2023 年第 5 期，第 107~116 页。

③ 宁红玲、魏丹：《论禁诉令在国际投资仲裁中的运用》，《国际法研究》2023 年第 4 期，第 127~145 页。

审查标准选用、赔偿金额裁定等方面展现其司法谦抑性。① 也有学者另辟蹊径，对非 ICSID 投资仲裁制度的建构和发展进行分析，该学者指出推动非 ICSID 投资仲裁的建构与发展，能够增强国际投资仲裁市场的竞争性，有助于建设开放多元、公平合理的国际投资仲裁机制，更好地维护我国政府与投资者的权益。我国应以《仲裁法》修订为契机，通过加快国内投资仲裁规范建设，完善国内投资仲裁司法监督机制、加强与国际投资仲裁制度的衔接。②

全球生态环境面临严峻挑战，环境公共利益成为国内学者的研究热点。有学者探究了国际投资仲裁中东道国环境类反请求的困境和出路。环境类反请求更具保护环境公共利益的价值，理应得到仲裁庭的审慎考虑。东道国可在争端解决条款中参考新近国际投资协定及范本的改革，明确规定反请求制度，化解程序性难题。同时，东道国还应重视事关投资者规制的条款设计，为投资者环境保护义务提供法律依据，以更直接的方式保护其环境公共利益，实现环境类反请求的价值。③ 也有学者指出，发展可再生能源已成为世界各国维护国家能源安全与应对气候变化的重要举措。投资仲裁庭在审查公平公正待遇条款中"投资者合理期待"核心要素时的不一致，导致投资者诉求与东道国管制权难以平衡。将该问题置于"双碳"目标与气候变化议题视角下，重新梳理晚近可再生能源投资仲裁中仲裁庭的裁判逻辑与说理具有现实意义。我国应积极建立并完善合理的政策动态调整机制与有序的补贴退出机制。④

---

① 参见于飞、柯月婷《论国际投资仲裁"正当性危机"的应对——以司法谦抑为进路》，《厦门大学学报》（哲学社会科学版）2023 年第 5 期，第 57~66 页。

② 参见李贤森《另辟蹊径：我国 Non-ICSID 投资仲裁制度的建构与发展》，《国际经济法学刊》2023 年第 2 期，第 87~106 页。

③ 参见丁丁、张耀璇《国际投资仲裁中东道国环境类反请求的困境与出路》，《经贸法律评论》2023 年第 1 期，第 54~73 页。

④ 参见梁丹妮、唐浩森《"双碳"目标下的可再生能源投资仲裁研究——以"投资者合理期待"为切入视角》，《武大国际法评论》2023 年第 4 期，第 119~140 页。

四　其他法律制度

（一）国际金融法律制度

当前，全球数字货币竞争激烈。有学者指出社会货币论对推动货币国际化更具理论价值。中国需要直面全球数字货币激烈竞争的趋势，"双管齐下"参与全球数字货币竞争，拓展数字人民币的效力范围，同时构建人民币稳定币的监管框架并积极维护数字人民币信用；此外，密切关注海外稳定币监管动向，做好风险预案，在保障国内金融稳定的同时制定符合国情的稳定币法律框架，参与全球数字货币监管规范的制定。[①] 有学者通过对"去美元化"趋势进行研判，提出人民币国际化的相应对策。该学者指出人民币国际化并非"去美元化"，中国在参与"美元经济"和"非美元经济"时需保持适当的平衡和弹性，夯实人民币跨境使用的基础制度安排，释放人民币区域使用潜力，以人民币跨境支付结算体系参与全球金融治理，平衡和满足各国在金融治理权方面的多元化诉求。[②]

也有学者对人民币国际化面临的法律问题展开分析，指出加强人民币信用国际化是人民币国际化法制建设的总纲；解决人民币国际化前置性法律问题是人民币国际化法制建设的当务之急；建立高效安全的清算制度是人民币国际化的重要依赖；建立跨境风险治理制度是人民币国际化的安全保障；建构应对他国不当货币及贸易行为的制度是人民币国际化条件下维护我国正当经贸利益所需之利器。[③]

---

① 参见钟英通、肖扬《社会货币论下数字形态人民币国际化与法制建设》，《武大国际法评论》2023 年第 3 期，第 138~157 页。

② 参见漆彤《"去美元化"趋势研判及人民币国际化对策建议》，《人民论坛》2023 年第 18 期，第 82~85 页。

③ 参见韩龙、马新宇《人民币国际化的法律问题》，《清华金融评论》2023 年第 6 期，第 37~39 页。

（二）国际知识产权法律制度

当前《与贸易有关的知识产权协议》（Agreement on Trade-Related Aspects of Intellectual Property Rights，以下简称《TRIPS 协定》）的影响力正在下降，国际知识产权规则处于重构时期。有学者从博弈论的视角对国际知识产权制度的发展趋势展开分析，指出国际知识产权制度存在重视知识产权权利保护转向重视权利与义务（社会公益）的平衡、TRIPS-Plus 特征明显、多边转向双边和区域等三大特征。① WTO 争端解决机构的停摆与 TRIPS-Plus 标准的兴起使得国际投资仲裁在解决国际知识产权争端方面越发重要。有学者指出国际投资协定中宽泛的投资定义让知识产权纠纷得以遁入国际投资仲裁机制。但是，以投资仲裁解决知识产权纠纷可能损害东道国知识产权公共政策自主性、减损《TRIPS 协定》赋予的弹性空间。为减轻知识产权投资仲裁的负面影响，应改革仲裁员指派机制，缩减仲裁庭自由解释、适用条约的空间，并重视替代性纠纷解决机制的建设。②

应对新冠危机下《TRIPS 协定》豁免的法律争议，有学者指出现有的弹性条款、安全例外以及过渡期条款适用条件严苛，无力应对新冠疫情及今后可能出现的类似的公共健康危机。豁免谈判为《TRIPS 协定》弹性条款的实施困难问题提供了临时性解决方案，既促进了强制许可制度的改革，也可激活"介入权"以促进药品可及性，更能推动世界卫生组织"新冠肺炎疫苗实施计划"的知识产权安排透明化和技术共享。③

随着涉外知识产权诉讼的激增，国内学者对涉外知识产权诉讼管辖权的地域限制也展开研究。有学者认为地域限制规则旨在确保涉外知识产权诉讼具有合理的管辖连结点，防止过多国家的法院对于同一知识产权纠纷行使管

---

① 参见廖丽《国际知识产权制度的发展趋势及中国因应——基于博弈论的视角》，《法学评论》2023 年第 2 期，第 187~196 页。

② 参见张惠彬、何易平《WTO 上诉机构停摆背景下国际知识产权纠纷解决的出路——基于 ISDS 实践的分析》，《国际经济法学刊》2023 年第 3 期，第 127~142 页。

③ 参见彭亚媛、马忠法《新冠危机下 TRIPS 协定豁免的法律争议与中国应对》，《国际法研究》2023 年第 3 期，第 49~72 页。

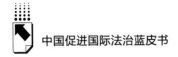

辖权，从而维护跨国知识产权交易的安定秩序。但是，鉴于"异判现象"的存在，地域限制规则的缺失会滋长当事人的择地行诉倾向，甚至进而形成各国司法管辖的逐底竞争。①

（三）国际税收法律制度

在税法法典化的立法趋势下，现行分散立法模式下的税法体系迎来了重塑的契机。有学者提出我国反避税体系重塑的重要性，认为应顺应国际趋势的主客观二元标准的立法路径，在《税法典》总则编中设置作为税法一般规则的一般反避税条款，并将现行反避税实体规则及程序规则予以统筹整合后调整至《税法典》的对应编章，同时对反避税重要概念予以明确。②

在全球税收治理机制中，税收条约占据主导地位。有学者指出，《实施税收协定相关措施以防止税基侵蚀和利润转移的多边公约》创制中所遭遇的价值选择困境和所进行的机制创新，十分具有代表性，其经验教训可作为今后全球税收治理中继续创制新法律工具的借鉴和参考。③ 此外，习惯国际税法仍然具有不可替代的独特价值。有学者指出在当今全球税收治理背景下，习惯国际税法获得了新的发展机遇。一方面，全球税收治理促进了国际税收条约的发展和国际税收软法的勃兴，这些渊源能够为习惯国际税法的存在产生证明作用；另一方面，全球税收治理能够推动各国形成普遍一致的国家实践和法律确信，从而促进习惯国际税法的产生。④

（四）新兴科技领域法律制度

在数字经济蓬勃发展的背景下，人工智能、网络空间、元宇宙等新兴领

① 参见阮开欣《涉外知识产权诉讼管辖权的地域限制——以标准必要专利纠纷管辖权冲突为切入点》，《清华法学》2023年第2期，第162~178页。
② 参见崔晓静、陈浩达《税法法典化视域下中国反避税体系的重塑》，《国际税收》2023年第4期，第36~46页。
③ 参见李娜《全球税收治理中的多边法律工具创新：基于〈BEPS多边公约〉视角的分析》，《国际税收》2023年第2期，第53~63页。
④ 参见崔晓静、李中豪《论全球税收治理背景下习惯国际税法的演化与发展》，《河南师范大学学报》（哲学社会科学版）2023年第2期，第36~45页。

域的法律治理问题显得愈发重要。

在人工智能的国际法治理方面，有学者指出在国际经贸规则领域，人工智能国际法治理存在人工智能性质认定与规制路径不明等问题。为实现人工智能治理的全球合作，首先应将其与数字经济规则密切结合，以数据治理为根本；其次，应打造多元主体参与的协同共治模式；最后，应防范地域与南北隔阂，营造全球普遍的法律环境。①

在元宇宙的法律规制方面，有学者指出元宇宙作为虚实结合的社会新形态，其发展路径必定要体现绿色化、低碳化才能实现其高质量发展目标，为了有效实现绿色元宇宙的国际法治理，需要对现行气候变化国际法律规范进行修订和完善，为此，参与元宇宙领域建设的国家应积极履行完善碳减排技术公平价格转让法律机制谈判的义务，创设以国家公平价格强制转让与碳减排技术相关的义务和责任法律制度。②

在网络安全国际规范方面，有学者指出，具有技术和数据资源优势的科技企业已成为影响国际秩序的潜在行动者。科技企业中领先的网络规范倡导者已经形成较为成熟的倡导路径，但较难在行业内普及；科技企业倡导行业落实的网络规范，比倡导国家落实的网络规范效果更好；科技企业倡导的网络规范，能够进入国家主导的国际规范进程，但易受国家间数字竞争和地缘政治的影响。③

结　语

坚持统筹推进国内法治和涉外法治，积极参与建设国际法治，是全面依法治国的必然要求，也是推动构建人类命运共同体的坚实保障。当前全球经

---

① 参见沈伟、赵尔雅《数字经济和数字博弈双重背景下人工智能的国际法治理》，《武大国际法评论》2023年第4期，第81~105页。

② 参见邵莉莉《绿色元宇宙的法律规制——国内法治与国际法治协同发展》，《东方法学》2023年第1期，第79~90页。

③ 参见杨乐、郎平《科技企业与网络空间国际秩序构建——基于倡导网络安全规范的视角》，《国际经济评论》2024年第4期，第1~25页。

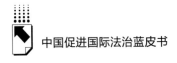

济和政治格局正发生着深刻变化，国际经贸规则正面临着自 WTO 成立以来最深刻、最全面的调整重塑。大国博弈正由"经济之争"转向"规则之争"。在这个过程中，我国始终捍卫以 WTO 为基础的国际经贸规则，并积极探寻突围之策，推动构建开放型世界经济，践行真正的多边主义，做多边贸易体制的积极参与者、坚定维护者和重要贡献者。

总体而言，2023 年中国国际经济法学界围绕法治"一带一路"建设、单边制裁与阻断立法、WTO 改革、数字贸易治理、国际经贸协定、国际投资争端解决机制、人民币国际化等热点问题进行了较为集中的研究，对相关法律制度完善与创新进行了积极探索，且在内容上具有回应性与发展性。在数字经济蓬勃发展的背景下，人工智能、元宇宙等新兴科技领域的法律治理也蓬勃发展。不过，与最近谈判的 WTO《投资便利化协定》等最新成果相关的理论研究较少，需要得到进一步重视和加强。对于供应链规制等热点问题，如何有效与传统国际贸易规则进行界定和衔接，也需要加强研究。

展望 2024 年，《中华人民共和国外国国家豁免法》的生效、数字经济迎来新的高潮、WTO 改革、国际投资争端解决、人民币国际化等问题，有望继续成为国际经济法学研究的主要热点。此外，经贸协定、投资协定等国际规则研究及相关国内配套改革，也有待更加深入的研究。总之，在国际经贸法律风险不断加剧的背景下，如何密切结合当前形势，聚焦国际经济法体系内的新问题、新趋势、新发展，为国际经贸秩序注入中国动力，提升中国在国际经贸制定中的制度性话语权，促进国际经贸秩序的不断完善，需要中国国际经济法学界在现有研究的基础上凝聚共识，继续耕耘。

B.10
2023年中国促进国际法治：
国际环境法学理论贡献

陈海嵩　秦丹　卢柯杉*

摘　要：　2023 年全球加速走出疫情阴霾，但生态环境保护与治理依然充满危机与挑战。中国以更加活跃的姿态参与全球生态文明建设，推动构建更加公正合理的国际新秩序，构建人与自然和谐共生的生态体系。在这一年，学者对国际环境法基础理论、生物多样性保护、海洋环境治理、应对全球气候变化、国际核安全等全球共同关注的环境议题进行深入研究，为国际环境法治建设提供了有益理论参考。同时，中国从全球环境治理的积极参与者、贡献者，逐渐朝全球生态文明建设的引领者迈进，以习近平生态文明思想引领共建地球生命共同体，为推动全球环境治理提供了中国方案、贡献了中国力量。

关键词：　国际环境法　人类命运共同体　生物多样性　海洋环境治理　气候变化

2023 年，全球加速走出新冠疫情阴霾，生态环境保护取得崭新成就，国际环境法治取得飞速进步。与此同时，生态安全形势依然十分严峻，生态安全治理依然存在巨大挑战和困境，面临深刻变革与调整。中国不断深入发展环境外交，坚持践行人类命运共同体的理念，坚持共商共建共享的原则，

---

*　陈海嵩，武汉大学法学院教授、博士生导师，主要研究领域为环境与资源保护法；秦丹，武汉大学法学院 2023 级硕士研究生，主要研究领域为国际环境法；卢柯杉，武汉大学法学院 2023 级硕士研究生，主要研究领域为环境与资源保护法。

积极参与和推动全球重要协定的谈判和落实，在全球生态文明建设中发出了中国声音、提出了中国方案、贡献了中国智慧，成为全球生态文明建设的重要参与者、贡献者和引领者。中国学者结合实践对国际环境法开展深入研究，具体分布在国际环境法的以下领域：生物多样性保护、海洋环境治理、应对全球气候变化、国际核安全等。

一 国际环境法基础理论问题

（一）环境权在国际环境法中的发展

2022年7月28日，联合国通过了一项关于环境健康的历史性决议，宣布享有清洁、健康和可持续的环境是一项普遍人权。环境权又称环境人权，是环境法和人权法趋同发展的产物，环境人权的概念化表达拓宽了人权法的保护客体，也增强了环境权利的司法可诉性，有助于推动环境法的实体性适用。独立的环境人权能够反映环境和人权相互增进的内在联系，具有法治优越性，因此我国应结合国情对国际人权法新发展的独立环境人权采取谨慎的态度，同时及时更新国家人权政策、积极回应我国环境权利的人权取向和中国式发展。[①] 在193个联合国成员国中，虽然半数左右的成员国将环境权作为一项基本权利纳入宪法，相关的区域人权文书与国际人权条约也承认了环境权的人权属性，但在过去的讨论中不少学者仍然质疑环境权的独立人权地位，进而将环境权视为生存权、健康权或发展权的一部分。针对这些声音，有学者对环境权的基本权利地位再次进行论证，认为环境人权保障既是全球性事务，又是国家政治文明的体现，这要求各国在主权范围内保护公民免受恶劣环境侵害，进而提供有利于公民健康与福祉的生态公共产品，也要求国际社会加强合作，共同保障全体人类共享环境利益。该学者

[①] 杜群、都仲秋：《环境权利的人权演进及其法治意蕴——以国际人权法为视角》，《中国政法大学学报》2023年第6期，第16~36页。

提出将人权纳入宪法基本权利范畴是一国保护人权最主要且最有效的法律方式，因而为使环境权具有与既定人权同等的规范基础，中国应该尽快将环境人权宪法化。①

（二）人类命运共同体理念对国际环境法的影响

"人类命运共同体"是从中国路径、经验和故事中提炼出来的可交流、可传播、可言说的概念，蕴含着丰富的理论探索空间，具备从政治议题转化为学术议题的有利条件。该理念所蕴含的以尊重应然国际法为基础的国际秩序理念与西方国家宣扬的"以规则为基础"的国际秩序的强权逻辑产生强烈对比，处在人类道义和时代发展的制高点，具有极大的对外话语传播优势。人类命运共同体人权观呼应了全球化时代权利观由单一个人扩展至具有共同利益联结群体的变化趋势，突出强调了人类共同享有且获普遍承认的人权，其中也包括环境权。② 为共同应对全球环境挑战，中国在人类命运共同体指导下加速构建人与自然生命共同体，重点加强生态环境保护领域立法，不断出台新法、修订旧法，为推动全球环境治理提供了中国法治方案、贡献了中国法治力量。人类命运共同体理念作为国际法治的中国官方表达，聚焦国际法主体和人类的终极问题，反映了国际法主体和人类的共同期望和诉求，体现了国际法主体和人类的共同利益，既契合了当代国际法理念、思想与价值的演进，同时也是对面向全球化大趋势的国际法理论的关切与对国际法治现实的回应。③

（三）"善意原则"在国际环境法中的适用

"善意原则"是国际法上一项普遍适用的一般法律原则，兼具"道义"

① 王雨荣：《略论作为人权的环境权》，《法制与社会发展》2023年第4期，第100~116页。
② 叶正国、余淑娟：《人类命运共同体的法学研究：一个学术脉络的考察》，《边界与海洋研究》2023年第3期，第3~31页。
③ 徐冬根：《论人类命运共同体理念的国际法寓意及贡献》，《广东社会科学》2023年第5期，第5~16页。

与"规范"双重属性，支配着国际环境法义务的设立和履行，广泛适用于国际环境争端解决，要求相关各方合理且善意地行使国际环境权利，通过确立国际环境权利与义务间的相互依存关系，确定各国际环境法主体行使其环境权利的界限，使相关各方的环境权益保持合理的平衡，为国际法院和国际法庭裁判相关国际环境争端提供价值尺度。①

二　国际环境法各具体领域的理论研究与创新

（一）生物多样性保护

2023 年 1 月 12 日，生态环境部成功召开《生物多样性公约》第十五次缔约方大会第二阶段总结会议，这是习近平生态文明思想引领共建地球生命共同体的重大胜利，是我国引领全球环境治理的巨大成功，也是我国生态文明建设和生态环境保护工作成就的重要体现。②

但有学者认为，由于公约履约机制的多重缺陷，《生物多样性公约》正陷入"一切照旧"的履行困境中。《生物多样性公约》多处使用"shall"、"as far as possible and as appropriate"（尽可能并酌情）和"in accordance with its particular conditions and capabilities"（按照其特殊情况和能力）等措辞，致使履行义务条款内容模糊，同时《生物多样性公约》缺少不遵守情事程序，也未设立新的、专门性的资金机制，都阻碍着公约内容的有序开展。为此，中国积极解决相关问题，提出"生态文明""地球生命共同体"思想为国际合作凝聚共识，还设立昆明生物多样性基金以弥补当前资金机制的不足。③ 也有学

---

① 林灿铃、张玉沛：《论"善意原则"在国际环境权利行使中的适用——以国际环境争端解决为视角》，《南都学坛》（人文社会科学学报）2023 年第 5 期，第 70~77 页。

② 《生态环境部召开〈生物多样性公约〉第十五次缔约方大会第二阶段总结会议》，中华人民共和国生态环境部，2023 年 1 月 12 日，https://www.mee.gov.cn/ywdt/hjywnews/202301/t20230112_1012384.shtml。

③ 王倩慧：《〈生物多样性公约〉的履行困境与改革路径》，《地方立法研究》2023 年第 1 期，第 78~91 页。

者提出加大"基于自然的解决方案"（Nature-based Solutions，NbS）的应用力度，继续加强跨部门协调，改进本地 NbS 政策与实践；开展 NbS 路径研究，出台国家标准；开展 NbS 综合效益评估，支撑自然融资和绿色贸易；加强 NbS 国际交流与合作，平衡各方利益诉求。① 有学者从比较法的角度分析了欧美式全球物种保护策略失败的原因，提出欧美主导的全球物种保护策略底色是殖民逻辑，其通过推动狭隘保护议程在发展中国家的适用，实现对发展中物种分布国自然资源管理权的干预，与可持续发展背道而驰，因此国际社会需要对其加以矫正，践行物种分布国及其人民是本土物种最佳保护者的宗旨，并坚持多元化的全球物种保护策略。②

《生物多样性公约》第十五次缔约方大会通过的《昆明-蒙特利尔全球生物多样性框架》（以下简称《昆蒙框架》）是指引、规范全球生物多样性治理的纲领性和标志性文件，其彰显了生物多样性生态、经济、政治、文化内涵，推动生态系统恢复、经济发展、政治互信和文化交融，丰富全球生物多样性治理外延，将便利成员国生态、社会、文化、经济等方面生物多样性政策创制与实施。③ 2023 年，《昆蒙框架》仍是国际环境法研究重点。有学者就其要义等基本问题开展研究，认为《昆蒙框架》不是严格意义上的国际法律，但是结合生物多样性国际法演进史，"公约+议定书+框架"这一"条约与非条约""硬法与软法"的组合式、多态样新型国际法体例正式被确证，《昆蒙框架》成为全球生物多样性领域标志性的国际环境文件。这也表明全球生物多样性保护和可持续利用正式进入"单边至多级""单向至多维""单一至多元""单调至复杂"的治理时代。④ 有学者解读了《昆蒙框架》以及相关成果的主要内容，与《2011—2020 年生物多样性战略计划》

---

① 王金洲、徐靖：《"基于自然的解决方案"应对生物多样性丧失和气候变化：进展、挑战和建议》，《生物多样性》2023 年第 2 期，第 1~6 页。

② 连佑敏：《欧美式全球物种保护策略的失灵：表现、成因及应对》，《太平洋学报》2023 年第 6 期，第 80~94 页。

③ UNECE, "Guidelines for Developing National Biodiversity Monitoring Systems", January 2023.

④ 李一丁：《〈昆明-蒙特利尔全球生物多样性框架〉：要义、焦点与本土规范回应》，《太平洋学报》2023 年第 8 期，第 88~100 页。

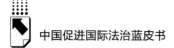

（以下简称《战略计划》）相比，《昆蒙框架》表达上更简洁明了，并突出至 2030 年"使自然走上恢复之路，造福人民和地球"这一行动结果，清晰地指出了《昆蒙框架》的制定目的，扩大了《昆蒙协议》的影响力；同时采用了"扭转生物多样性丧失"这一表述，比《战略计划》中"遏制生物多样性丧失"的用语信心更足，目标标准更高。① 因此有学者评价《昆蒙框架》是一个兼具雄心和务实平衡的框架，是人类有史以来对环境和生物多样性保护最具挑战性的承诺。《昆蒙框架》提出以全政府和全社会的方法采取行动，以合作的方式推动承诺的兑现。因此，各国政府如何履行协议，并将其转化为国家层面的行动和生物多样性战略，如何在具体行动时解决政策执行缓慢、资源调动困难，以及实现国际违约风险控制等一系列问题都可能影响《昆蒙框架》的落地。② 为更好执行《昆蒙框架》，中国要适时修订国家生物多样性保护战略与行动计划，制定法律和政策以促进生物多样性保护的主流化，强化国家执行进展监测和评估，促进生物多样性融资工具的开发，建立全社会广泛参与的伙伴关系。③

2023 年，学者们对生物安全相关内容开展了众多研究。有学者指出，现有国际生物安全损害案件中由于经营者赔偿责任的救济力度有限，非人为因素造成的生物安全损害事件无法适用既有的国家责任，国家补充责任也无法补救经营者赔偿责任不足部分，加之国际生物安全损害救济并未设置相应的预防责任等，国际生物安全损害的法律救济制度陷入困境。而最恰当的化解方法就是构建国家合作救济机制，明确有具体内容指向的国际生物安全损害救济国际合作义务，构建国际生物损害国家预防责任和补偿责任。④ 针对

① 徐靖、王金洲：《〈昆明-蒙特利尔全球生物多样性框架〉主要内容及其影响》，《生物多样性》2023 年第 4 期，第 1~9 页。
② 胡理乐、陈建成、张鹏骞：《"昆蒙框架"下的中国生物多样性保护》，《绿色中国》2023 年第 2 期，第 10 页。
③ 连佑敏：《欧美式全球物种保护策略的失灵：表现、成因及应对》，《太平洋学报》2023 年第 6 期，第 80~94 页。
④ 邵莉莉：《论国际生物安全损害法律救济模式的完善》，《当代法学》2023 年第 6 期，第 146~157 页。

生物武器对人类社会生存造成的巨大威胁，有学者指出"应然法"层面上全面禁止生物武器的国际根本性共识为将生物武器的相关行为归为一种"国际罪行"奠定了政策基础。而将研制生物武器的相关行为定义为国际罪行可以将制裁生物武器行为的对象从国家降低为个人，可以有效降低国际法制度的"治理成本"。面对现有生物武器相关行为"有罪不罚"的现状，中国除了要通过国际条约建立起对生物武器相关行为的相对普遍管辖权，还应当对保护性管辖进行扩张解释，将对国际生物安全产生的严重损害或威胁理解为对中国国家利益与安全的侵犯，构建生物武器的国际罪行追诉制度。[①]

（二）海洋环境治理

面对加速演变的国际形势和海洋环境的危机挑战，全球海洋环境治理的研究成为国际社会共同面临的研究课题。2023 年我国学者较多关注海洋环境治理，主要围绕整体把握全球海洋生态安全的形势与治理、《联合国海洋法公约》（以下简称《公约》）适用中的问题及其修订完善、海洋环境污染特别是日本核污水排海法律问题、BBNJ 协定等相关议题展开了一系列研究。

目前，全球海洋生态安全形势日益严峻，全球海洋生态安全治理存在巨大困境和挑战，面临深刻变革与调整。有学者从宏观上分析，全球海洋生态安全面临着海洋环境污染、海洋生态破坏与海洋环境风险等多重问题，海洋生态环境的不稳定性、不确定性增加。对此，国际社会存在治理理念滞后、国际立法规则效力不足、国际格局调整带来的治理体系矛盾以及政府国际责任缺失等问题。[②] 构建全球海洋治理新秩序，需从积极倡导海洋命运共同体理念、健全治理体系、平衡全球主义和国家主义、建立全球海洋生态安全治理规则，尤其是推动《公约》的修订完善、加强国际海洋法的执行和监督

---

① 宋阳：《论生物武器行为的国际罪行属性及中国管辖路径》，《浙江工商大学学报》2023 年第 2 期，第 61~71 页。
② 谷漩、王妍卓：《专家访谈：全球海洋生态治理现状及趋势》，《人民论坛》2023 年第 20 期，第 20~25 页。

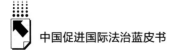

机制、加强国内海洋治理法律与国际海洋法的衔接等方面入手。① 微观上，有学者从全球海洋法治的视角具体讨论如何在全球海洋治理中落实海洋命运共同体理念，主张海洋命运共同体理念所包含的海洋和平与安全思想、合作共赢概念、海洋可持续发展原则、共商共建共享的方法论、灵活多元的海洋争端处理观，为变革和完善全球海洋法治提供了丰富的理论资源和实践指引。② 有学者聚焦国内海洋治理与国际海洋法的衔接，围绕我国涉外法治主要工作指向中涉及国际法治本土化与本土法治国际化的内容，提出以陆海统筹、海洋强国和海洋命运共同体三个主题面向，循序渐进开展我国海洋自然保护规范的建构。③

　　作为海洋领域最重要的一部国际条约，《公约》在规制海洋活动、保护全球海洋生态安全方面发挥重要作用。取得成就的同时，《公约》在实施和执行中也遇到一些挑战，产生诸多问题。《公约》存在的问题可以整体概括为规范模糊、公平性缺失和争端解决机制效力不足。④《公约》设定了目标，但采用何种方法达到这一目标，《公约》对此保持沉默。⑤ 例如在海洋划界问题上，《公约》的专属经济区和大陆架划界规则存在缺漏，又没有提出实质性解决方案，有学者结合国际司法机构的相关裁决提出争端解决路径。⑥ 又如《公约》第 121（3）条的规定语意模糊，并且在南海仲裁案中被错误解释和适用，有学者以科技运用活动为研究视角，分析仲裁庭在解释与适用该条款中存在的问题，提出应正确审视科技运用活动对岛礁法律地位的影响，

① 杨振姣：《全球海洋生态安全形势与治理困境研究》，《人民论坛》2023 年第 20 期，第 14～19 页。
② 黄瑶、徐琬晴：《全球海洋法治视角下"海洋命运共同体"理念的落实》，《太平洋学报》2023 年第 10 期，第 82～96 页。
③ 秦天宝：《统筹推进国内法治与涉外法治视角下我国海洋自然保护的规范建构》，《政法论丛》2023 年第 5 期，第 43～60 页。
④ 杨振姣：《全球海洋生态安全形势与治理困境研究》，《人民论坛》2023 年第 20 期，第 14～19 页。
⑤ 转引自宋可《〈联合国海洋法公约〉和"其他国际法规则"的引入：基于文本和司法判例的分析》，《国际法研究》2023 年第 2 期，第 14～19 页。
⑥ 叶泉：《海洋强国视域下国际海洋划界规则新发展之检视——兼论其在东海的适用》，《北方法学》2023 年第 3 期，第 120～133 页。

违反条约解释原则、背离现实及国家实践的裁决是对国际法治的破坏。① 《公约》规范的模糊性，使得在具体解释和适用《公约》过程中引入"其他国际法规则"具有一定必要性，但引入过程中需谨慎处理该规则与属事管辖权的关系，在维护当事国同意原则与实现裁判效率之间寻求动态平衡。②

随着海洋利用问题的出现，《公约》"海洋宪章"（Constitution for the Oceans）的法律地位引发讨论和质疑，存在《公约》属于"海洋宪章"，能够解决所有海洋法问题的"《公约》至上论"和《公约》仅是一个框架公约，难以解决海洋领域所有问题，应以一般国际法的规则和原则作为补充两种观点。施余兵教授系统梳理双方观点，从《公约》作为"活的条约"和《公约》体现和维护发展中国家利益双视角具体阐述《公约》能够成为"海洋宪章"的原因以及局限性，主张随着《公约》"海洋宪章"的地位受到越来越多的冲击，显现出诸多局限性，将《公约》界定为提供关于多数海洋利用问题的法律框架更为准确。③ 对于公约未予规定的事项，应继续以一般国际法的规则和原则为准据。有学者进一步对一般国际法作出明确解释，认为一般国际法包含习惯国际法、一般法律原则和规则等多重渊源，在多个领域被广泛运用。该学者进一步提出《公约》序言中提及的一般国际法与《公约》规则应平等适用，中国可诉诸尊重国家主权、禁止反言、默示同意等一般法律原则来主张历史性权利。④

2022年12月12日，小岛屿国家委员会（COSIS）向国际海洋法法庭（ITLOS）提交申请，请求法庭就缔约国根据《公约》在气候变化方面的特定义务发表咨询意见。《公约》框架下海洋环境保护机制能否扩大适用于气候变化的相关议题引发广泛讨论。有学者认为国际海洋法法庭全庭的咨询管辖权

---

① 高圣惕、赵思涵：《科技运用活动与岛礁法律地位的认定：南海仲裁裁决对〈公约〉第121（3）条解释及适用的错误》，《交大法学》2023年第1期，第59~78页。
② 宋可：《〈联合国海洋法公约〉和"其他国际法规则"的引入：基于文本和司法判例的分析》，《国际法研究》2023年第2期，第18~31页。
③ 施余兵：《〈联合国海洋法公约〉的"海洋宪章"地位：发展与界限》，《交大法学》2023年第1期，第20~34页。
④ 张琪悦：《〈联合国海洋法公约〉序言中"一般国际法"的界定与适用》，《中国海商法研究》2023年第1期，第58~68页。

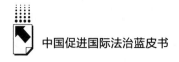

在理论上仍存在争议，实践中也面临多个国家的书面反对。且在国家的特定气候义务问题上，海洋法法庭的咨询意见效力有限，不过其溢出效应可能推动国家在后续国际谈判中提升气候承诺的力度。① 有学者对参考规则的效力和条约解释问题进行讨论，提出参考规则在一定程度上达到赋予《公约》缔约国附加义务的效果，其范围应限缩于海上安全和污染防治两个领域；在条约解释上，相关主管国际组织更适合作为条约解释的主体，解释结果需要体现《公约》的整体公平性，确保权利和义务的整体平衡。② 《公约》将"主管国际组织"纳入海洋科学研究国际法规则体系是一次重要的创新与突破。因此我国作为《公约》的缔约国需加快推进海洋科学研究和技术发展，为海洋科学研究国际法规则体系的发展贡献中国智慧与中国方案。③

在海洋污染治理上，学者聚焦不同类型的海洋污染进行研究。有学者从海洋生态文明视角出发，讨论人为海洋噪音的产生原因与性质、生态危害等，提出坚持利用与保护的衡平原则、预防性原则和协同原则，通过完善制度设计、加强科学研究、探索治理模式等路径进行治理。④ 其中热点的日本核污水排海行为引发对跨界环境损害的探讨。以此为契机，有学者对跨界海洋环境"无法弥补损害"展开研究，指出该损害具有复杂性，强化和完善跨界海洋环境"无法弥补损害"的国家责任体制是应对跨界海洋环境危机的正途，应注重《公约》的体系解释，并尝试探索准予临时措施来强化风险预防原则的可执行性，发挥风险预防原则在跨界海洋环境"无法弥补损害"中的作用。⑤ 更有学者对国家在跨界损害领域的预防义务展开详尽研

---

① 龚微：《国际海洋法法庭对气候变化国家义务的咨询意见：依据、效力与可能影响》，《太平洋学报》2023 年第 9 期，第 69~81 页。
② 虞楚箫：《论〈联合国海洋法公约〉中的参考规则》，《政法论丛》2023 年第 5 期，第 61~73 页。
③ 陈海波：《"主管国际组织"与海洋科学研究国际法规则体系的发展》，《交大法学》2023 年第 1 期，第 35~58 页。
④ 游启明：《海洋生态文明理念下的人为海洋噪音治理》，《中华海洋法学评论》2023 年第 1 期，第 81~96 页。
⑤ 马得懿：《跨界海洋环境"无法弥补损害"的证立及其展开》，《太平洋学报》2023 年第 4 期，第 89~102 页。

究，主张在跨界损害领域采取预防的办法、手段和措施以避免造成重大的跨界损害后果是国家保护环境的国际法律义务，具体来说国家应积极履行通知和事先知情同意、跨界环境影响评价、环境信息收集与交流等义务。①

《〈联合国海洋法公约〉下国家管辖范围以外区域海洋生物多样性的养护和可持续利用协定》（以下简称"BBNJ 协定"）是当前最为重要的国际海洋立法。BBNJ 协定谈判政府间会议第五届会议再续会于 2023 年 6 月 19日和 20 日在纽约联合国总部举行。6 月 19 日，会议以协商一致方式通过了BBNJ 协定；② 9 月 20 日，协定在纽约联合国总部开放签署。BBNJ 协定经过近 20 年的艰苦谈判，由联合国 193 个会员国于 2023 年 6 月通过，覆盖全球三分之二以上的海洋，包括中国和美国在内的 80 个会员国以及欧洲联盟签署协定，该协定将在获得至少 60 个国家批准后的 120 天后生效。③ 中国在协定开放第一天签署的行动充分表明我国在海洋保护和可持续利用方面的决心与努力。④

BBNJ 协定未正式通过前，学界对其研究仍主要聚焦于四大核心议题。在"海洋遗传资源包括惠益分享"上，存在 BBNJ 的法律属性争议和应否进行惠益分享特别是货币惠益分享的争论。在"能力建设与技术转让"上，存在是否规定强制性技术转让、海洋遗传资源利用中的知识产权问题等争议。在"划区管理工具包括海洋保护区"上，存在国家管辖范围外海洋保护区与沿海国外大陆架权利的冲突问题。作为 BBNJ 协定规则的拟定核心，学界对"环境影响评估"这一议题的探讨也较多。针对核心议题中的具体争议，学者从不同视角切入提出解决路径和意见。有学者探究 BBNJ 与"区

---

① 林灿铃：《国家在跨界损害领域的预防义务》，《比较法研究》2022 年第 6 期，第 171~180 页。

② "Intergovernmental Conference on Marine Biodiversity of Areas Beyond National Jurisdiction", Naciones Unidas, https：//www.un.org/bbnj/.

③ 《中国海洋发展研究中心——80 个国家及欧盟签署 BBNJ 协定》，中国海洋发展研究中心，2023 年 9 月 30 日，https：//aoc.ouc.edu.cn/2023/1012/c9829a444817/page.htm。

④ 参见《外交部副部长马朝旭代表中国签署〈海洋生物多样性协定〉》，中华人民共和国外交部网站，2023 年 9 月 21 日，https：//www.fmprc.gov.cn/web/wjb_673085/zzjg_673183/tyfls_674667/xwlb_674669/202309/t20230921_11146367.shtml。

域"矿产资源的联系，主张 BBNJ 是继"区域"矿产资源之后的又一人类共同继承财产，但也指出就单一法律属性进行争论是不可取的谈判方式；基于两者相同的法律属性，可借鉴"区域"矿产资源制度变革和开发规则，主张 BBNJ 协定应严格限定货币惠益的分享时间与内容，限定为产品商业化并收回成本后以兼顾各方利益；认为技术转让需为鼓励性的任意性技术转让。① 有学者主张在 BBNJ 协定制订中以人类命运共同体理念凝聚国际共识：基于人类命运共同体理念，在协定谈判过程中主张"人类共同继承财产"的立场，建立惠益分享制度，以人类命运共同体理念平衡和协调各方的利益冲突。② 海洋命运共同体理念作为人类命运共同体理念的重要组成部分，更是被多次提及，例如在海洋命运共同体的视角下坚持共商共建共享原则，对国家管辖范围外海洋保护区的建立与沿海国外大陆架权利冲突的协调提出解决方案。③ 有学者将法学和地理学相结合，以人海互动关系为研究视角，对 BBNJ 协定下的公海保护区地缘环境系统展开研究，试图为我国下阶段参与公海保护区划定提供理论参考与局势解读。④ 除核心议题外，还有学者对小岛屿发展中国家等重点关注的个性议题，例如传统知识（Traditional Knowledge）的权利主体分歧进行梳理，主张既包括土著居民和当地社区（IPLCs），也包括国家及其他个人或实体的多元权利主体模式，符合传统知识权利主体的适格性和确定性、符合国际立法实践的发展趋势、优于仅包含 IPLCs 的单一模式，应在 BBNJ 协定中予以确认。⑤ 目前针对协定的研究主要集中在讨论所涉各项议题的安排上，对参与讨论的各方主体讨论较少。在

① 张善宝：《国家管辖范围外区域海洋生物多样性法律规制的变革与完善———〈BBNJ 国际协定（草案）〉评析》，《海洋开发与管理》2023 年第 4 期，第 3~12 页。
② 王传良、张晏瑜：《人类命运共同体理念与现代海洋法的发展———以"BBNJ 国际协定"的制订为视角》，《江苏大学学报》（社会科学版）2023 年第 1 期，第 73~85 页。
③ 王秀卫：《国家管辖范围外海洋保护区与沿海国外大陆架权利的协调》，《政法论丛》2023 年第 1 期，第 149~160 页。
④ 彭飞、王浩然等：《人海关系视角下公海保护区海洋地缘环境系统解析》，《自然资源学报》2023 年第 11 期，第 2704~2721 页。
⑤ 施余兵、庄媛：《论 BBNJ 国际协定中的传统知识权利主体问题》，《太平洋学报》2023 年第 2 期，第 15~26 页。

协定正式通过后，有学者聚焦于"全球南方"在协定谈判过程中发挥的作用，指出"全球南方"在 BBNJ 协定的谈判磋商过程中，形成身份认同，运用"77 国集团和中国"机制协调，坚持多边主义原则，在将包容性惠益分享模式、人类共同继承财产原则写入协定，将"海洋遗传资源数字序列信息"的获取和利用写进协定等方面都发挥了积极作用，未来还将继续在协定批准、生效和落实上发挥作用。①

2023 年 6 月，BBNJ 协定正式通过，9 月开放签署，这是国际海洋治理迈出的关键一步。我国积极参与协定的谈判，促进了更加公正合理的海洋秩序的构建。未来还需要密切关注各国对协定的签署和批准情况，对 BBNJ 国际协定的效用、适用问题展开进一步研究。

（三）应对全球气候变化

2023 年 12 月 13 日，《联合国气候变化框架公约》第二十八次缔约方大会（COP28）在迪拜闭幕。大会完成了《巴黎协定》后的首次全球盘点，并首次通过全球适应目标框架、公正转型路径工作方案等发展中国家关切的重要决定，展现了当前国际社会共同应对气候变化的努力。② COP28 的闭幕意味着《巴黎协定》首次全球盘点结束，也意味着国际社会正在审视各国在气候行动和支持方面的实践内容与成果、找出差距，以共同努力制定更好的前进路线、加速全球气候行动，旨在为将于 2025 年提出的《巴黎协定》下的下一轮气候行动计划提供信息。③

在年终盘点开展前，国内学者已经对《巴黎协定》相关内容、治理模式及实施进程等展开讨论。有学者指出《巴黎协定》的达成，打破了《联合国气候变化框架公约》"自上而下"的治理模式，成为第二份国际气候变

---

① 李聆群：《"全球南方"在国际海洋治理中的角色——以〈海洋生物多样性协定〉谈判为例》，《亚太安全与海洋研究》2023 年第 6 期，第 1~23 页。
② UNFCCC, "UN Climate Change Conference-United Arab Emirates", November 2023.
③ UNFCCC, "Why the Global Stocktake is Important for Climate Action this Decade", November 2023.

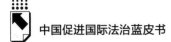

化法律协定，也将全球碳排放总量控制的模式转变为"自下而上"的国家自主贡献提交模式。但由于公共卫生危机及俄乌冲突等内外部因素的影响，规则体系依托于国家和非国家行为体的法治分殊制衡，其变迁加剧了各缔约国在应对气候变化行动方面的分歧，因此如何构建碳排放总量控制的国际法规则，实现从"单边治理模式"转向"多边共治模式"，从国家谋求自身利益的"零和博弈"走向互利共赢的"正和博弈"，成为各缔约国气候谈判的焦点。国际气候规则的多元性及跨法域治理的规则协同是《巴黎协定》国家自主贡献实施中面临的新挑战。① 《巴黎协定》下合理的气候合作方案一直是国际社会关注热点，有学者对俱乐部式治理能否创新性补充和完善《联合国气候变化框架公约》下的多边体制进行了分析，提出规范型、论坛型、联合行动型等开放包容型俱乐部可在一定程度上保障政治可行性、制度合法性，可缓解《巴黎协定》"大而弱"所导致的治理规制困境，降低《巴黎协定》沦为空谈、大国操纵、透明度低的风险；封闭排他的布坎南俱乐部政治可行性和制度合法性都比较低，制度设计要求高，较难建成，且存在背离多边规则、与协定相冲突的风险。因而俱乐部式气候治理或能成为协定和公约框架的有益补充，但需警惕其弱化"共区"原则的风险，避免其沦为发达国家弱化和逃避气候责任的迂回手段。② 除此之外，有学者提出为达成《巴黎协定》既定碳达峰目标，各缔约国应充分履行国家信息通报义务，应当明确通报义务国履行信息通报义务的基本原则与适用范围，制定国家信息通报实体规则和程序规则，并构建通报义务国信息通报内容审查和问责机制，以此维护全球气候治理的秩序。③

2023 年，气候变化诉讼依旧是学术界讨论的热点问题。气候变化诉讼作为一种自下而上的治理方式，在最近十几年里得到各国公众及非政府组织

---

① 杨博文：《〈巴黎协定〉后全球气候多边进程的国际规则变迁及中国策略》，《上海对外经贸大学学报》2023 年第 5 期，第 68~79 页。

② 胡王云：《〈巴黎协定〉下全球气候治理的俱乐部模式及其功能和风险》，《太平洋学报》2023 年第 2 期，第 27~41 页。

③ 杨博文：《〈巴黎协定〉碳达峰目标下缔约国信息通报义务的遵约规则》，《国际商务研究》2023 年第 5 期，第 87~97 页。

的广泛利用。有学者对其进行归纳整理后将气候变化诉讼的法律依据总结为宪法、法院地国的环境法、普通法及国际条约四项，其中依法院地国的环境法起诉的案件数量最多。① 气候变化诉讼中的责任主体主要是国家与企业，有学者对气候变化损失与损害的国家责任开展研究，认为气候变化损失与损害的国家责任理论上应包括违反预防义务的国际不法行为责任和造成实际损害的跨界损害责任两种责任形态，其认定应分别从以上两种责任形态进行论证，重点解决了两个理论难题：私人行为归属问题和因果关系问题。② 针对气候变化诉讼的企业责任，有学者追溯了针对公司提起的气候诉讼案件判例，认为通过诉讼追究温室气体大规模排放的私人主体对全球变暖的责任具有可取性，且原告所采用的新的诉讼策略，即利用气候科学的新进展、气候诉讼展开的法律对话和制度背景的变迁，极大地提高了原告在尚未裁决的和未来的气候变化诉讼中胜诉的可能性，新的私人气候诉讼浪潮即将到来。③ 聚焦于全球环境、社会和公司治理（Environmental, Social and Governance, ESG）运动的发展潮流，在 ESG 的框架研究和国内外案例检索的基础上，我国应当注意合同法中待审批合同规则、商法中受托人信义义务以及消费者保护法的虚假广告对"漂绿营销"的限制等救济手段均可以为应对气候变化和环境保护提供多元的有效路径，注重气候变化应对类 ESG 诉讼这一形式。④ 有学者以"荷兰皇家壳牌集团案"为切入点，认为针对有排放的企业管理，中国需吸取经验，加强对环境信息披露的管理，制定更加积极具体的气候变化政策，加大对碳抵消技术的研发力度，打造绿色清洁的产业链，合

---

① 边永民：《气候变化诉讼的法律依据辨析》，《太平洋学报》2023 年第 3 期，第 94~106 页。

② 田苗苗：《论气候变化损失与损害的国家责任》，《河南社会科学》2023 年第 3 期，第 79~86 页。

③ 〔印〕吉坦扎丽·甘古利、〔英〕乔安娜·赛泽、〔英〕维尔勒·海沃特：《针对公司提起的气候诉讼：历史演进与未来趋势》，马亮等译，《湘湖法学评论》2023 年第 1 期，第 143~160 页。

④ 高琪：《气候变化应对类 ESG 诉讼：对策与路径》，《东方法学》2023 年第 4 期，165~177 页。

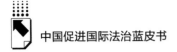

理利用涉外人才储备，完善风险识别和监管体。① 此外，气候诉讼中的人权
论证今年也受到关注。有学者提出运用人权法的规范和理论构建诉讼主张、
展开法律推理、形成人权论证成为气候诉讼的成功策略之一，气候诉讼人权
论证的新面向在于从归责逻辑转为诉讼策略，从国际法转为面向国内法，从
问责政府扩大至问责企业，需要做到法律方法之创新，气候宪法之发展以及
气候人权审查之证成。② 当前气候风险下，对于"气候人权"的保障要注重
程序性权利的新面向，未来的气候变化诉讼应以程序性权利的司法创设为重
点，积极发挥司法对风险行政决策程序的监督功能，间接实现气候风险下的
人权保障目标，保障实体性人权实现。③

2023 年，全球气候变化的国际法规制问题一直备受关注，国际气候变
化法正在政治博弈和体系化的平衡中发展。为进一步促进国际气候变化法的
体系化，应增强目标体系的刚性，对一般性法律原则进行实质解释，通过国
家自主贡献的评审促进具有可比性公平标准的建立，平衡各类规则的配置，
适度提升适应规则、确定性规则的比重，促进《公约》框架下内部规则与
外部规则之间的衔接。④ 其中，有学者认为联合国安理会对全球气候安全治
理的介入具有正当性，并且其召集的气候安全公开辩论也为当前全球气候治
理提供了新思路。⑤ "公正转型路径工作方案"成为全球气候治理新议题，
推进"公正转型"将在经济和社会层面为减排政策的实施扫清障碍，提升
应对气候变化工作的效率。推进实现"公正转型"也将在经济转型发展、
社会现代化治理等多个维度支持和辅助实现生态文明建设和联合国可持续发

① 郝海青、朱甜：《气候变化诉讼语境下中国能源企业环境责任探究——以"荷兰皇家壳牌
集团案"为切入点》，《重庆理工大学学报》（社会科学）2023 年第 2 期，第 137~146 页。
② 杨欣：《气候变化诉讼中的人权论证》，《人权》2023 年第 2 期，18~37 页。
③ 孙雪妍：《气候风险下人权保障的司法类型化：法理探析及路径选择》，《人权》2023 年第
2 期，第 38~62 页。
④ 陈贻健：《论国际气候变化法的体系化》，《法学评论》2023 年第 4 期，第 172~185 页。
⑤ 李化：《联合国安理会介入全球气候治理的国际法审视——气候安全公开辩论视角》，《中
国地质大学学报》（社会科学版）2023 年第 6 期，第 1~10 页。

展（Sustainable Development Goals，SDGs）目标。① 有学者则将气候正义与提升国际气候变化机制监管有效性中的因果关系作为假设前提进行研究，阐明了将气候正义概念应用于跨境事项的解决，可以为大多数国家共享环境空间提供一个更好的区域空间选择，是气候变化治理的一个合理步骤，在地方和国际之间建立必要的中介监管空间，将有助于提高气候变化机制监管的有效性。②

碳达峰、碳中和问题依旧是国际环境法研究的重中之重，2023 年学者继续聚焦"双碳"，对"碳汇"、"碳边境"及碳税等主体开展论述。碳中和的本质是要将现代工业文明的化石能源底座整体平移至非化石能源，经济基础的变革使得全球气候治理的国家（地区）间竞争出现重要转向：竞争焦点转向全球绿色经济的规则制定主导权问题；竞争主体转向主要国家（地区）之间；竞争平台则更加多元化，全球经济治理机制的作用显著增强，使得全球气候治理规则更为复杂。③ 有学者对碳排放权法律属性进行准确定位，在修正的双阶理论的指导下，以配额发放时间为分界线，将碳排放权的法律属性界定为"行政处理+民事合同"。④ 鉴于碳排放权蕴含环境和经济属性，在强制执行时应遵循比例原则并体现环境效益优先理念，在环境类立法和执行类司法解释中明确碳排放权属于可执行财产，根据当事人角色和配额来源构建差异化执行方案，通过环境管理和强制执行双重权力互动的方式，共同优化碳排放权执行措施和处分措施。⑤ 在"双碳"目标下，有学者认为处于特殊位置的海湾国家在国际气候治理体系中的角色由"牵制者"

① 张挺：《全球气候变化形势下中国气候民事诉讼的理论障碍与进路》，《云南社会科学》2023 年第 4 期，第 79~91 页。
② 〔巴西〕道格拉斯·德·卡斯特罗、〔巴西〕阿拉纳·科斯塔：《气候正义的跨地域性对国际气候变化机制的贡献》，李清宇译，《人权法学》2023 年第 2 期，第 121~154 页。
③ 尤明青、李姗蔓：《元治理视角下"双碳"转型与现代环境治理体系协同化的法治因应》，《河南社会科学》2023 年第 2 期，第 56~66 页。
④ 魏庆坡：《碳排放权法律属性定位的反思与制度完善——以双阶理论为视角》，《法商研究》2023 年第 4 期，第 17~30 页。
⑤ 王国征、孔凡琛：《碳排放权强制执行的逻辑前提与实践方案》，《学术交流》2023 年第 4 期，第 87~100 页。

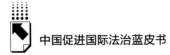

转向"骑墙者",但是其实施路径尚不清晰,其中部分计划并不可行。① "双碳"目标的实现对现有法律制度提出了一些新的挑战。有学者则着眼于碳排放权担保制度,认为碳排放权含使用收益权能,具排他优先效力,总体契合用益物权基本特征,因此碳排放权担保应采抵押权路径,实行登记要件主义,并通过全国碳排放权注册登记系统实践。② 面对"碳边境"这一概念,有学者认为碳边境调节机制兼具贸易措施与气候政策的双重属性,反映了当前全球气候治理与贸易规制两大体系之间在价值取向、管辖权和法律规范方面的冲突,但以碳边境调节机制来解决因各国碳排放成本不同带来的所谓碳泄漏和不公平贸易竞争问题,存在难以克服的技术障碍和法律风险,也无助于完成全球温室气体的削减目标,坚持在人类命运共同体理念下创设开放式诸边模式才是适当路径。③ "碳汇"若干问题依旧炙手可热,有学者对林业碳汇若干法律问题进行解释,说明了实践中通过认购林业碳汇方式替代履行森林生态环境损害赔偿责任的探索能够盘活林业生态资源、助力"双碳"目标实现,但也存在交易机构非统一、公开市场,认购的碳汇未经核证,交易完成后有再次对外转让变现风险等问题。④ 除此之外,部分学者对碳标签的运行开展论述,指出规制碳标签的运行,应以低碳、公平、效率为目标,应处理好法律属性、推进方式、规范选择三个焦点问题,⑤ 中国应加快完善标准体系,补齐基础数据库短板;加快培育第三方机构,发挥非政府组织的作用;鼓励企业推广应用碳标签,促进低碳生产;引导消费者认可碳标签,

---

① 丁隆、马晓美:《碳中和目标下海湾国家气候政策探析》,《西亚非洲》2023 年第 6 期,第 34~57 页。

② 侯国跃:《"双碳"目标下碳排放权担保制度研究》,《广东社会科学》2023 年第 2 期,第 254~265 页。

③ 刘勇:《气候治理与贸易规制的冲突和协调——由碳边境调节机制引发的思考》,《法商研究》2023 年第 2 期,第 46~59 页。

④ 朱婧:《林业碳汇若干法律问题的理解与适用》,《法律适用》2023 年第 1 期,第 141~149 页。

⑤ 魏德才:《碳达峰碳中和目标下碳标签运行之法律规制》,《学术交流》2023 年第 4 期,第 101~115 页。

促进低碳消费①。为达成碳中和愿景，有学者阐述了碳中和新范式和净零排放新目标对全球气候治理及责任分配提出的包容公平脱碳以切实应对气候变化这一新要求。新的范式目标要求我国充分借鉴臭氧层消耗物质管控、生物多样性保护领域的多边公约和欧盟碳排放交易体系、公平转型机制的晚近实践，积极促进共同但有区别责任原则的与时俱新与包容公平同步。② 部分学者从最新的元宇宙治理视角解读"双碳"问题，说明了"双碳"转型与现代环境治理体系的协同逻辑，并将其归纳为规范整合的目标协同、公私互动的权益协同、区际府际事权配置的执法协同、司法适度能动的救济协同四个维度。③ 有学者指出高碳能源是元宇宙最大的制约，破解和治理高碳能源问题的关键在于发展绿色能源、加快规划建设新型能源体系，让元宇宙真正成为"高能源大数据零排放"的社会形态。④

COP28 闭幕最后一天，190 多个国家最终达成一致，号召全球在能源系统中转型脱离化石能源（transitioning away from fossil fuels），以争取到 2050 年实现净零排放的目标，这是国际气候谈判历史上首次达成的有关化石能源退出的全球性共识。但协议中未直接提及"逐步淘汰石油、煤炭和天然气"这一长期呼吁，部分参会代表提出该协议为化石燃料行业提供了众多技术层面的逃避途径，并且依赖化石燃料的发展中国家没有得到充分的财政支持保障，存在许多漏洞。⑤ 2023 年，结合"双碳"目标的要求，国内学者对能源法开展了一定层面的研究。有学者认为能源低碳化是"双碳"目标在能源领域的具体表达，我国应从安全性和可预期性两个侧面将"双碳"目标纳入能源法律体系，一方面应当以能源安全为核心构建能源法律体系，推动能源绿色低碳转

---

① 黄俊勇、刘世锦：《碳标签推广应用的国际经验与中国策略》，《改革》2023 年第 2 期，第 62~74 页。

② 周琛：《论碳中和愿景下的共同但有区别责任原则》，《武汉大学学报》（哲学社会科学版）2023 年第 2 期，第 152~163 页。

③ 尤明青、李姗蔓：《元治理视角下"双碳"转型与现代环境治理体系协同化的法治因应》，《河南社会科学》2023 年第 2 期，第 56~66 页。

④ 邵莉莉：《绿色元宇宙的法律规制——国内法治与国际法治协同发展》，《东方法学》2023 年第 1 期，第 79~90 页。

⑤ UNFCCC，"UN Climate Change Conference-United Arab Emirates"，November 2023.

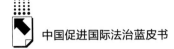

型，通过构建化石能源与可再生能源供给的平衡机制来保障能源供给安全；另一方面为提高能源法可预期性，应当在授权规范和法律责任规范两个方面实现能源政策法律化，构建以能源基本法为核心的能源法体系。①

（四）其他方面

随着 2023 年日本政府宣布启动福岛核电站核污水排海，具有致命性的海洋核污染成为研究的热门话题。有学者对自 2011 年核事故发生后至 2022 年末的相关学术研究现状进行阐述和评析，认为在应对日本核污水排海问题上的基本理论研究、体系化综合性研究和应对策略可行性等方面都还存在提升空间。② 2023 年学界关于日本核污水排海问题的研究，试图从诉讼这一路径寻求解决办法，在行为性质上多有阐述。有学者从国际舆论、外交、法律和国际合作四个路径提出中国针对日本排放核污水行为的应对措施建议。③ 有学者就法律途径展开研究，尝试从国际司法诉讼实务出发，将 2001 年《国家对国际不法行为的责任条款草案》作为适用法；明确日本核污水排海中决策者和执行者的行为都属于国家行为，且具体违背《公约》中规定的义务，构成国际不法行为；通过诉诸国家责任，要求日本承担停止、不重复核污水排放行为及赔偿的责任来解决这一问题。④ 另有学者同样从诉讼的角度切入，主张遭受损害的国家向国际海洋法法庭提起海洋环境损害赔偿之诉，起诉损害行为发生地的国家是较为现实可行的方案，并就核污水排海问题下完善国际核能民事责任法和国际海洋环境保护法提出建议。⑤ 对于日本排放核污水的行为违背国际法规范，学界基本达成共识。吴蔚、戴

---

① 宁天琦：《论"双碳"目标下能源法的秩序价值及其实现》，《江苏大学学报》（社会科学版）2023 年第 5 期，第 46~59 页。

② 郭萍、喻瀚铭：《日本福岛核污水排海法律问题学术研究现状及评析》，《中国海洋大学学报》（社会科学版）2023 年第 3 期，第 119~130 页。

③ 吴蔚：《日本排放核污染水行为所涉及的国际责任及中国应对》，《中国海商法研究》2023 年第 3 期，第 2~12 页。

④ 戴宗翰：《日本核污水排海行为国际诉讼下的法律适用与解释》，《中华海洋法学评论》2023 年第 1 期，第 1~15 页。

⑤ 王慧：《论核废水排入海洋的环境损害赔偿》，《法学》2023 年第 2 期，第 180~192 页。

宗翰等国内学者普遍认为，日本排放核污水行为违反了《公约》第192、194和195条规定的缔约国保护海洋环境义务的规定。除前述公约外，吴蔚还强调日本该行为违反其国内法和《及早通报核事故公约》《核安全条约》等国际条约。除前述条款外，戴宗翰还详细列举了《公约》第12部分中涉及全球性和区域性合作、监测和环境评价的责任义务条款，[①] 体现出日本排放核污水的行为违背国际合作原则和环境影响评价义务。同时，该行为还违背了风险预防原则，有学者直接援引国际法院在判例中提出的"恪尽职守"（due diligence）义务的概念，主张国家承担风险评估、风险通知与合作应对以及风险预防义务，而日本排放核污水的行为没有履行"恪尽职守"义务。[②] 另，国际原子能机构（IAEA）的"背书"不能阻却日本核污水排海行为的违法性，国际原子能机构存在逾越组织宪章宗旨目标和权力扩张的嫌疑。

"区域"内矿产资源是海洋资源的重要部分，是我国作为海洋强国必须牢牢把握的重点。有学者指出数据是"区域"内矿物资源开发的关键要素，是平衡"区域"保护与开发的重要杠杆。《"区域"内矿物资源开发规章草案》（以下简称《草案》）通过设置机密数据保护实体与程序条款确立了"区域"数据保护规则，其数据保护规则设计引发利益各方的争论，并逐渐划分为支持数据分享和立足国家安全与商业利益强调数据保护两大阵营，就《草案》数据保护范围确定、数据保护期限适用、数据性质认定程序优化等方面展开了激烈讨论。我国要抓住机会，从维护数据权益、优化数据利益分配、健全数据争议解决机制角度深入参与"区域"内数据保护规则制定，为海洋命运共同体视域下的海洋数据保护规则构建与完善贡献中国观点。[③]

此外，由于环境问题的跨国界性与全球性，国际法律规制在全球环境事务上的影响不容忽略，并且同时涉及国际商事等其他领域。针对区域贸易协

---

① 吴蔚：《日本排放核污染水行为所涉及的国际责任及中国应对》，《中国海商法研究》2023年第3期，第2~12页。

② 戴宗翰：《日本核污水排海行为国际诉讼下的法律适用与解释》，《中华海洋法学评论》2023年第1期，第1~15页。

③ 岳树梅、丛文：《〈"区域"内矿物资源开发规章草案〉中的数据保护规则演进与中国应对》，《太平洋学报》2023年第7期，第59~71页。

定（Regional Trade Agreements，RTAs）的法律效力，有学者指出中国的态度应当始终保持一致，即秉承可持续发展理念，正确处理多边环境条约与区域贸易协定之间的条约关系，通过"一带一路"稳步推进自由贸易协定环境条款的"中国版"，加强同发展中国家环境合作，进而构建具有中国特色的区域贸易协定环境条款范式。① 对于在跨境环境纠纷中担当裁判者角色的国际法院，有学者对"哥斯达黎加与尼加拉瓜跨界环境损害纠纷"一案中国际法院的"守成"与"创新"进行剖析，认为该案最具创新意义的是国际法院于国际法层面首次认可了跨界环境损害的可赔偿性，但它在生态损害评估、赔偿方式和科学证据使用等方面的说理论证不尽完善，因此综合性跨界环境损害救济机制的健全，仍有待更多国际司法实践的发展和推动。②

结　语

中国始终坚持人与自然和谐共生观，秉持人类命运共同体理念，积极承担应尽的国际义务，同世界各国深入开展生态文明领域的交流合作，推动成果共享，携手共建生态良好的地球美好家园，展现出新时代大国风采与责任担当。对2023年中国学者在国际环境法领域的研究成果进行梳理，可以发现其研究视野聚焦于生物多样性、海洋环境治理、应对气候变化、国际核安全等领域，学者们丰硕的研究成果推动了国际环境法的新发展，但一些问题还存在深入研究的空间。当前国际形势正在加速演变，全球环境治理困境既是挑战，也带来了发展的机遇。中国从全球生态文明建设的重要参与者、贡献者发展到引领者，但仍需不断提升全球环境治理的话语权，加强治理体系和能力建设，在全球环境治理中持续发挥引领作用。

---

① 郑玲丽：《区域贸易协定环境条款三十年之变迁》，《法学评论》2023年第6期，第143~155页。
② 张文亮：《跨国侵权结果地的认定和管辖权行使》，《法商研究》2023年第3期，第131~143页。

附　录
2023年中国促进国际法治大事记

2023 年 2 月 21 日，中国发布《全球安全倡议概念文件》，阐释倡议的核心理念和原则是"六个坚持"，明确二十个重点合作方向和平台机制，为解决全球安全赤字提供中国方案。

2023 年 3 月 16 日，中共中央总书记、国家主席习近平出席中国共产党与世界政党高层对话会发表的主旨讲话中首次提出全球文明倡议，指出其基本内涵在于"四个倡导"：共同倡导尊重世界文明多样性，共同倡导弘扬全人类共同价值，共同倡导重视文明传承和创新，共同倡导加强国际人文交流合作。

2023 年 3 月 22 日，中国向《禁止化学武器公约》第五次审议大会提交了《关于日本遗弃在华化学武器问题的立场文件》，指出解决日本遗弃化学武器问题是维护《禁止化学武器公约》权威性的重要举措，有助于巩固公约的普遍性和有效性，并就加快销毁日遗化武提出了一系列实际建议。

2023 年 6 月 27 日，中国商务部向世贸组织递交中国对 WTO《渔业补贴协定议定书》的接受书，标志着中方已经完成接受《渔业补贴协定》的国内法律程序。《渔业补贴协定》旨在为全球渔业制定新规则，限制导致全球渔业资源枯竭的政府补贴。中国积极参与联合国框架下的多边渔业治理，深化开展国际渔业合作，为最终达成《渔业补贴协定》作出重要贡献。

2023 年 6 月 30 日，第十四届全国人大常委会第三次会议审议并批准《关于制止非法劫持航空器的公约的补充议定书》（《北京议定书》）。2023

年 12 月 1 日，《北京议定书》对中国正式生效。《北京议定书》从实体法和程序法的角度完善了国际航空保安公约体系，有效打击针对民航的犯罪行为，保障民航运输业安全、持续和健康有序地发展。

2023 年 9 月 5 日，中国国际发展知识中心在北京发布《全球发展报告 2023》，以"处在历史十字路口的全球发展"为主题，分析了当前全球发展现状、主要趋势并提出应对思路。《全球发展报告》是中国落实全球发展倡议的一项重要举措，旨在为各国发展提供有益借鉴，为全球发展事业提供智力支持。

2023 年 9 月 20 日，《〈联合国海洋法公约〉下国家管辖范围以外区域海洋生物多样性的养护和可持续利用协定》（"BBNJ 协定"）协商一致获得通过，成为海洋法发展史上的又一里程碑。BBNJ 协定包括海洋遗传资源获取和分享、海洋保护区设立、环境影响评价、能力建设和海洋技术转让等内容，旨在为全球海洋治理进一步建章立制。中国积极参与 BBNJ 协定谈判进程，增强国际话语权，维护我国海洋权益，对协定最终达成发挥了建设性作用。

2023 年 10 月 10 日，第七十八届联合国大会投票选举 2024 年度至 2026 年度人权理事会成员国，中国成功连任。这是中国第六次担任人权理事会成员国，也是当选次数最多的国家之一。中国在大力推动本国人权事业发展的同时，以立己达人、兼济天下的情怀为世界人权事业贡献中国力量。

2023 年 10 月 18 日，第三届"一带一路"国际合作高峰论坛召开，中国支持高质量共建"一带一路"的八项行动，构建"一带一路"立体互联互通网络、支持建设开放型世界经济、开展务实合作、促进绿色发展、推动科技创新、支持民间交往、建设廉洁之路、完善"一带一路"国际合作机制，推进联合国 2030 年可持续发展议程。

2023 年 10 月 18 日，中国提出《全球人工智能治理倡议》，围绕人工智能发展、安全、治理三个方面系统清晰地阐述了中国路径和中国方案，就各方普遍关切的人工智能发展与治理问题提供了建设性解决思路，为相关国际讨论和规则制定提供蓝本。

2023 年 11 月 8 日，世界互联网大会乌镇峰会在浙江乌镇开幕，大会发布了《中国互联网发展报告 2023》和《世界互联网发展报告 2023》蓝皮书。中国聚焦数字法治前沿理论和实践热点问题，广泛汇聚网络法治共识，深化数字网络法治领域国际合作，助力共同构建更加公平合理、开放包容、安全稳定、富有生机活力的网络空间与数字社会。

2023 年 11 月 15 日，作为安理会 11 月轮值主席国，中国推动安理会通过冲突爆发以来的首份决议，提交《中国关于解决巴以冲突的立场文件》，强调巴以问题根本出路是落实"两国方案"。

Abstract

Annual Report on China's Practice in Promoting International Rule of Law (2024) is the annual report on specialized and practical topics of international law in China. It is edited by Wuhan University Institute of International Law and Wuhan University Academy of International Law and Global Governance, one of the high-ranking national think tanks in China. The Bluebook is divided into three parts with ten reports, namely, the General Report, the following State Practice and the Development in Theories, and the appendix on " Events of China's Practice in Promoting International Rule of Law in 2023" . It is dedicated to give a full picture of China's contribution to promote the international rule of law through the analysis and comments on ideas, principles and positions presented by, and specific actions taken by China in various important areas through the whole year. The Bluebook is conducive to enhancing the transparency of China's practice and contributing the international community to be well-known of it and make an objective evaluation towards it afterwards.

The General Report presents that in 2023, the Ukraine crisis compounded with the Israel-Palestine conflict, triggering multiple points of traditional security risks and increasing volatility in the geopolitical security landscape. The overall trend in the development of international law indicates orderly progress in advancing international rules in relevant fields. The outbreak of the Israel-Palestine conflict continues to challenge current principles and rules of international law, as well as the United Nations collective security mechanism, with a growing trend towards the judicialization of international political and diplomatic issues. As a responsible major developing country, China consistently upholds multilateralism and a correct view of justice and interests. It integrates the promotion of domestic rule of law with international rule of law, upholds the international order based on international law, advocates for an equal and orderly multipolar world, and promotes inclusive economic globalization. China has made notable achievements in developing international legal concepts and principles, refining foreign-related legislation and judicial practices, advancing international law through diplomacy, driving reforms in the international governance system, and developing theories of Chinese international law. Looking forward to 2024, the Chinese international legal community will focus on safeguarding national sovereignty, security, and development interests. It will prioritize advancing foreign-related rule of law through the construction of foreign-related legal systems and capacity building, continuously enhancing the rule of law in foreign affairs, and contributing to the promotion of a community with a shared future for mankind.

The sub-report consists of nine reports, divided into sections on national practices and theoretical contributions. In enriching and advancing the concepts and principles of international law, China has successively proposed the Global Development Initiative, Global Security Initiative, and Global Civilization Initiative, focusing on three key dimensions of human societal development. These initiatives reflect China's new era concepts of global governance, offering systematic proposals to address global governance deficits, trust deficits, security deficits, and development deficits, thereby providing public goods to the international community.

With regard to new developments in foreign-related legislation and judicial practice, China has continued to enhance the systematic, holistic and synergistic nature of its legislation and to optimize the business environment. Fruitful results have been achieved in such areas as safeguarding national security in a multidimensional manner, enriching the legal toolbox for diplomatic struggles, strengthening foreign-related judicial work, upgrading foreign-related judicial capacity and modernizing the judicial system, and enhancing judicial protection of foreign-related intellectual property rights. In the realm of promoting international institutional development and driving international governance reform, China practices the concept of a community with a shared future for mankind and its three major global initiatives through practical actions. It firmly upholds the international

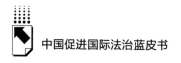

order based on international law, supports the international system centered on the United Nations, and actively participates in international legal construction and practical activities.

Regarding promoting the development of China's international legal discourse system, Chinese scholars increasingly emphasize theoretical research and innovation in new era international law. They are promoting the construction of an independent Chinese international legal knowledge system, further enhancing the discourse power of Chinese international law scholars in the development of international law.

Keywords: Rule of Law at International Level; Foreign-related Rule of Law; Rule of Law at National Level; International Governance; International Legal Theories in China

Contents

Ⅰ　General Report

Abstract：In 2023, the Ukraine crisis compounded with the Israel-Palestine conflict, triggering multiple points of traditional security risks and increasing volatility in the geopolitical security landscape. The overall trend in the development of international law indicates orderly progress in advancing international rules in relevant fields. The outbreak of the Israel-Palestine conflict continues to challenge current principles and rules of international law, as well as the United Nations collective security mechanism, with a growing trend towards the judicialization of international political and diplomatic issues. As a responsible major developing country, China consistently upholds multilateralism and a correct view of justice and interests. It integrates the promotion of domestic rule of law with international rule of law, upholds the international order based on international law, advocates for an equal and orderly multipolar world, and promotes inclusive economic globalization. China has made notable achievements in developing international legal concepts and principles, refining foreign-related legislation and judicial practices, advancing international law through diplomacy, driving reforms in the international governance system, and developing theories of Chinese international law. Looking forward to 2024, the Chinese international legal community will focus on safeguarding national sovereignty, security, and development interests. It will prioritize advancing foreign-related rule of law through the construction of foreign-related legal systems and capacity building, continuously enhancing the rule of law in foreign affairs, and contributing to the promotion of a community with a shared future for mankind.

Keywords: Rule of Law at International Level; A Community with a Shared Future for Mankind; International Governance; The Belt and Road; Foreign-Related Law System

II State Practice

B.2 Developments of the Concept and Principles of International Law

Zhang Hui, Hu Yuntao / 030

Abstract: In 2023, following the Global Development Initiative and the Global Security Initiative, President Xi Jinping proposed the Global Civilization Initiative, shaping the 'Three Global Initiatives' into a closely linked and mutually coordinated whole. As another public good provided by China to the international community, the 'Three Global Initiatives' focus on three key dimensions of the future development of human society. The "Three Global Initiatives" are not calls simply in principle, but a set of systematic propositions for global governance put forward by China. They are deeply rooted in the practice of Chinese path to modernization, and act as three pillars in building a community with a shared future for mankind, which reflect China's holistic thinking on the future direction of human civilization.

Keywords: Global Development Initiative; Global Security Initiative; Global Civilization Initiative; A Community with a Shared Future for Mankind; Chinese Path to Modernization

B . 3　Domestic Regimes Development

Xiao Yongping , Li Jue / 046

Abstract: In 2023, China continued to steadfastly advance the harmonization of domestic and international legal frameworks, integrating development with security considerations, and continuously promoting the rule of international law in the realms of international economic trade, national security, ecological conservation, and foreign jurisprudence. To perpetually refine the business environment, China adhered to its fundamental policy of openness, addressing key impediments to the integration of domestic and foreign trade, exemplified by the establishment of models of openness such as the Pudong New Area, Hainan Free Trade Port, and Xinjiang Free Trade Area; addressing legislative gaps in private equity funds; combating corrupt practices, thereby fostering a fair and conducive legal environment for the operational growth of both domestic and foreign enterprises. To safeguard national security, concerted efforts were directed towards fortifying counter-espionage defenses, ensuring food security, adeptly managing foreign relations, and fostering heightened levels of patriotism and defense consciousness among the populace. In pursuit of ecological conservation, a comprehensive "1 + N + 4" regional ecological protection system was established through a multi-dimensional approach encompassing land, sea, and air domains. In a bid to enhance the international credibility of China's foreign jurisprudence, the Supreme People's Court issued judicial interpretations elucidating the rules governing the proof of foreign law, and the application of international treaties and international practices.

Keywords: Law on Foreign Relations of the People's Republic of China; Law of the People's Republic of China on Foreign State Immunity; Patriotic Education Law of the People's Republic of China; Regulation on the Supervision and Administration of Private Investment Funds; Law of the People's Republic of China on Ecological Protection of the Tibetan Plateau

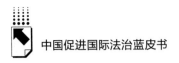

B．4　Domestic Judicial and Arbitral Practice

Zou Guoyong，*Bai Xue* ／ 063

Abstract：In 2023，Chinese courts at all levels strengthened foreign-related judicial trials，implemented the strategy of high-quality trials，fulfilled international treaty obligations in good faith，built actively a priority base for international civil and commercial dispute resolution，and served the high-quality development of the "the Belt and Road"．In terms of jurisdiction，the application of the inconvenient court principle must meet the conditions stipulated by law；Clear，explicit，and strict recognition must be obtained in applying asymmetric jurisdiction clauses；In cases of infringement of invention patent rights involving foreign elements，the determination of the place of infringement has typical significance．The foreign-related delivery of judicial documents shall comply with legal provisions，otherwise the corresponding consequences shall be borne by the parties themselves．In view of application of laws，the courts emphasize the use of dépeçage to identify accurately and apply different applicable laws，and can comprehensively and accurately apply international treaties．In light of the recognition and enforcement of judgments of foreign courts，the situations violating social public interests should be strictly determined and there has already been judicial practice in accordance with the Convention of 5 October 1961 Abolishing the Requirement of Legalisation for Foreign Public Documents．In terms of the arbitration agreement，the validity thereof signed under the agency should be recognized and clarified based on the principle of independence of the arbitration agreement．For the recognition and enforcement of arbitration awards，the specific matters of arbitration awards should be distinguished，in order to review whether there is a refusal of recognition and enforcement in accordance with the provisions of the New York Convention．At the same time，the problems of improper characterization and inadequate reasoning in the judgment documents still exist．Chinese courts should further enhance their judicial ability to proficiently apply private international law and determine the applicable law.

Keywords：Jurisdiction；Principle of Forum Non-convenience；Application

of laws; The Recognition and Enforcement of Foreign Judgments; Judicial
Supervision over Arbitration

B.5 International Regimes   *Nie Jianqiang , Pan Xuejiao* / 095

Abstract: In 2023, the world accelerated its evolution, and the changes in
the world, the times, and history were unfolding in an unprecedented way. The
world entered a new period of turbulence and change. The deficits in peace,
development and governance were aggravating, and human society was facing
unprecedented challenges, and the international system was urgently needed to be
adjusted and reformed. China continued to promote the building of a community
with a shared future for mankind and to consolidate the value and goals of the
international system; released the Concept Paper on the Global Security Initiative
to contribute China's wisdom to the reform of the global security system; hosted
the third Forum for International Cooperation on Belt and Road Initiative and
contributed China's solutions to global common development; negotiated or
signed economic and trade agreements to advocate inclusive economic
globalization; issued the Global Civilization Initiative to enrich and develop the
construction of a global governance system in the humanities field; participated in
global environmental and climate governance and promoted the development of the
global environmental and climate governance system; ratified treaties on civil and
criminal judicial assistance, and maintained the legal order of transnational
exchanges. China has taken concrete actions to fulfill the great goal of building a
community with a shared future for mankind and further promoted the
development of the legitimacy and effectiveness of the international system.

Keywords: International Regimes; A Community with a Shared Future for
Mankind; China's Contribution

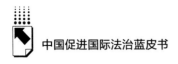

B.6   State Practice at Multilateral Level

Feng Jiehan, *Jia Weiyu and Geng Ruiyu / 111*

Abstract：In 2023, traditional and non-traditional security risks are intertwined, and the world is experiencing new turbulent changes. As a responsible major developing country, China firmly upholds the international system with the United Nations at its core and with international law as its foundation, actively promotes the codification and development of international law, facilitates international governance in the fields of peace and security, human rights, the "global commons" as sea, air, outer space and cyber-space, multilateral trade system and protection of intellectual property, and participate in international judicial practice. Looking to the future, China will continue to firmly adhere to multilateralism and the path of peaceful development and win-win cooperation, advocates for an equal and orderly multipolar world, and promotes inclusive economic globalization.

Keywords：Rule of Law at International Level; State Practice; Multilateralism; International Governance

Ⅲ   Development in Theories

B.7   Theoretical Development on Public International Law

Yang Zewei / 150

Abstract：The Chinese theoretical contribution of international law in 2023 is mainly reflected in the following four aspects: international rule of law, foreign-related rule of law and Foreign-Relations Law have been explored theoretically, the study of space law has become a new highlight, international legal issues about climate change and international energy law have become a hot spot for research, and the study of basic theoretical issues of international law is still an area of interest and focus for Chinese scholars.

Keywords: Rule of Law at International Level; Foreign Relations Law; Space Law; Climate Change Law; International Energy Law

B.8 Theoretical Development on Private International Law

Qiao Xiongbing / 173

Abstract: In 2023, under the organization and promotion of the Chinese society of private international law and other academic organizations academic groups, Chinese scholars focused on the frontier theories of private international law and hot issues in judicial practice, and published a large number of theoretical achievements. They have put forward some viewpoints with strong theoretical and practical significance in the basic theories of conflict of law, extraterritorial application of law, sanctions and counter sanctions and blocking statutes, implementation of the Foreign Relations Law, recognition and enforcement of foreign judgments, and hot topics in international commercial arbitration. These theoretical achievements have played an important role in promoting the improvement of China's foreign-related legal system. However, there are also some new international private law issues that require scholars to further strengthen their research.

Keywords: Conflict of Laws; Extraterritorial Application; International Civil and Commercial Jurisdiction; Recognition and Enforcement of Foreign Judgments; International Commercial Arbitration

B.9 Theoretical Development on International Economic Law

Qi Tong, Diao Zhuo / 214

Abstract: "New problems and challenges in international economic law in the context of the Restructuring of the international economic and trade system and the Intensification of legal risks and China's response" are the themes of China's international economic law research in 2023. Under the new strategic environment, China is faced with great risks brought about by changes in the international economic and trade order, as well as important opportunities to participate in global economic governance. The in-depth cooperation of the "Belt and Road", the successive improvement of legal regulation of the unilateral economic sanctions and Countermeasures, the negotiation of the main issues of WTO, the formulation of rules in the field of digital trade, and the reform of the ICSID constitute important features of China's international economic law research in 2023. How to deeply grasp the trend of international economic and trade rules, carry out theoretical innovation and guide the relevant practice still needs the unremitting efforts of international economic law community.

Keywords: International Economic Law; The Belt and Road; International Economic and Trade Legal Risks; China's Solution

B.10   Theoretical Development on International Environmental Law

Chen Haisong, Qin Dan and Lu Keshan / 243

Abstract: In 2023, the world is speeding out of the shadow of the epidemic, but environmental protection and governance are still full of crises and challenges. China is taking a more active part in the construction of a global ecological civilization, promoting the building of a new international order that is more just and reasonable, and an ecological system in which man and nature coexist in harmony. Scholars conducted in-depth research on the basic theories of international environmental law, biodiversity conservation, Marine environmental governance, climate change response, international nuclear security and other environmental issues of global concern, providing useful theoretical references for the construction of international environmental rule of law. At the same time, China has gradually moved from an active participant and contributor in global environmental governance to a leader in the construction of a global ecological civilization, and guided the construction of a community of life on Earth with the thought on ecological progress under socialism with Chinese characteristics, providing China's solutions and contributing China's strength to the promotion of global environmental governance.

Keywords: International Environmental Law; A Community with a Shared Future for Mankind; Biodiversity; Marine Environmental Governance; Climate Change

Appendices

社会科学文献出版社

皮 书

智库成果出版与传播平台

❖ 皮书定义 ❖

皮书是对中国与世界发展状况和热点问题进行年度监测，以专业的角度、专家的视野和实证研究方法，针对某一领域或区域现状与发展态势展开分析和预测，具备前沿性、原创性、实证性、连续性、时效性等特点的公开出版物，由一系列权威研究报告组成。

❖ 皮书作者 ❖

皮书系列报告作者以国内外一流研究机构、知名高校等重点智库的研究人员为主，多为相关领域一流专家学者，他们的观点代表了当下学界对中国与世界的现实和未来最高水平的解读与分析。

❖ 皮书荣誉 ❖

皮书作为中国社会科学院基础理论研究与应用对策研究融合发展的代表性成果，不仅是哲学社会科学工作者服务中国特色社会主义现代化建设的重要成果，更是助力中国特色新型智库建设、构建中国特色哲学社会科学"三大体系"的重要平台。皮书系列先后被列入"十二五""十三五""十四五"时期国家重点出版物出版专项规划项目；自2013年起，重点皮书被列入中国社会科学院国家哲学社会科学创新工程项目。

皮书网

（网址：www.pishu.cn）

发布皮书研创资讯，传播皮书精彩内容
引领皮书出版潮流，打造皮书服务平台

栏目设置

◆**关于皮书**
何谓皮书、皮书分类、皮书大事记、
皮书荣誉、皮书出版第一人、皮书编辑部

◆**最新资讯**
通知公告、新闻动态、媒体聚焦、
网站专题、视频直播、下载专区

◆**皮书研创**
皮书规范、皮书出版、
皮书研究、研创团队

◆**皮书评奖评价**
指标体系、皮书评价、皮书评奖

所获荣誉

◆2008 年、2011 年、2014 年，皮书网均
在全国新闻出版业网站荣誉评选中获得
"最具商业价值网站"称号；
◆2012 年，获得"出版业网站百强"称号。

网库合一

2014年，皮书网与皮书数据库端口合
一，实现资源共享，搭建智库成果融合创
新平台。

皮书网

"皮书说"
微信公众号

权威报告·连续出版·独家资源

皮书数据库
ANNUAL REPORT(YEARBOOK) DATABASE

分析解读当下中国发展变迁的高端智库平台

所获荣誉

- 2022年，入选技术赋能"新闻+"推荐案例
- 2020年，入选全国新闻出版深度融合发展创新案例
- 2019年，入选国家新闻出版署数字出版精品遴选推荐计划
- 2016年，入选"十三五"国家重点电子出版物出版规划骨干工程
- 2013年，荣获"中国出版政府奖·网络出版物奖"提名奖

皮书数据库

"社科数托邦"
微信公众号

成为用户

登录网址www.pishu.com.cn访问皮书数据库网站或下载皮书数据库APP，通过手机号码验证或邮箱验证即可成为皮书数据库用户。

用户福利

- 已注册用户购书后可免费获赠100元皮书数据库充值卡。刮开充值卡涂层获取充值密码，登录并进入"会员中心"—"在线充值"—"充值卡充值"，充值成功即可购买和查看数据库内容。
- 用户福利最终解释权归社会科学文献出版社所有。

社会科学文献出版社 皮书系列
SOCIAL SCIENCES ACADEMIC PRESS (CHINA)

卡号：334294295756
密码：

数据库服务热线：010-59367265
数据库服务QQ：2475522410
数据库服务邮箱：database@ssap.cn
图书销售热线：010-59367070/7028
图书服务QQ：1265056568
图书服务邮箱：duzhe@ssap.cn

基本子库
SUB DATABASE

中国社会发展数据库（下设 12 个专题子库）

紧扣人口、政治、外交、法律、教育、医疗卫生、资源环境等 12 个社会发展领域的前沿和热点，全面整合专业著作、智库报告、学术资讯、调研数据等类型资源，帮助用户追踪中国社会发展动态、研究社会发展战略与政策、了解社会热点问题、分析社会发展趋势。

中国经济发展数据库（下设 12 专题子库）

内容涵盖宏观经济、产业经济、工业经济、农业经济、财政金融、房地产经济、城市经济、商业贸易等 12 个重点经济领域，为把握经济运行态势、洞察经济发展规律、研判经济发展趋势、进行经济调控决策提供参考和依据。

中国行业发展数据库（下设 17 个专题子库）

以中国国民经济行业分类为依据，覆盖金融业、旅游业、交通运输业、能源矿产业、制造业等 100 多个行业，跟踪分析国民经济相关行业市场运行状况和政策导向，汇集行业发展前沿资讯，为投资、从业及各种经济决策提供理论支撑和实践指导。

中国区域发展数据库（下设 4 个专题子库）

对中国特定区域内的经济、社会、文化等领域现状与发展情况进行深度分析和预测，涉及省级行政区、城市群、城市、农村等不同维度，研究层级至县及县以下行政区，为学者研究地方经济社会宏观态势、经验模式、发展案例提供支撑，为地方政府决策提供参考。

中国文化传媒数据库（下设 18 个专题子库）

内容覆盖文化产业、新闻传播、电影娱乐、文学艺术、群众文化、图书情报等 18 个重点研究领域，聚焦文化传媒领域发展前沿、热点话题、行业实践，服务用户的教学科研、文化投资、企业规划等需要。

世界经济与国际关系数据库（下设 6 个专题子库）

整合世界经济、国际政治、世界文化与科技、全球性问题、国际组织与国际法、区域研究 6 大领域研究成果，对世界经济形势、国际形势进行连续性深度分析，对年度热点问题进行专题解读，为研判全球发展趋势提供事实和数据支持。

法律声明